U0627374

族谱的墨迹（续一）

北岛题

中国人民保险公司成立初期创始人列传

高星·著

中国金融出版社

责任编辑：张清民
责任校对：潘　洁
责任印制：程　颖

图书在版编目（CIP）数据

族谱的墨迹：续一：中国人民保险公司成立初期创始人列传/高星著. —北京：
中国金融出版社，2019.5
ISBN 978 -7-5220-0034-3

Ⅰ.①族…　Ⅱ.①高…　Ⅲ.①中国人民保险公司—人物—列传　Ⅳ.①K825.34

中国版本图书馆CIP数据核字（2019）第056704号

族谱的墨迹（续一）：中国人民保险公司成立初期创始人列传

Zupu de Moji（Xu 一）：Zhongguo Renmin Baoxian Gongsi Chengli Chuqi Chuangshiren
Liezhuan

出版
发行 　**中国金融出版社**

社址　　北京市丰台区益泽路2号
市场开发部　　（010）63266347，63805472，63439533（传真）
网 上 书 店　http：//www.chinafph.com
　　　　　　　　（010）63286832，63365686（传真）
读者服务部　　（010）66070833，62568380
邮编　　100071
经销　　新华书店
印刷　　北京市松源印刷有限公司
尺寸　　130毫米×185毫米
印张　　18.125
字数　　430千
版次　　2019年5月第1版
印次　　2019年5月第1次印刷
定价　　85.00元
ISBN 978 -7-5220-0034-3
如出现印装错误本社负责调换　联系电话（010）63263947

人民保险

源远流长

为高星著《族谱的墨迹》题

秦道夫 二〇一七年八月三日

中国人民保险公司原董事长、总经理　秦道夫

珍视光荣历史，弘扬创业精神
开创集团向高质量发展转型的新局面

中国人民保险集团公司副董事长、总裁、党委副书记　白涛

品读了高星《族谱的墨迹——中国人民保险公司成立初期创始人列传（续一）》，感慨良多。中国人民保险是新中国保险事业的奠基者，在创业之初，在从革命转向建设的火热时代，公司一个个鲜活的历史人物向我们徐徐走来，拼接成新中国保险业创业与发展的生动画卷。在高星的笔下，这些历史人物，既有身世与经历的起伏跌宕，也有创业与奉献的生动描绘，还有性格与命运的曲折离奇，血肉丰满，让新中国保险业的创业史更加色彩斑斓、活灵活现。

习近平总书记曾指出："一个不记得来路的民族，是没有出路的民族"，"不忘历史才能开辟未来，善于继承才能善于创新。优秀传统文化是一个国家、一个民族传承和发展的根本，如果丢掉了，就割断了精神命脉。"大到一个国家、一个民族是这样，小到一个行业、一家企业也是这样。中国人民保险的红色基因和血脉，从公司创业之初就已铸就。70年来，中国人民保险正是秉承创业初期的家国情怀和奋斗精神，对经济发展、社会稳定、国家强盛、人民幸福，发挥了重要作用，践行了"人民保险、服务人民"的使命，始终勇立国有金融企业改革创新的潮头，铸就了新中国民族保险业的辉煌。

《族谱的墨迹（续一）》一书，传递给我们最可贵的是创业精神。

公司成立初期创始人锐意创新的勇气、敢为人先的锐气、蓬勃向上的朝气，开启了新中国一个行业繁荣发展的历史，他们创造的不仅仅是物质层面的财富，更有精神层面的滋养，这种创业精神永远都不会过时，永远都是激励我们前行的强大精神力量。

高星是中国人民保险历史文化研究的有心人、热心人，从书中可以看出，高星为编撰人保创业初期人物历史，做了大量的史料收集整理与研究工作，倾注了满腔的热情，字里行间无不饱含着对辉煌创业史的敬畏和对历史及历史人物的珍视和敬重，体现了一位文化工作者的孜孜追求，为讲好中国故事的保险篇章作出了积极努力。

习近平总书记指出："每一代人有每一代人的长征路，每一代人都要走好自己的长征路。"当前，中国人民保险发展改革事业进入了新时代，集团党委坚持以习近平新时代中国特色社会主义思想为指导，明确提出了向高质量发展转型的"3411工程"，这就是新时代人保人的使命和责任。与公司创业初期相比，虽然我们在环境、条件、任务、力量等方面有很大不同，但事业本身都是具有开创性、艰巨性、复杂性的。人无精神则不立，国无精神则不强。面对新形势新任务，我们一定要珍视光荣历史，把公司成立初期的创业创新及奋斗奉献精神融入血脉和灵魂，使之成为鼓舞和激励全体人保人不断攻坚克难、开创集团向高质量发展转型新局面的强大精神动力。

有一棵千年古树正在喝水

中国人民保险公司第一任副总经理孙继武的儿子，
原中央电视台副总编辑　孙冰川

　　高星先生撰写的《族谱的墨迹（续一）》要出版了，居然说要请我来做一篇序，这令我陷入深深的惶恐不安之中。我哪里有资格给这本书作序！按我的理解，有资格为此书作序的，一般都应该是有一定地位的领导，或是相关业界有权威影响力的人，比如专家、学者、大腕，起码也得是作者的师长一类。我呢，不仅与这种种身份全不沾边，而且根本就不是保险业界的人。

　　与高星先生的结识，只是因为先父孙继武曾任过中国人民保险公司第一任副总经理，所以算是一个老保险人的后人，高星先生在撰写关于先父的文章时采访过我，也因此才有了交往。当然，在高星先生写作这部书的过程中，我是一直站在旁边真心真意地摇旗呐喊、站脚助威的，也一直不停地向高星先生表示由衷的敬佩以鼓励。就这点儿关系，高攀点说，算得上是高星先生的一个生活中的朋友，说实在些，其实就是高星先生写这部书的一个"粉丝"。

　　在我的印象中，高星先生具有浓浓的艺术家气质，为人热情，天真率性，精力充沛。他多才多艺，出版过多部诗歌，是个现代派的诗人；学过美术；热心研究当代中国民俗学的事；爱好书法；爱好文物收藏。他的所爱所好，犹如天马行空，不大按常理出牌，真个是"罗曼蒂克"。近些年来，他又忽然对研究新中国保险事业历史人物发生了极大兴趣，醉心撰写新中国保险事业人物的列传式文章，为此辛辛苦苦搜寻历史档案资料，爬梳剔抉，四处奔波采访相关人物，考证查实，并终于将成果集成了《族谱的墨迹》。据说这部书已经引起业界普遍的关注和赞扬，被人誉为新中国保险事业史研究上一部开先河的著作。

高星先生将《族谱的墨迹》称为"中国人民保险公司成立初期创始人列传"。我读了这些文章，觉得还真有些司马迁史记列传的味道。每篇文章在结构上大致有个套路，就是从姓甚名谁、籍贯出身开始，然后将其生平事迹一句句娓娓道来，讲述传主如何进入新中国保险事业队伍，任过哪些职务，做过哪些具体工作，直至保险人生的最后谢幕，有点记流水账的意思。从文章写作艺术上讲，这部书也许算不上是精雕细刻之作，但这些文章文笔平实自然，脉络清晰流畅，有种拉家常、叙闲话的亲切感。更关键的是，这部书的出版，弥补了新中国保险事业史研究上的一个缺憾。

新中国的保险事业，即我中华人民共和国的保险事业，以1949年10月20日正式创立的中国人民保险公司总公司为标志，与中华人民共和国的创立同步，已经70年了。但新中国保险事业的成长与发展道路，在"文化大革命"之前曾经历了巨大的坎坷与曲折。我对于保险工作是个外行，但这个事，有懂经济的朋友与我分析过。他说，保险这个事儿，先天的是个市场经济属性，这与新中国成立初期我国实行的全面计划经济体制之间必然发生难以相容的矛盾，也因此难免成为当时国家计划经济管理中的一块"鸡肋"，所以只在20世纪50年代初期有过一个短暂的发展壮大时期，便不得不转为逐渐收缩，终于在1957年停办了国内业务，保留部分与海外接轨的业务也并入中国银行。在这个巨大的调整变动过程中，大批新中国成立初期保险事业的创业者，不得不转行星散，保险业基本陷入停顿的境地。直到党的十一届三中全会之后，逐步重新认识市场经济，建立了中国特色社会主义经济体制，才给中国的保险事业带来了枯木逢春的重生。1979年10月，中央决定恢复保险国内业务，重新组建了中国人民保险公司总公司。中国的保险事业重新登上中国现代化经济建设的大舞台，成为中国特色社会主义经济体制中的重要组成部分。在这样一个历史背景下，新中国成立初期那些为建立和探索新中国保险事业发展道路并付出艰辛努力的开创者的事迹，一直长期湮没和尘封在历史仓库中，很少为今天的社会和人们所了解，很少有人提起、很少有人关注、很少有人发掘、很少有人研究。高星先生这部介绍新中国保险史人物的书，在一定程度上弥补了这一缺憾，这才是这部书的真正价值所在。

高星先生的《族谱的墨迹》及这部续集中的文章，在写作过程中都在一个以老保险公司人员后代家属为主的微信群中发表过征求意见稿。一路走来，这些文章不停地在微信群中引发着这些保险人的后代们由衷的感谢，由衷的赞叹。这些保险事业开创者的家属后人，包括我自己，看了高星先生的文章后才知道，其实我们自己也并不十分了解自己父辈们的保险经历，不了解他们在旧中国、在新中国，在开创新中国保险事业这个漫长历史过程中曾经历过什么样的风风雨雨，曾经作出过什么样的业绩与贡献。回想起来，我们的那些父辈，当年也好像普遍地不大愿意向家人后辈们讲这些事。这可不像现在的我们这一代和我们的后代们，总是喜欢不停地向自己的子女们絮叨自己的经历，絮叨当年如何上学、插队、当兵、工作。我们是通过高星先生的文章，才真正了解了父辈们生活、工作、斗争的具体经历，了解到父辈们为国家曾经作出过什么样的贡献，再一次重新认识了自己可钦可敬的父辈们，并因此获得了迟来的自豪感和幸福感，心中涌出对自己的父辈们更深切的崇敬和怀念。

高星先生在本书的写作过程中，曾遇到多少外人难以想象的艰辛，他从来不对人讲。有一件事，令我非常感动。在写完关于老红军胡良英的文章《中国人保大厦的奠基者——记中国人民保险公司总务科第一任科长》初稿后，老红军胡良英的孙子胡虓锟在网上联系了高星，说是想请高星先生提供爷爷在红安老家的具体村名，想回祖籍祭奠爷爷。高星先生这才知道，胡良英这样一位战功卓著的老红军，这位中国人民保险事业的开创者，这位安息在八宝山革命公墓的那座庄严肃穆的花岗岩墓碑下已经58年的共和国功臣，居然没有后人记载他的翔实传记，甚至他的后代都不知道他的出生地在哪里！这真是一个令人难以置信的历史湮没，真是一个令人遗憾的历史湮没。于是，高星先生开始为胡良英的后人奔走，他向湖北红军纪念馆查询，无果；又托人向胡良英当年档案所在部门查询，被告知要走的程序之烦琐，靠自己个人根本做不到。他并没有放弃，最后终于辗转托人在湖北红安县查到了线索。胡良英一个小弟弟的后人目前已经从原籍祖居地搬到了红安县的高桥镇。这样，老红军胡良英的后人们在失联80多年之后，终于又联络上了，胡家的后人们对高星先生一再表示感恩戴德。

对于这件事，高星先生在微信中是这样说的："我和他们一样高兴。革命，是一份庄严、郑重的红色承诺。为此，先辈们当年离家投身正义的战争，与家人乡乡失去联系，是在所难免之事……人保创始人、长征老干部胡良英，是人保月坛办公楼的建设者，也是今日人保大厦的奠基人。由于他只有小学文化，才只做了人保总务科长。我手里没有他的一张照片，听说在八宝山革命公墓他的墓碑上有他的照片，我利用上班的中午时间来翻拍。或许很久没人来看他了，照片上落满厚厚的灰尘，墓穴上落有鸟屎，为翻照得清晰，我一遍遍用手擦拭着他的照片玻璃，似乎要让他不朽的生命重现，我在地上摘了几枝野生的菊花，放在他的墓前，那花更显谦卑。"

我曾读过高星先生的一部名为《长诗》的诗集，特别喜欢其中那首《转山》。读高星先生这部《族谱的墨迹》的文章时，我常想到诗中的这几句：

天，从远处飞来
耕过的地一下显得更小
河流像血流的痕迹
但它不是创伤，只是鲜活
云在山顶上凝聚
那是雪山扬起的头发
麦垛像金色的奖章
在阳光下显摆
夏鲁寺有一棵千年古树
正在喝水

我想把这几句诗再回赠给高星先生，所谓以其人之诗还赠其本人，表示我对高星先生写作这部书的深深敬意。

传承红色基因　创造美好未来

中华联合财产保险股份有限公司保险历史研究专家、诗人　刘润和

　　中国人民保险集团公司是新中国成立后成立的第一家保险公司。69 年来，尤其是在改革开放的 40 年中，人保集团作为国内保险业的领军者，与共和国砥砺同行，成长壮大，跃升为世界级保险"航母"，为我国经济社会的高速发展发挥了"稳定器""助推器"的积极作用，谱写出了精彩纷呈的发展史诗。人保集团的历史，是中国保险业由涓涓细流汇聚为浩淼大海的缩影，是中国当代保险史的重要组成部分。研究中国保险业波澜壮阔的发展历程，人保集团是不可或缺的"主角"之一。

　　4 年前，习近平总书记在视察南京军区机关时强调："要把红色资源利用好、把红色传统发扬好、把红色基因传承好。"遵循总书记的指示，人保集团推出了公司历史文化研究丛书，激励全员在习近平新时代中国特色社会主义思想的指引下，学习继承红色传统，发扬优良作风，戮力创造辉煌业绩。

　　人保集团文化工作者高星撰写的《族谱的墨迹（续一）》即是公司历史研究的结晶。该书以人保公司的发展为背景，以 23 名老干部、老员工为记述对象，展现了几代保险人为民族保险业爝火传薪、鞠躬尽瘁的感人历程。

　　《族谱的墨迹（续一）》弘扬了一种精神。人保集团草创时期，

奠基者多半来自北方的解放区，另一部分同志来自南方"国统区"的地下战线。南北两支红色力量的融汇，形成了人民保险事业"又红又专"的显著特点：既有坚定不移的党性，又有精通熟练的业务技术。大批干部员工肩负使命，担当起了缔造新中国保险业的历史重任。在百废待兴、艰难曲折和重振腾飞的各个时期，表现出人保人虽历经艰辛，但初心不改，全心全意地服务于人民的精神，并将其当作最为珍贵的财富代代传承。高星笔下的众多人物，带有追求革命真理、将之付诸于具体行动的理想主义色彩。他们的信仰和实践，筑起了人保集团的精神大厦，为保险业树立了学习的楷模。

《族谱的墨迹(续一)》传承着一种作风。保险业的底气和"地气"，就是服务于人民。这本书中的人物经历各异，职务高低不同，工作区域遍布全国，但他们秉承了共产党人"从群众中来，到群众中去"的优良作风，不讲条件，不求享受，为保险事业呕心沥血，奋斗不懈。这种作风在员工之中潜移默化，造就了人保集团的执行力和行动力。犹如参天大树，汲取营养的根系不断伸向大地深处，方能百年常青，干枝繁茂。

《族谱的墨迹（续一）》传导着一种文化。文化是企业实力的内在要素，其核心在于企业全员的认知度和凝聚力。在很长的一个时期内，人保集团引领着整个国内保险业的文化建设取向。高星用了两年多的时间，致力于保险人物的研究与挖掘，开启了撰写保险业历史人物的新模式。书中的人物生动鲜活，时代特征和个人特点突出，可读性很强，是回顾人保集团乃至保险业历史的文化读本。

2018年3月8日，习近平总书记在参加十三届全国人大一次会议山东代表团审议时强调："红色基因就是要传承。中华民族从站起来、富起来到强起来，经历了多少坎坷，创造了多少奇迹，要让后代牢记，我们要不忘初心，永远不可迷失了方向和道路。"

对于人保集团和中国保险业而言，传承红色基因，才能创造美好未来。保险业的文化建设是传承红色基因的渠道和桥梁，可以预见的未来是：随着保险业的发展，具有中国特色的保险文化正在形成，将会为世界保险文化提供一个成功的范本。

目　录

001　曲荷

人生分分合合　一路曲曲折折——记中国人民保险公司人事室
第一任主任

播撒红色火种，赓续光荣传统，在接续奋斗中激荡同心同
德的磅礴力量，让红色基因注入中国人保创新驱动发展的
新的创业精神，激活蕴藏于我们血脉中的精神力量，把精
神的力量变成促进保险事业发展的行动，承担起实现中华
民族复兴梦的历史重托，创造属于新时代的光辉业绩。

025　阎文康

塑造人保亲如一家的传奇——记中国人民保险公司旗下中国保险
公司人事室第一任主任

阎文康为中国人保的人事制度建立、组织机构建设、人才
队伍建设、干部队伍建设付出了很多的心血。在保险恢复
与停办、壮大队伍与精简编制之间，阎文康举步维艰，任
劳任怨地探索和实践。

053　李晴斋

算账算得一生清白——记中国人民保险公司会计室第一任主任

李晴斋一生清白，低调做人，淡泊名利。对待权势，从不
阿谀奉承；对待同事，始终谦虚礼让。坚持原则，实事求是，
这是他终生追求的人生坐标。

069　薛志章

他书写了中国人民保险公司的名称——记中国人民保险公司财产
室第一任主任

在新中国人保开创的历史征程中，永远闪现着薛志章光辉
的足迹，他作为人保红色血脉传承的一员，牢牢地矗立在
红色族谱开端的那一页。尽管历史对他有过不公的待遇，
但他必将得到人保公司后人的感恩！

085 程仁杰

不给组织添麻烦——记中国人民保险公司第一任检查室主任

程仁杰就是这样，面对中国的每一次变革，都是选择自己"后退"。"不给组织添麻烦"一句话，不仅体现了他道德情操的高尚，也是他做人的原则，更是他"无为"的人生哲学的体现。他在祖国版图上的游走路线，体现出他一步一步退守人生最终归宿的决绝。

113 谢树屏

追寻人保企业文化的先河——记中国人民保险公司检查室第一任检查员

谢树屏耿耿于怀的是一直没能加入中国共产党。其实是党组织当时鉴于他的社会关系，考虑到他在统战工作中的作用，几次动员他先参加民主党派，但他初心不改，一直把加入共产党当作人生的最高目标。即使在"文革"期间，谢树屏在五七干校时，还给儿女写信说："比一比看，谁先加入共产党。"

131 孙广志

迁徙的旅途总也看不见尽头——记中国人民保险公司旗下中国保险公司首任副总经理

孙广志虽然人微言轻，但他还是在尽力为中国人保这艘在风雨中飘摇的大船，再拉起一次风帆。他像一位老船长，在指导、修正着海外业务的航程。

147 过福云

福云过去有甘霖——记中国人民保险公司旗下中国保险公司赴外稽核

保险专家姚达人撰文写道："中国之有保险不过六十年，在此六十年中，始终从事于保险殚精竭虑而求其发扬光大者，除过福云先生之外，再没有第二人。"论过先生之为人，诚实端方，固足为吾人之楷模；若论过先生六十年来对于保险业之贡献，则更足为后进示范。

169 **胡良英**

中国人保大厦的奠基者——记中国人民保险公司总务科第一任科长

"胡良英同志参加革命以来，始终勤勤恳恳，积极负责，一贯保持了艰苦朴素的优良作风。他这种忠心为共产主义事业英勇奋斗的一生，永远是革命后继者学习的榜样。"

191 **高功福**

他用光明磊落的一生证明了自己的党籍——记中国人民保险公司早期统计科科长

为稳定西南保险市场，筹建中国人保西南区公司，高功福日夜兼程地开展工作，如同在一张展开的蓝图上，他勾画着一个个新的坐标。

211 **刘凤珠**

怀珠韫玉的一生——记中国人民保险公司海外保险业务的开创者

1979年，中国人民保险公司恢复海内保险业务，公司的那些昔日的战友先后归队。刘凤珠在海外保险业务部任副处长，信心百倍地迎接中国人保海外保险业务的春天。刘凤珠像一位老船长，迎风开启走向世界的大船，蔚蓝色的大海无限宽广。

243 **朱元仁**

品行高尚、情趣高雅的保险专家——记中国人民保险公司海外保险业务开创者

1979年，中国人民保险公司恢复国内保险业务。朱元仁与昔日的战友先后归队，信心百倍地迎接中国人保海外保险业务的春天。
随着改革开放，中国人保迎来了海外保险业务的勃勃生机。朱元仁为海外保险机构恢复设置和海外保险业务的铺展全身心地忘我工作。

269 姚洁忱

从江南小镇到英伦三岛——记中国人民保险公司旗下中国保险（英国）有限公司第一任董事长

> 1979年，中国人民保险公司沐浴着改革开放的春风，复苏成长。开始恢复国内保险业务，新中国保险业的历史翻开了新的篇章。姚洁忱积极地参与重建的工作。

297 李锵

走在保险创新浪潮的前头——记中国人民保险公司出口信用保险部首任副总经理

> 经过这个过程，中国人保基本上掌握了核电站保险的要点和操作。李锵为中国人保开创核电等重大保险项目，立下了汗马功劳。直至今日，中国人保在每一次制作宣传片时，都要展现人保大亚湾保险事例，那镜头里闪现的光芒，总会让我们铭记先辈的光芒。

321 周泰祚

中国人保英语第一人——记中国人民保险公司海损业务专家

> 1984年，周泰祚被评为研究员，成为保险界最早享受国务院特殊津贴的5位专家之一。为此，他撰写了专业技术工作自传，他在其中谦虚地写道："一生工作虽有收获，但还不能说已完全精通，尚待进一步努力，在目前的新形势下，如何进一步发挥保险作用，要加以研究，以期提出建议。"

345 周庆瑞

他很瘦，但他是一面旗帜——记中国人民保险公司再保险部第一任科长

> 其实，风刮走的只是时间表面的浮沉，周庆瑞作为人保再保险的专家，如一座丰硕的大山，一动不动地屹立在人保再保险发展的历史中，那个位置是撼不动的，也是绕不过去的。

371　　楼茂庆

高尚是高尚者的墓志铭——记中国人民保险公司国内保险业务
早期创始人

1984 年 9 月 27 日，楼茂庆终于实现了自己多年的夙愿，
加入了中国共产党。此时，他已 62 岁，双鬓白发，映衬
着他一颗如初的丹心。
他也成为了中国保险业的三朝元老，见证了中国保险业的
发展。

397　　沈日昌

让东方明珠闪烁着 *PICC* 的光芒——记中国人民保险公司旗下香
港民安保险公司首任总经理

沈日昌的一生，是充满创造和付出的一生。他在民安公司
工作了整整半个世纪，他是香港保险业不可或缺的精英，
他把全部的精力，献给了中国人保，献给了中国保险事业。

423　　罗高元

万里长征人未还——记中国人民保险公司东北区第一任总经理

晚年的罗高元热衷写格律诗，大多数的诗作是以讴歌时代
为主，很少见到他对自我的剖析。其中，有一首诗，罕见
地写到了他自己："为国酬劳几十年，风雨历程苦和甜。
忆往沧桑多少事，一生清白自我严。"

443　　杨子久

遭遇三次欺辱　还得一生清白——记中国人民保险公司原察哈尔省
分公司经理

杨子久在自传中写道："人生一世，不可能一帆风顺，不
要管别人怎么看你、对你，只有坚持正确的立场和信仰，
才能问心无愧地过好自己的一生。"

465　**乌通元**

无法精算人生的每一步脚印——记中国人民保险公司海外机构首席精算师

> 已 90 多岁的乌通元，被誉为中国保险的"活历史"，他对中国保险业一些事件的记忆，竟能精确到日。这是他生来对数字的敏感，也体现了他对保险事业的挚爱。

491　**李继明**

浮云散尽　书香落地——记中国人民保险公司江苏省分公司第一任副经理

> 许兴铭说：李继明是江苏人保公司的创建人，万事开头的拓荒者。他为江苏人保发展奠定了坚实基础，他培养了一大批保险干部，他为把江苏保险引领上正道，立下了不朽功绩，让后来者十分敬佩，丰碑高竖。

513　**徐天碧**

把保险的诗写在上海的蓝天上——记中国人民保险公司上海分公司副总经理

> 在中国人民保险公司华东区公司成立后，谢寿天任总经理，徐天碧担任副总经理。2006 年 10 月 4 日，徐天碧在北京逝世，享年 86 岁。一位人保系统最早的诗人，就这样悄无声息地离开了世界。

529 附：
他们共同呵护着羸弱的火种——记中国人民保险公司 1969 年"保险业务 9 人小组"

为了对保留的部分涉外保险业务进行"收摊""守摊"，人民银行总行决定在人保总公司中挑选 9 名从事具体业务的人员，组成一个"保险业务小组"临时机构，该机构与中国银行成立的"银行业务小组"共同隶属人民银行总行管理。

551 参考资料

554 感谢

曲荷

播撒红色火种，赓续光荣传统，在接续奋斗中激荡同心同德的磅礴力量，让红色基因注入中国人保创新驱动发展的新的创业精神，激活蕴藏于我们血脉中的精神力量，把精神的力量变成促进保险事业发展的行动，承担起实现中华民族复兴梦的历史重托，创造属于新时代的光辉业绩。

党的十八大以来,习近平总书记多次强调,要把理想信念的火种、红色传统的基因一代代传下去,让革命事业薪火相传、血脉永续。

历史是最好的教科书。自 1997 年以来,上海红楼、嘉兴红船,从一开始,便标注出基因的底色。缪建民董事长曾经指出:在新的时代,我们必须继续大力弘扬"红船精神""苏区精神""长征精神""延安精神",时刻不忘共产党人的初心和使命,始终挺起共产党人的精神脊梁,始终高举中国特色社会主义伟大旗帜,始终把人民放在心中最高的位置。

要想红色基因代代相传,就要用好红色资源、讲好红色故事。中国人民保险公司(以下简称中国人保、人保公司、人保)与共和国同生长,与人民相濡以沫,与共产党血脉相连。可以说红色基因是中国人保的天然属性,是族谱传承的集体记忆,是一代代人保人的精神滋养,是国有企业党建的必备能量。

中国人保的早期创建者,都是经历血与火洗礼的先驱者,都是出生入死岁月的见证者,其中还有很多是万里长征的亲历者。他们把革命的理想、共和国的理想、人民保险的理想、个人事业的理想统一在一起。他们无论是来自红色摇篮的延安还是来自白色恐怖的上海,无论是来自边区马背银行的冀南还是来自芦荡风雨的苏北,无论是来自抗日烽火的山西太行山还是来自乌云密布的重庆嘉陵江,都是为了一个共同的目标,走到了一起,走到了北京,走到了天安门旁的西交民巷 108 号。

从孟县到临汾,从延安到太行山,再到北京,一路走来的曲荷,就是中国人保红色族谱的典型代表。他的名字每每出现,都可以激活关于人保的历史记忆。我在秦道夫老先生著的《我和中国保险》一书中第一次见到曲荷这个名字。曲荷是人保成立后第一任人事室主任,他当时的月薪仅为 540 斤小米。

保险史学者童伟明一直鼓励我好好写写曲荷。我找到了曲荷在杭州的后代，但他们由于当年年少，也没有什么资料和照片可以提供。我苦于手中资料太少，迟迟没有动笔。前些天，我在网上偶然找到了有关曲荷哥哥的一些材料，又联系到曲荷还健在的嫂子。她给我讲了一些曲荷家庭的故事以及兄弟一起参加革命的故事，我感到，我离曲荷越来越近了。

一、天下黄河九十九道弯

1921年3月9日，曲荷出生在河南省焦作市孟县赵和乡璩沟村的一户富农家庭。

孟县北依太行，南濒黄河。黄河在这里水面放宽，大量泥沙淤积，开始成为"悬河"，防御洪水的黄河大堤就从孟县筑起，自古就有"千里黄河大堤始于孟县"之说。

璩沟地处太行山南部丘岭向黄河冲积平原过渡区，村民依山开凿窑洞而居。

村民皆为璩姓，璩姓与蘧姓同源。"璩"虽为小姓，却有久远的历史渊源。春秋时期，卫国有一位有功的公族子弟被卫国君封于蘧邑，为伯爵，史称蘧伯。蘧伯的后代以蘧为姓。晋元帝御笔易蘧为璩。受"剧、据"误导，璩姓一度被错写成"琚"。

亦不失源远流长。有记载，春秋时期蘧伯玉因贤德闻名于诸侯，孔子几次适卫，多居蘧伯玉家，可见孔子与伯玉相交甚厚。

有关史料记载，璩沟族人的祖先于明洪武十八年自山西黎阳钉劈村迁居河南济源掩底村，兄弟三人分别为璩耕田、璩耕地、璩耕收，其名字带有典型的农业社会色彩。弟兄三人分居，璩耕田迁徙定居孟县璩沟村，璩耕地仍居故土济源县掩底村，璩耕收迁徙定居博爱县柏山村。从此，璩氏族人在中原大地繁衍生息。

曲荷原名璩含华，"曲"取"璩"姓谐音。"曲荷"为敬词，有承受、承蒙之意。《周书·艺术传·姚僧垣》有："臣曲荷殊私，实如圣旨。"明徐渭在《代贺严公生日启》中言："自叨节镇，几动浮言；曲荷保全，尚充任使。"

曲荷的父亲璩庆熙是清朝的一个童生，读过四书五经，是村里唯一的一名书生。他竞选县议员失败后，在县里当参议员，成为县里的士绅。璩庆熙在村里任村长，与自己的哥哥一直没有分家。他家有地百余亩，另有粉房、糖房，雇有长工，属于富裕的大家族。

璩庆熙思想开明，将县里的清凉寺改造为清凉寺小学。并出资修路铺桥，多有善举，村民曾送其金匾挂于堂屋。璩庆熙原配妻子只生了3个女儿，为了传宗接代，他又娶了二房张氏。张氏比璩庆熙小22岁，她生了4男3女。

这四个兄弟分别为璩含堃、璩含煜、璩含华、璩含黄。老大璩含堃算大媳妇生的，其余孩子归张氏抚养。

在这个等级森严的封建大家庭中，璩含华的母亲作为妾室，而且其出身于贫穷的屠户家庭，因此长期受到各种不公平待遇。他们兄弟自小在家族中也备受欺辱，在同学中也因庶出身份而遭嘲讽，母子经常躲在屋里抱头痛哭。所以，兄弟们自小立志读书，要成就一番事业，光耀门楣。这样可为母亲争气，更是要改变这种封建制度。后来，他们兄弟先后成为村里最好学校的学生，果然母随子贵，张氏终于可以在正厅用膳。

曲荷的哥哥璩含煜对曲荷的影响很大，无论是学习还是后来参加革命。璩含煜字耀如，1937年到延安前改名曲茹，"茹"来自他的字"耀如"，也有"含辛茹苦"之意。曲茹1942年做王震秘书时，改为母姓，从此叫张之强。张之强1936年在北平师范大学学习，后来参加支援二十九军的抗日行动。1937年他被派到国民党三十一师、二十七师战地服务团做统战工作。1940年到延安中央马列学院、延安中央党校学习。1946年1月起任晋冀鲁豫军区第四纵队政治部、敌工部副部长、部长。1949年任第二野战军军政大学第一纵队政委。1951年任中国协和医学院军事代表、政委。1975年任卫生部副部长。2005年去世。

1928年，曲荷开始在镇里的小学上学。

1930年，含黄陪母亲回娘家，他牵着骡子，母亲坐在骡子上。在山路上，骡失前蹄，母亲被摔到深沟，因脑溢血去世。曲荷痛失母亲，这对幼小的曲荷打击很大。

1934年7月，曲荷考上沁阳地区的河南省第十三中学，哥哥曲茹也曾是这个学校的学生。在这个学校里，曲荷接受了进步思想。他要告别这个家庭，他要去外面的世界闯荡，他要像哥哥一样，在红星照耀下去战斗。

璩含煜少年时的照片

二、一条路落叶无迹

1937年,受哥哥璩含煜改名为曲茹的影响,中学毕业后的璩含华,改名为曲荷。

1938年2月,曲荷来到山西临汾,进入民族革命大学。

1937年11月,太原失守,临汾成为北方一个重要的抗日中心。此时,阎锡山的旧军已溃不成军,地方行政干部也纷纷远走大后方。阎锡山急需充实抗日的有生力量,于是他接受了中国共产党和进步人士的倡议,成立了民族革命大学。阎锡山兼任校长,代表他负责的是第二战区政治部副主任梁化之,但他在学校也不负责具体事宜。具体负责的是政治处主任杜心源和教务处主任杜任之。

民族革命大学(以下简称"民大")的教师和学员来自全国各地。早在1937年8月中旬,阎锡山就派其堂妹夫梁埏武到武汉,并请求各方面从政治和人力上给第二战区以支援,得到了文化教育界进步人士的热烈响应。比如沈钧儒、李公朴、邓初民、江隆基、侯外庐、

山西民族革命大学旧址

潘汉年、张申府等，都曾为"民大"的成立作出贡献。先后到校任教的李公朴、江隆基、侯外庐、肖三、萧军、萧红等，多是全国威望素著的进步学者、教授和专家。"民大"可谓名流荟萃，红极一时。

1938年1月20日学校正式开学。总校设在临汾的铁佛寺。从成立到临汾失守，属于"民大"的创立阶段，这是其"黄金时代"。学校设军事系、政治系和民运系。教学内容由政治课、军事课和阎锡山的"学说"三部分组成。薄一波和途径临汾的丁玲等，也在"民大"讲过课，赢得学员们的热烈赞誉。全校政治空气十分浓厚，确实具有统一战线的性质，学校堪称革命的熔炉。

1938年2月底，随着日军大举进攻临汾，"民大"进入大动荡时期，也是大分化阶段。"民大"师生先是向吕梁山腹地撤退，跋涉数日后，在乡宁遇到来自运城三分校的师生，改为支校，汇入大队。3月间，日军向乡宁、吉县进犯时，师生又向黄河西岸转移。危急中，大家围住杜任之询问："'民大'到底往哪里去？"杜任之说："我们奉命到南边的宜川。从这里到宜川，有一天的路程；往北去延安，有两天的路程。南下，是宜川；北上，是延安！"为适应当时抗战的需要，"民大"学生在宜川结束了第一期的学习，大部分学生转入敌后到山西牺牲救国同盟会和抗日军队中做政治工作。

经阎锡山批准，挑选了三四百名"优秀学生"成立了"随营分校"，受阎锡山的直接控制，目的是防止他们投奔延安，培养他们成为阎锡山的工具。这一阶段，"民大"课程的内容已有所改变，革命的气氛也淡了，已经开始改变统一战线的性质。

1938年7月，曲荷加入山西第一战区晋西北牺牲救国同盟会。他在革命的征途中，逐步瞄准北斗星的方向。

山西牺牲救国同盟会（以下简称牺盟会），于1936年9月18日在太原成立。牺盟会是山西地方国民党政权与共产党合作的产物，最终中共取得了控制权，与阎锡山分道扬镳。

牺盟会在山西国民师范举办各种抗日训练班，并成立了山西新军的第一支部队——山西青年抗敌决死队。牺盟会和山西新军迅速发展壮大，在山西以至华北的抗日战争中创造了光荣的业绩。

当时，摆在阎锡山面前的有三条路可以选择：第一条路是继续"联蒋剿共"，第二条路是"亲日反共"，第三条路是响应共产党的号召"联共抗日"。究竟哪一条路对他有利呢？他再三考虑，还是从他的"存在就是真理"这个处理原则出发，1936 年选定了"联共抗日"这条路。

隐蔽在阎锡山政府机关和各社会团体中的共产党员和进步人士杜任之等人，在 1936 年下半年发出组织"抗日救国同盟会"的号召。阎锡山审定后将其改为牺牲救国同盟会，并指定梁化之召集杜任之、刘岱峰、宋劭文、戎子和、牛佩琮、张文昂、张隽轩、刘玉衡等人正式发起，在"九·一八"5 周年纪念日那天，牺盟会正式宣布成立。牺盟会从总部到各级领导人中绝大多数是共产党员。而且在牺盟会领导下的各种组织中，共产党员也很多。

牺盟会对当时的山西抗日、华北抗日甚至对全国抗日战争都产生了重要影响。

1939 年 6 月，正在山西八路军前方总政治部工作的曲茹，送曲荷奔赴延安。在延安，由王世英介绍，曲荷进入中国人民抗日军政大学上学。曲荷在红色圣地延安得到了历练，成长为一名出色的革命战士。

1936 年 5 月，为迎接即将到来的抗日战争，中共中央决定以中国工农红军学校为基础，创办中国人民抗日红军大学（以下简称抗大），是培养军事和政治干部的学校。1937 年 1 月 20 日，抗大随中共中央机关迁至延安，改称为中国人民抗日军事政治大学。抗大的毕业生，纷纷成为新组建的八路军和新四军的主要骨干。

林彪任抗大校长，刘伯承任副校长，毛泽东任教育委员会主席。毛泽东为抗大规定了"坚定正确的政治方向，艰苦朴素的工作作风，灵活机动的战略战术"的教育方针和"团结、紧张、严肃、活泼"的校风。

1939年6月，由于抗大学员众多，中央决定将抗大迁往晋东南抗日根据地。在欢送大会上，副校长罗瑞卿作报告，毛泽东亲自与同学们话别，他说送学员三个法宝：坚持统一战线，开展敌后游击战，巩固内部团结。毛泽东给同学们签字留念，给曲荷写的是"斗争。毛泽东"。

曲荷在苏振华领导下的第五纵队的一连一排任副班长。他们在1939年7月10日，从宝塔山下、延河岸边出发，经过行军，到延川、佳县，渡黄河，到达西柏坡。途中，曲荷任学生俱乐部主任，被评为模范学员。

1940年6月，经夏屏西、丛芝发介绍，曲荷加入共产党。

1940年，抗大到达晋东南，与八路军会合，接受朱德总司令、彭德怀副总司令的训话。曲荷在警卫排第二梯队任先锋队成员。在十八集团军总部所在地武乡、襄垣一带，曲荷参加了百团大战，在洪岭战斗中，英勇抗击日军，他所在部队的一个班长在战斗中牺牲。由于几十天没有睡过好觉，疲惫的他有一次竟连指令的文字都认不出了。

三、血染的风采

1941年2月，曲荷从抗大毕业，来到十八集团军总后勤部的冀南银行，担任政治指导员和支部书记。

1939年10月，冀南银行在山西黎城县小寨村成立。其隶属晋冀鲁豫边区政府。冀南银行是八路军的银行，是抗日根据地的银行，是中国人民银行的前身。冀南银行为困难时期的生产自救、活跃老区的经济建设、保证军队的供给作出了重大贡献。冀南银行肩负"培养抗战的经济摇篮，保护人民利益的堡垒"的使命，它是中国红色金融的"祖庙"，也是中国保险的朝觐地，对于中国金融界的历史意义重大。

冀南银行是货币发行银行，印制钞票成为重要环节。曲荷在1991年撰写的回忆文章《反扫荡中的印钞厂》中介绍：当时印钞厂有20多台石印机，纸张、油墨都是从敌区运来的，就连印制总技师张裕民也是从敌占区邢台请来的。张裕民原来因伪造货币还入过国民党的大狱，一度为日寇服务。曲荷在文章中讲，张裕民担任印刷所所长，工资最高，还有一匹骡子。张裕民有吸食大烟的嗜好，并且是带着老婆来的，但共产党还是重用了他，使他感激涕零，愿为共产党肝脑涂地，后来张裕民还真的入了党。

曲荷讲，印石是印钞最重要的工具，弄坏和遗失都是重大事件，在日寇扫荡时，他们总是要小心掩埋印石，过后还要能挖出来。

这个时期，冀南银行经常处于紧张的战备状态，扫荡和反扫荡十分频繁激烈。银行人员一手拿枪，一手持账，白天工作，晚上行军，跟随部队与敌周旋，账款都由马驮人背。因此，冀南银行又被称为"马背银行""挎包银行"。

1942年，曲荷在冀南银行参加整风教育运动，担任干事。曲荷还在第一印刷所担任副指导员和支部书记，负责政治思想工作。除了组织学习，他们还经常开展文体活动，比如演戏合唱，丰富职工的生活，发挥党组织战斗堡垒的作用。

1942年，边区发生旱灾、蝗灾，庄稼颗粒无收。银行职工只能吃高粱、黑豆、野菜、瓜汤。曲荷带领大家，组织自救，自力更生，开荒种地，一边生产，一边战斗。

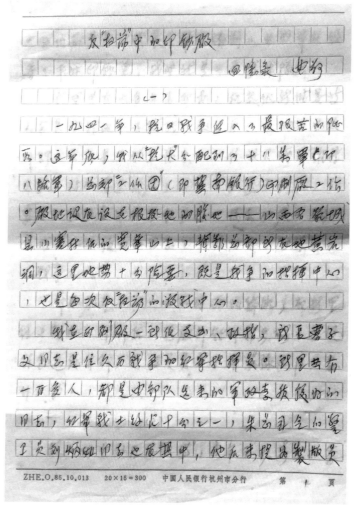

交彩画中和印钞股

回忆录 曲荷

（一）

一九四一年，抗日战争进入了最艰苦的阶段。这年底，我从……令配到了十八集团军七师八路第二局部之休团（即某电服行）和剧版工作。股址设在报社地的股处——山西省某城县小麓样庄的……山上，报部为部创在地黄岩洞，这里地势十分隐蔽，既是战争的指挥中心，也是每次……的激战中心。

彩画印制版一部化文武，……，我长……子文职……出战争和红军……。这里共有一百多人，都是从部队送来的军政专级……的同志，红军战士约占百分之一，朱……令的……正彩刻版的印志也在摄中，他长书股及制版员

曲荷回忆录手稿

1943年，曲荷任冀南银行第一印刷所所长及监委。

在洪岭战役中，负责留守厂部的曲荷，看到日军在掩埋着印石机器的地方驻扎，情况十分紧张。他奋勇地带领战士从侧面引开了敌人，保护了贵重机器的安全。

1943年5月，冀南银行行长高捷成在河北省内邱县白鹿村被叛徒告密，遭遇包围。高捷成在突袭战斗中，中弹牺牲。冀南银行副行长陈希愈指示曲荷寻找烈士遗体。曲荷带领警卫排长连夜赶到白鹿村，挖出高捷成烈士遗体，运到涉县索堡镇，冀南银行在那里召开了追悼会。会后，高捷成的遗体掩埋在石门村左权的墓地旁。

1946年，曲荷任冀南银行第一印刷所副厂长、干部科长、分支部书记。

抗日战争胜利后，为适应解放战争对货币的迫切需要，发行部把原来分散的各印刷所集中、合并、扩充力量，组织大生产。太行印钞厂恢复四个所的建制，统归总行发行部直接领导。太行一厂、二厂合并为冀南银行印刷厂，发行部改组为厂部，厂长梁绍彭，政委李树仁。与此同时，原鲁西银行各印刷所组成冀鲁印刷厂，统一印刷冀南币。

1945年12月，冀南银行总行在武安召开会议，正式确定太行地区印钞厂（冀南银行印刷厂）为冀南银行第一印刷厂，鲁西地区印刷厂（冀鲁豫印刷厂）为冀南银行第二印刷厂。厂部改为发行处，领导两个厂的工作，发行处处长梁绍彭，副处长张子重。

1948年，华北地区的晋察冀和晋冀鲁豫两大解放区连成一片，晋察冀边区银行和冀南银行开始联合办公，并成立华北银行。5月，冀南银行发行处改组为华北银行第二印刷局。曲荷任晋冀鲁豫边区华北人民银行第二印刷局的秘书。

1948年12月，中国人民银行在石家庄成立，华北银行撤销，华北银行第二印刷局改称中国人民银行第二印刷局，局长梁绍彭，副局长张子重。梁绍彭随军南下后，由张子重接任局长，监委李树仁，副监委李业富、袁留忠。第二印刷局党总支委员会常委有李树仁、张子重、支柱、翟诚、袁留忠、杜天荣、崔相和、高俄光。曲荷任张子重局长的秘书。各厂设有支部委员会，党的日常工作由秘书曲荷等人负责。

局机关设政治处、工会、秘书室、金库、材料会计科、总务科、工务技术科、采办处。局下设三个印刷厂、造纸厂、小型制墨厂、华泰商店和医务所。政治处由董超、崔相和负责，工会主任王骥（1949年高俄光接任）、副主任汪化南，秘书室由杜天荣、曲荷、高俄光负责，金库副主任马敬，材料会计科科长李维汉、副科长古采甫，总务科科长徐洪山和工务技术科科长张裕民，采办处主任廖和长、副主任苑桂璋、王忠祥。

1948年，曲荷在山西黎城与当地的农家女王志莲结婚。

张之强在自传中写到，1950年他在北京看病时，终于见到了弟弟曲荷和弟妹王志莲，当时他们有了一个女儿叫天苓，其按家族天字的辈分取名。他说王志莲是一位贤惠的妻子，虽然文化程度不高，但为人忠厚，与曲荷的感情很好。

他们兄弟分别了十多年，历经家庭屈辱的成长苦难和革命的蹉跎岁月，相见时长久地相拥而泣。

四、人潮人海中相遇相识相互琢磨

1949年10月20日，中国人民保险公司的成立庆典在北京西交民巷举行。

中国人保崭新的标牌挂在西交民巷108号的大门上，与开国大

曲荷和夫人王志莲合影

兄弟三人于 1998 年秋相聚，从左至右为含黄、含煜、含华（曲荷）

典的庆祝装饰并排呼应。当年冀南银行的行长胡景澐担任人保公司的总经理，瑞华银行的总经理孙继武担任人保公司的副总经理，经他们介绍，曲荷在人保公司担任人事室主任兼保卫科长。他们一家人在公司附近的小四眼井胡同的宿舍居住。

根据中国人民银行总行指示，中国人民保险公司的领导关系原则上是垂直系统、垂直领导，但可以实行总公司和各地人民银行的双重领导。规定总公司有下列六项权利：（1）方针任务的决定；（2）总计划的提出；（3）章则方法的制定；（4）重要制度的制定；（5）资金限额的分配和资金的调拨；（6）重要人员的任免。其他如开支制度、人员待遇、经费审核、具体计划、低级人员任免等就交给中国人民银行区行负责，但须报告总公司备案。

人保员工合影，后排左三为曲荷

在干部的调配方面，要作出全面计划，统一调整，先将接收人员分配使用，必要时可以吸收和招考有能力、有经验的保险人才及青年知识分子，也可以聘请各方面的专家。

关于机构设置，第一次全国保险工作会议拟订的公司组织规程草案中规定：总公司机构分"四室一会"，"四室"即秘书室、业务室、会计室、监理室，"一会"为设计委员会；各级区公司设秘书、业务、会计、监理、研究5个科室。随着业务的发展，机构设置也相应变化，1950年组织条例正式确定中国人民保险公司总公司机构为10室，即秘书室、人事室、检查室、财产保险室、人身保险室、农业保险室、海外业务室、理赔室、会计室、设计室。区公司机构则改为8科，即秘书科、人事科、检查科、财产保险科、人身保险科、农业保险科、会计科、研究科。其他分支机构也作了相应调整。

秦道夫在《我和中国保险》一书中讲，1950年，年轻的他，背着行囊，出了前门东车站，过了马路，就来到保险公司人事处报到，曲荷处长热情地接待了他。其实曲荷和秦道夫是同行，原来他们都是来自边区银行印钞厂的。人事室副处长陆缀雯是1925年入党的老党员，她的丈夫王一飞在1925年大革命时牺牲，儿子王继飞被送到苏联学习。

秦道夫记得当时写报告行文要字斟句酌，曾因写了错字、别字挨过曲荷的批评。

有一次，曲荷处长对秦道夫说：财产保险处的薛志章处长批评人事处把他的名字写错了。原来秦道夫因为口音，把他的姓"薛"字写成了"谢"字。曲荷因此事让秦道夫写了个书面检查。这件事对秦道夫的触动很大，他深知作为人事处的工作人员，把别人的名字写错了，不仅是对别人的不尊敬，而且是工作的失职。秦道夫说：从那以后，他每认识一个人，总是习惯地问清楚他的名字怎么写，再也没有把别人的名字写错过。

当时公司正在登报招收有保险经验的人才，秦道夫在曲荷的领导下，开展招生工作。他的办公桌上经常堆满了来自各地的用挂号信邮来的各种毕业证和就职证书。

1952年，曲荷任办公室主任、人事处处长、党组成员。

杨子久在回忆录中讲，察哈尔省撤销时，察哈尔人民银行行长杨泽生要杨子久随他到中国人民银行总行工作。人保总公司不放，人事处处长曲荷经过多次交涉，把杨子久调到北京保险分公司。但

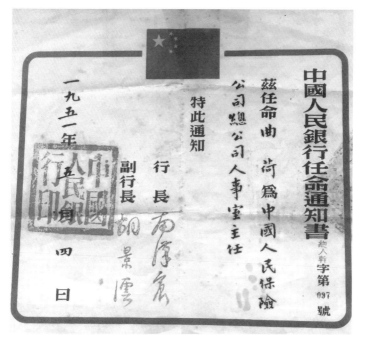

曲荷的任命书

杨子久在北京分公司工作没多长时间，原察哈尔的个别人利用职权，打着原张家口分公司部分职工写意见信的旗号，对杨子久越权查处。人保公司虽对此无能为力，但曲荷秉公办事，公开与北京市委进行交涉。因为曲荷处长对杨子久在察哈尔省的情况很熟悉，对他的为人也很了解。虽然杨子久受到不白之冤，挨了处分，但曲荷还是推荐他来到人保公司总部，担任肃反办公室主任一职。为此，杨子久非常感激曲荷，佩服他为人公道正义，敢于担当。

从1949年10月总公司成立到1950年6月，中国人民保险公司建立各级机构共73个，包括5个大区公司、31省分公司、8个支公司、25个办事处、4个营业部及派驻所。

分支机构的设立速度不断加快，到1951年3月底，分支机构已达到251个，除5个大区公司外，分公司达44个，支公司达155个，办事处也达到46个。一些边远省份如青海、宁夏设置了分公司，新疆也派去了干部。从业人员达2263人，代理机构564个，其中人民银行代理处385个。与此同时，保险工作人员迅速增加，除成立初期从各解放区调配的部分熟悉金融行业的干部之外，还有大量接收留用的保险从业人员，而且吸纳青年学生也成为当时人才来源的主要方式。

在"有干部就有机构，有机构就有业务"的口号支配下，机构人员发展过快。1952年开始，中国人民保险公司的领导关系由中国人民银行划归财政部领导，由财政部副部长吴波兼任总经理，孙继武仍任副总经理。到1952年底，中国人民保险公司各级分支机构发展到1300余个，全国各省、直辖市、专署及1/3以上的市县设置了分支机构，同时以中国人民银行为主要对象建立了3000多个代理处，中国人民保险公司达到鼎盛时期。到1953年上半年整顿前，中国人民保险公司的分支机构从1949年的15个增加到1783个，干部及勤

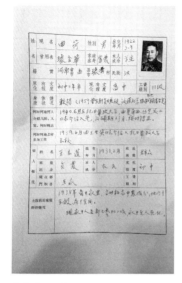

曲荷的履历表

杂人员从 300 人增加到 51037 人。

　　精简机构是整顿收缩工作的重要内容之一。将农业保险停办后，又对机构进行了精简，充实了总公司和部分省、市分公司，撤销了一些专区中心和县支公司，完成了近 2 万编余干部的安置工作，机构从 1783 个减到 1057 个，人员由 51037 人减到 32000 人。编余干部走上新的工作岗位，在职干部通过政治教育和业务学习，政治和业务水平有所提高，达到了确定编制、精简上层、充实下层、减少层次的目的。

　　曲荷为中国人保创立的人事制度建立、组织机构建设、人才队伍建设、干部队伍建设付出了太多的心血。

　　1955 年，人保公司划归财政部领导。曲荷仍然任人事处处长。

五、南屏晚钟　随风飘送

1956年6月，人保公司停办国内业务，机构解散。曲荷被分配到中央农产品采购部，担任人事局副局长、党委副书记。

1956年10月，曲荷任中央城市服务部第二商业部人事局副局长、党委副书记。

1958年4月，曲荷响应南下的号召，在浙江省杭州师范学院任党委书记、院长，并成为该院升格后的首任院长。

杭州师范学院创建于1956年，前身为杭州师范专科学校。1958年，升格为杭州师范学院。1962年，杭州师范学院与浙江教育学院、浙江体育学院合并，更名为浙江师范学院。1985年，更名为浙江师范大学。

杭州师范专科学校物理科二年级（3）班毕业的同学合影

浙江师范学院 20 世纪 50 年代的合影

曲荷凭借多年人事工作的经验，在学校组织建设方面加大力度改革，使学校日益发展壮大，走上正轨。

1962 年 3 月，曲荷任中国人民银行浙江省分行副行长、党委书记，他再次回到金融系统工作。

"文革"初期，浙江省人民银行、浙江省财政厅、浙江省物价局三个单位合并，成立浙江省财政金融局，曲荷担任局长。

"文革"中，曲荷遭到批斗。

"三结合"时，曲荷被意外地纳入革命委员会，成为主任。但这个身份，后来又成为"被解放者"反击的把柄。

"文革"结束后，曲荷再次回到中国人民银行浙江省分行工作。

国务院任命书

在这个岗位上，曲荷干了 20 年，他历经变动、起起伏伏，但曲荷无怨无悔、任劳任怨，始终保持旺盛的工作热情和低调做人的原则。

1982 年，曲荷离休。他在家照顾病在床上的夫人，悉心呵护十余年。

2009 年 1 月 9 日，曲荷在杭州逝世，享年 88 岁。

曲荷的女儿曲燕苓向我介绍，曲荷教育孩子"宁人负我，我不负人"。他待人接物，十分谦和。女儿回丈夫的乡下老家，曲荷对她说，不要摆城里人和干部子女的架子，要主动劳作干活。他每次到北京开会，在给孩子们带礼物的同时，也给秘书的孩子捎上一份。

行程万里，不忘来路；饮水思源，不忘初心。前行于百尺竿头，发展正中流击水，任务千头万绪，问题错综复杂，挑战无处不在。方此之时，靠什么凝聚人保人同心圆梦的力量，又用什么来激发攻坚克难的勇气与斗志？

播撒红色火种，赓续光荣传统，在接续奋斗中激荡同心同德的

20 世纪 50 年代曲荷全家合影

磅礴力量，让红色基因注入中国人保创新驱动发展的新的创业精神，激活蕴藏于我们血脉中的精神力量，把精神的力量变成促进保险事业发展的行动，承担起实现中华民族复兴梦的历史重托，创造属于新时代的光辉业绩。

第一任主任

塑造人保亲如一家的传奇——记中国人民保险公司旗下中国保险公司人事室

阎文康

阎文康为中国人保的人事制度建立、组织机构建设、人才队伍建设、干部队伍建设付出了很多的心血。在保险恢复与停办、壮大队伍与精简编制之间，阎文康举步维艰，任劳任怨地探索和实践。

在中国人民保险公司创建的初期,来自南北两条战线的开拓者,一同来到北京西交民巷 108 号。他们在轻卸一路的疲惫,弹落一身的风尘后,一个个容光焕发,精神抖擞。他们许多人本来就是昔日同一战壕的战友。比如来自延安抗大的孙继武、胡良英、曲荷,来自上海保联的林震峰、施哲明、姚洁忱;有的还是革命夫妻、神仙眷侣,比如孙继武、张庭月夫妇,阎达寅、李进方夫妇,俞彪文、郑珍夫妇,朱元仁、刘凤珠夫妇等;有的是来自保险世家的父子,比如过福云、过元庆父子,王伯衡、王恩韶父子,陶笑舫、陶增耀父子。阎文康、丁桂英夫妇与张思善、刘春芝夫妇竟是一对亲家。

一、拮据的生活没有阻断向往进步的路径

1920 年 1 月 18 日,阎文康出生于山西省灵石县县城内。

灵石县位于山西省中部,晋中盆地南端,素有"秦晋要道,川陕通衢"之称 ,北邻介休市,南接霍州,东靠沁源,西连交口、孝义,有"燕冀之御、秦蜀之经"之称。境内群山起伏,沟壑纵横,中部为汾河谷地。

灵石县城四面环山,汾河在城西静静流过。街巷中的民居阁楼窑洞混杂,房屋栉比,拥挤不堪。阎文康的父亲阎子瑞一家就住在城中一个普通的院落里。

阎子瑞的父亲很早就去世了。阎子瑞在乡下结婚后,由于婆媳不和,因此分家单过。阎子瑞带着媳妇来到县城,做点小生意,但生意一直不景气。阎子瑞后来跑到天津谋生,在一家商店当学徒,后来成了店员。他挣的钱除了自己在外的开销外,其余的留给家用。

阎文康是阎子瑞唯一的孩子,被视为掌上明珠。阎文康 7 岁时在县城上小学,高额的学费,让家里的生活更加捉襟见肘,需要举

借外债，才能维持生活。

阎文康 11 岁时，父亲阎子瑞失业。他本想再找一份工作，但努力无果，只好由天津返回灵石。就在这段时间，家中外债日益增多。当阎子瑞回来后，债主们都纷纷上门讨债，媳妇在债主的逼迫下服毒自杀。家中仅有的一点衣物、家具也被债主们瓜分，房子也被出售，从此家境彻底败落。阎子瑞带着儿子，不得已又回到乡下的母亲家。

后来，阎子瑞在县政府找了份工作，在民政科当录事，就是抄写文件，每月只有几元钱的工资。

1933 年，阎子瑞的母亲病故。阎子瑞为母亲治病和丧葬，又花了一些钱，更是雪上加霜。不得已，阎子瑞将母亲的家产全部出卖。从此，阎子瑞没有了自己的家，只好在县政府的宿舍居住，儿子阎文康寄居在姑母家。

阎文康自小在落魄的家庭环境中艰难生存，经常饥肠辘辘。他有时连黄条条都吃不上。黄条条也叫发糕，其实那是一种包括白面、豆面、米面、玉茭面、高粱面等的混合面。尽管如此，阎文康一直用功学习，成绩名列前茅。

1934 年，阎文康高小毕业，因经济困难，无法继续上学。抗日战争爆发后，他父亲阎子瑞离开县政府，逃到乡下，从此没有了固定职业，在小煤窑当过伙夫，在乡村小学当过教员。

1935 年冬，15 岁的阎文康经人介绍，在洪洞县城西的一家新开的当铺当学徒。但不到两个月，当铺掌柜被县政府抓走了，阎文康也被抓去关了十多天。据说是怀疑这个当铺是红军的情报站。经父亲托人取保，他得以回到原籍。阎文康在乡下帮父亲做饭，替他抄写乡村的行文。

后来，阎文康也在一个乡村小学当了教员。年轻的阎文康在学习中逐步接受进步思想的启蒙，积极参加抗日救亡运动，利用小学教师的身份，积极向学生和市民宣传共产党的"停止内战，团结抗日"的主张。

二、背负着行囊—燃烧着希望—徒步奔赴延安

1937年春，阎锡山在山西招考国民兵军官，对象主要是青年学生和青年小学教员。阎文康出于寻找生活出路的动机，应征投考，最终被录取。从此，阎文康投笔从戎，进入山西国民兵军官教导二团，驻扎祁县。

早在1936年9月，山西牺牲救国同盟会（以下简称牺盟会）在太原成立。牺盟会是山西地方国民党政权与共产党合作的产物。牺盟会在国民师范举办各种抗日训练班。

当时，摆在阎锡山面前的有三条路可以选择：第一条路是继续"联蒋剿共"，第二条路是"亲日反共"，第三条路是响应共产党的号召"联

山西牺牲救国同盟会会员合影

山西牺牲救国同盟会会徽

共抗日"。究竟哪一条路对他有利呢？他再三考虑，还是从他的"存在就是真理"这个哲学观点出发，1936年选定了"联共抗日"这条路。

隐蔽在阎锡山政府机关和各社会团体中的共产党员和进步人士杜任之等人，在1936年下半年发出组织"抗日救国同盟会"的号召。阎锡山审定后将其改为牺牲救国同盟会，并指定梁化之召集杜任之、刘岱峰、宋劭文、戎子和、牛佩琮、张文昂、张隽轩、刘玉衡等人正式发起，在"九·一八"5周年纪念日那天，正式宣布成立。

牺盟会从总部到各级领导人中绝大多数是共产党员，而且在牺盟会领导下的各种组织中，共产党员也很多。有人在阎锡山面前造谣说什么"山西国民师范挂起了红旗"。意思是说牺盟会成员都是共产党员。

1937年，牺盟会成立了山西新军的第一支部队——山西青年抗敌决死队。同时，阎文康所在的山西国民兵军官教导二团改编为山西牺牲救国同盟会决死二纵队。

阎文康在教导团期间，近距离地得到了光明的照耀，他终于和

山西牺牲救国同盟会宣誓场景

共产党的地下组织取得了联系，接受了共产主义思想的启蒙。

1937年10月，经连队的政治工作员杨贵荣介绍，阎文康参加了中国共产党。

1937年11月，由党组织介绍，阎文康等人一起克服重重困难，穿过敌人的层层封锁线，徒步由山西来到延安，在中国人民抗日军政大学学习。

中国人民抗日军政大学（以下简称抗大）。1936年5月，为迎接即将到来的抗日战争，中共中央决定以中国工农红军学校为基础，创办中国人民抗日红军大学，这是培养军事和政治干部的学校。1937年1月20日，中国人民抗日红军大学随中共中央机关迁至延安，改称为中国人民抗日军事政治大学。抗大的毕业生，纷纷成为新组建的八路军和新四军的主要骨干。

中国人民抗日军政大学学员合影

林彪任抗大校长，刘伯承任抗大副校长，毛泽东任抗大教育委员会主席。毛泽东为抗大规定了"坚定正确的政治方向，艰苦朴素的工作作风，灵活机动的战略战术"的教育方针和"团结、紧张、严肃、活泼"的校风。

宝塔山如直插云霄的毛笔，在清澈的天空中书写着理想的经络，延河水如流动的镜面，折射着历史踪迹的源远流长。阎文康体会着太阳最红的幸福，让生命、热血、激情一同在阳光下得到神圣的照耀。

三、从太行山的抗日烽火到淮海战役的生死对决

1938 年，阎文康在抗大第四期学习毕业。他被分配到晋西八路

军陈士渠支队二团三营当排长。

1939 年 3 月，阎文康在晋西八路军陈士渠支队二团三营当指导员。

1940 年，阎文康随部队来到鲁西，二团改为教三旅八团。

1941 年，阎文康被调到七团当指导员。

1942 年 9 月，第七、第八、第九团举行训练比赛，考核青纱帐期间部队的军事、政治、体育、文化训练成果。阎文康所在连队获得嘉奖。

1942 年，日军以驻兖州的三十二军团和驻邯郸、新乡的三十五师团为主力，并配属了驻开封的骑兵第四旅团、驻聊城的骑兵联队，出动坦克、汽车及飞机 10 余架，还纠集了周围 17 个县的伪军共 3 万余人，对抗日根据地濮县、范县、观城等地进行秋季"大扫荡"。日军采取铁壁合围的战术，企图摧毁冀鲁豫抗日根据地，消灭抗日有生力量。抗日根据地的军民紧张地采取快收、快打、快藏的方法，坚壁清野，备战反"扫荡"。

1942 年 9 月 27 日拂晓，日军从多个方向发动进攻。阎文康作为七团一连的指导员，根据指挥部的指示向连队作了紧急战时动员，与连长赵林带领部队迎接战斗。

阎文康和连长赵林指挥队伍向黄河故道北岸的沙丘突围。战士们利用道沟就地射击，用准确的火力压制村中敌军，支援突围部队的战斗行动。在第一次突围没有成功后，敌人向我军准备突围的方向猛烈轰击，企图制止我军突围。炮弹轰隆隆地在人群中爆炸，阵地上弥漫着浓厚的硝烟。

阎文康向部队首长请缨：七团一连是硬骨头的钢铁战士，一定要打破敌人的合围圈，冲出重围。在高亢的冲锋号声中，他们的轻机枪、步枪、掷弹筒一齐向敌人怒吼，随着霹雳般的喊杀声，正面敌人的枪炮霰时变成了哑巴。

阎文康第一个跳出道沟，指挥战士冲锋在前，与敌人展开了生死搏斗。经过激烈的浴血奋战，日军死的死、伤的伤，七团一连成功突围，跳出了敌人的包围圈。他们用鲜血和生命保卫了冀鲁豫抗日根据地。

1943年，阎文康在分区教导队参加整风，半年后回原部队工作。所在连队接受开辟敌后工作的任务，改为昆张支队三连。

1945年，阎文康在山东与丁桂英结婚。丁桂英原籍山东省寿张县，1928年出生，家庭出身贫农。1944年她参加革命工作。

阎文康夫妇的大女儿、二女儿是双胞胎，生下后他们无法带着孩子到处转移和作战，两个女儿就寄养在农村老家。由于生活艰苦，二女儿不幸去世。大儿子从小跟随部队长大，由部队干部、战士帮助照顾。而二儿子因病没能得到及时治疗，不幸夭折。

1947年，阎文康担任组织科副科长，后任基干团政委、团政治处主任、分区军法处处长、团政治委员等职。

淮海战役是解放战争时期的三大战役之一，具有决定意义。

在淮海战役的决战时刻，阎文康所在部队战斗的地区主要是在冀鲁豫二分区的范县、寿张、郓城、鄄城、菏泽一带。阎文康身先士卒，率部挺进，荣立战功，胜利地完成了多次战斗任务，成为共产党的一名优秀干部。淮海战役结束后，阎文康所在团改编为独立二旅六团。

1949年，二旅缩编为华北军区警备一团，阎文康担任团政委。

1950年，阎文康所在团奉华北军区命令，全团集体转业，改为盐务缉私部队，驻扎在天津一带。阎文康任长芦盐务局缉私处政委，并被选为天津市第三届人民代表大会代表。

20 世纪 50 年代，阎文康全家合影，右一阎文康的父亲

淮海战役

淮海战役纪念章

四、创建人保人事行政的幕僚

1949 年 10 月 20 日，中国人民保险公司在北京成立。同时，中国保险公司也在上海成立。中国保险公司的前身是中国产物保险公司，该公司在中国人民保险公司的领导下，重点承担涉外业务和海外机构管理。

中国保险公司旗下的公私合营的太平保险公司在中国香港、新加坡、印度尼西亚、西贡等国家和地区设有分支机构；民安保险公司单独在中国香港注册。中国保险公司在香港、西贡、曼谷、马尼拉、新加坡、雅加达、泗水、吉隆坡、槟城等地设有分支机构和代表处。

1951 年 6 月 5 日，在中国人民银行行长南汉宸策划下，中国保险公司第一届第一次董事、监事联席会议在北京召开。龚饮冰（中国银行总管理处总经理）、孙继武（中国人民保险公司副总经理）、谢寿天（中国人民保险公司华东区公司经理）、吴震修（原"中保"常务董事）、潘久芬（原"中保"常务董事，1939 年曾任"中保"董事长）被选为常务董事。会议选出龚饮冰任董事长，聘请吴震修任总经理，施哲明、陈柏源、孙广志为副总经理。

中国保险公司第一次董事、监事会的召开，加强了中国人保对海内外分支机构的领导，密切了各公司的业务联系，对于推动海外保险业务的发展起了积极作用。从此，中国保险公司以东南亚地区为工作重心，以发展私营外币业务和面向海外广大侨胞服务为主要任务，正式完成了向国家专营外币业务的专业化公司的转变。

1951年9月25日，中国保险公司从上海迁至北京，在天安门西侧南长街44号正式办公，更好地解决了该公司组织架构和人员配备的问题。

中国保险公司总部迁京后，公司设秘书室（张信甫任主任），业务室（蒋炳麟、朱瑞堂、景吉森任正副主任），会计室（廖国英任主任），设计室（潘华典任主任，朱元仁继任，王恩韶任副主任，李嘉华、周泰祚任研究员），人事室（阎文康任主任），业务室设运输险（王仲石任副科长）、火险（黄承宏任科长）、人寿险和意外险（沈才伯任科长）、分保（张伯勋任科长）和理赔（林增余任科长）6个科。

当时保险公司人员主要是来自延安老区的老八路和来自上海保险业的地下党及部分从民国保险公司转过来的保险专家。中央为了加强对保险公司的管理，抽调一批曾在部队做过政治工作的干部充实保险公司。

1952年，阎文康经财政部调动，任中国保险公司副经理、人事室主任。夫人丁桂英一同来到中国保险公司，在档案室工作。阎文康和中国人民保险公司的人事室主任曲荷有着相似的成长路径，他们同样有牺盟会、延安抗大、晋冀鲁豫边区抗日的经历。

1952年12月，阎文康被财政部任命为本部人民监察通讯员。

阎文康在中国保险公司的初创时期，在机构设置、人员分配、旧保险公司人才引进、海外回归人员接收、海外机构派驻等方面做了大量的工作。对许多工作形式和人员类型都是首次接触，他把握

中国人保同仁合影，第二排中间为张思善

中国人保同仁合影，第一排左三为刘春芝

20世纪50年代，中国人保同仁合影，第一排左二为刘春芝

中国人保刘春芝（左一）和王翠芳（左二）合影

住方向，为公司发展献策献力，开拓进取。

1955年，阎文康调任中国人民保险总公司人事处处长。

1956年2月19日，第五次全国保险工作会议在北京举行。这次会议是在全国农业合作化的高潮中召开的。随后，财政部向国务院上报了关于第五次全国保险工作会议的报告。报告除了涉及1956年的保险计划外，还对增设机构、干部队伍的计划作了说明。

1956年6月，国务院就第五次全国保险工作会议批复财政部，明确指示："法定保险在短时期内不必考虑，而应当考虑的是切实贯彻实行自愿保险的原则。"于是，中国人民保险公司总公司又召开了21个省（自治区、直辖市）分公司经理临时会议。8月13日，总公司报请财政部转发了《农村财产自愿保险办法》。

在明确提出停办强制保险以后，对农村保险时而要求发展，时

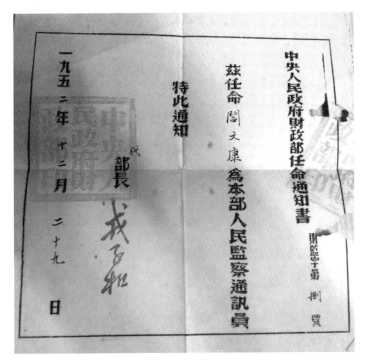

阎文康的任命书

而要求退缩，这种指导方针的波动在保险系统广大干部的思想上引起了极大震动，许多人陷入困惑中，上上下下普遍感到迷失了方向。

1957 年 1 月 29 日，中国人民保险公司以总经理张蓬，副总经理孙继武、林震峰的名义作出了《关于 1956 年保险工作总结和 1957 年工作安排的报告》，指出："当前，在保险工作中存在的最根本问题是今后工作的方向问题，现在业务收入中比重最大的是国营企业保险，就公与公之间的关系来看，是'倒口袋'，是资金旅行，不是发展方向；农村办理保险的条件在短时期内也不十分具备；城市的群众性业务，又是困难很多，在经济核算上也有问题；过去两次全国保险会议上虽然确定了面向农村和组织分散资金的方向，但实际工作中问题很多。"因此，报告中提出："1957年的保险工作应当稳一年，看一看，坚决贯彻自愿原则，改进业务的经营管理和制度办法，大力精简机构人员，通过深入的调查研究和总结过去的经验，并参考其他国家保险工作的经验，明确今后保险工作的方向。"

1955年底，全国机构为1114个，人员为20253人，已超编2000余人，而1956年底，机构为1313个，人员为23772人，不少地区的业务与机构人员不相称，出现了人浮于事的现象，增加了开支。1957年的业务要求稳定在1956年的水平上，按编制要求需精简机构和人员。另外，1955年7月18日，国务院第15次会议通过决议：撤销热河省，将其所辖市、县、旗分别归河北省、辽宁省和内蒙古自治区；撤销西康省，将其所辖市、县、自治州归四川省。两省保险公司于1956年1月撤销。

1959年，中国人民保险公司由财政部划归中国人民银行领导。当时从精简机构的角度考虑，在中国人民银行海外业务管理局下设保险处，由其负责办理中央和北京地区的进出口保险业务，领导国内外分支机构的业务和人事，集中统一办理国际分保业务和从事日益增多的对外活动。只是在对外联系业务时仍用中国人民保险公司及公私合营的中国保险公司、太平保险公司3个公司的名义，干部由1959年的60余人减至1964年的35人。原设在国内各口岸的24个保险分支机构也先后并入当地中国人民银行海外业务部门领导，到1964年全国共有保险机构27个、干部114人。

阎文康为中国人保的人事制度建立、组织机构建设、人才队伍建设、干部队伍建设付出了很多的心血。在恢复与停办、壮大队伍与精简编制之间，阎文康举步维艰，任劳任怨地探索实践。

五、保险大家庭的亲上加亲

阎文康与亲家张思善早在人保工作之前就是出生入死的战友。

张思善（后改为张力），原名张银亮。

1926 年 8 月 22 日，张思善出生于河南省清丰县瓦屋头乡张林子村一个农民家庭，家境贫寒。父亲张雷山曾是八路军，任司务长。

1937 年，张思善因生活困难而辍学，到本县仙庄集奎盛楼饭馆当店员。

1940 年底，经小学老师张懋斋介绍，张思善参加了清丰县抗日政府的工作，担任通信员等工作。

1943 年 5 月，在父亲的影响下，张思善加入了中国共产党。后担任张林子村党支部书记、民兵队指导员。

1945 年 11 月，张思善经区委介绍参加解放军，担任平原省范县基干大队文书、文化教员。

解放战争时期的张思善

解放战争时期的刘春芝（站立者）

1946 年 7 月，张思善担任冀鲁豫军区二分区供给处（后勤部）副指导员。

1947 年 5 月，张思善由后勤部队调往前线，在冀鲁豫二分区政治部下属部队任副指导员。在冀鲁豫军区二分区那里，他结识了阎文康。

1948 年 4 月，阎文康与张思善共同随部队参加淮海战役。

1949 年，阎文康与张思善都编入了华北军区警备一团，阎文康是团政委，张思善是团警通连指导员。那时，张思善和战士们经常轮流背着阎文康的长子阎如琪行军，有时被小孩尿了一身，其乐融融。

1950 年，阎文康与张思善随全团集体转业，一同在天津长芦盐务局工作，张思善先后担任局人事室科员、新河分处副主任、塘沽盐务管理处人事科副科长。

在此期间，张思善认识了同在塘沽盐务管理处人事科当科员的刘春芝，并相互产生感情。

1951 年，张思善、刘春芝在天津喜结良缘。

1951 年，张思善、刘春芝在天津喜结良缘

刘春芝，原名刘迺珠，河北省滦县人。其父亲刘群生曾任天津长芦盐务局主任。刘春芝中学毕业后，来到天津长芦盐务局工作，曾任文工团团员。

1952 年，阎文康、丁桂英夫妇和张思善、刘春芝夫妇都被财政部调入北京。阎文康在中国保险公司任人事室主任，丁桂英在档案室工作，张思善在中国人民保险总公司财产保险处工作，刘春芝在海外业务部工作。刘春芝是人保公司当时有名的美女，从留存的照片中可以感受到她不凡的气质。

1954 年 3 月，张思善由总公司保送到中国人民大学财政金融系进修学习。

1955 年 8 月，张思善学习结束后，任人保总公司财保处运保科副科长。他积极探索新中国运输保险的新途径、新办法，为新中国运输保险的快速发展作出了贡献。

1955 年，阎文康、丁桂英也调入中国人民保险公司工作。两个家庭都居住在公司对面的月坛北小街宿舍大院，子女都在公司的幼儿园入托。

1957 年，人保公司停办国内业务，人员逐步解散。张思善响应党的号召，服从分配，举家迁往战后恢复期的边境城市安东市（现丹东市）。张思善担任中央巡视员、市财贸部副部长。夫人刘春芝担任市仁忠学校教员，后任市中医院医务处干事、医务处主任、中医进修学院教务处主任。

1958 年，阎文康被分配到财政部工作。

1959 年，阎文康被调到水产部任办公厅副主任、党办副书记。后来任水产部对外联络司副司长。夫人丁桂英一直在水产部做人事工作。

1962 年，张思善担任丹东市税务局副局长。刘春芝先后在丹东

1955 年，进修毕业人员合影，第二排左七为张思善

专修科财政班毕业纪念 1955.6.

20世纪50年代，中国人保同仁合影，第一排左六为张思善，第二排左四为刘春芝，第三排左三为阎文康

欢送张思善的人员合影

1953 年，人保培训人员合影，第一排中间为张思善

人保业务部成员合影，第一排左五为张思善

市鸭绿江饭店、丹东旅店业总店做人事工作。

1964年，张思善先后担任市委"四清"工作队副组长、队长。后担任丹东市财税局局长。

1966年，"文化大革命"爆发。阎文康与张思善都被打成走资本主义道路的当权派，遭受批斗，惨遭迫害。

1968年，阎文康被"解放"后，与夫人丁桂英一起到河南省叶县水产部五七干校。阎文康被选为干校支部副书记、连队副指导员。

1969年4月，张思善在市财贸系统"五七干校"劳动改造。后张思善、夫人刘春芝及全家被下放到宽甸县长甸公社河口大队。

1976年，阎文康的次子阎如璋参军，所在的部队正巧也在丹东地区。阎文康、丁桂英老两口让儿子一定要去看望张思善、刘春芝全家，并代以问候。

此时，张思善先后担任丹东市供销社党组书记、主任、二商局局长等职。刘春芝在市医药公司工作。

阎如璋在丹东期间，经常去看望张思善一家。在不断地接触中，阎如璋与张思善的长女张金辉产生了感情，对此两家老人十分高兴，这是两家几十年友情的接续。

1980年6月，阎如璋、张金辉回京结婚。婚礼上，阎文康夫妇十分兴奋，已经不再喝酒的阎文康破例喝了一小杯白酒。

张思善在以往填写自己的简历中，无论是在解放战争时期还是在天津和保险总公司工作期间的证明人一栏，一直都工工整整地填写着"阎文康"。

六、病倒在社科院的会议上

1973年，阎文康回到北京，被分配在中国社会科学院世界宗教

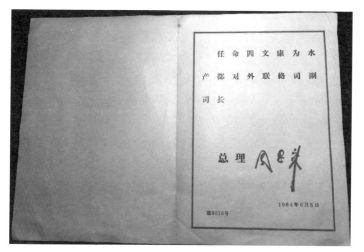

任 命 阎 文 康 为 水
产 部 对 外 联 络 司 副
司 长

总 理 周恩来

第8010号　　　　　　1964年6月5日

阎文康的任命书

阎文康（左六）在水产部工作时出访越南

研究所担任党委书记。夫人丁桂英在农林部做人事工作。

当时，世界宗教研究所所长任继愈负责世界宗教文化研究，研究所书记阎文康负责行政管理和人事安排。阎文康非常珍惜为党工作的大好时机，全力以赴，夜以继日地工作。宗教研究所属于刚刚恢复的部门，在当时的背景下，工作开展得非常艰难。阎文康积极参与组织国内外专家开展国际交流活动，召开各种学术会议，培养宗教研究人才。

1980 年，阎文康被选为中国社会科学院第一届党委委员。

阎文康因长期带病坚持工作，没有得到及时治疗，1981 年 4 月病倒在会议上。医院确诊为肝癌晚期，他与疾病进行了顽强的抗争。

1981 年 6 月 7 日，阎文康在北京逝世，终年 62 岁。

阎文康为共和国成立立下了丰功伟绩，甘愿抛头颅，洒热血。但他从不居功，严格要求自己，勤俭持家。20 世纪 50 年代，阎文康一家住在月坛北小街宿舍，因为要养育六个子女，还要赡养年迈的父亲，家里开支较大，有时没到月底，夫妻俩的工资就花完了，夫人还要去向同事借钱渡过难关。这在今天，是难以想象的。

阎文康的儿子阎如璋每次提起父母和岳父母，都会发自内心地赞叹，他对他们的情感，不仅仅是感恩，更多的是出于对那一代人人生的认知。

他介绍，父母宁愿自己挨饿，也要让子女吃饱饭。他们很少为自己添衣服，只求把子女教育成为对国家有用的人。阎文康的生活如此拮据，但在他家老保姆生病时，他第一时间把老保姆送到医院医治，承担了全部医疗费、住院费。老保姆很是感动，不在他家当保姆后，每年还在入冬前，主动到他家为几个孩子拆洗、缝做过冬的衣服。

1981 年，阎文康去世后，骨灰被安放于八宝山革命公墓。

1996 年，丁桂英去世，子女将他们的骨灰一同安放于西静园公墓。

1999 年，张思善临终前告诉阎如璋和张金辉，他想在去世后把骨灰也安葬在西静园，永远和老领导在一起。可当时西静园公墓已经满了，可能是他们的真情感动了上天，恰恰在紧邻阎文康、丁桂英墓位旁留着一个尚未被启用的墓位。经做工作，阎如璋、张金辉当即买下了这个墓位，安放了张思善的骨灰。

2014 年，刘春芝因病去世后，四位老人终于安详地团聚在一起。

算账算得一生清白——记中国人民保险公司会计室第一任主任

李晴斋

李晴斋一生清白，低调做人，淡泊名利。对待权势，从不阿谀奉承；对待同事，始终谦虚礼让。坚持原则，实事求是，这是他终生追求的人生坐标。

20 世纪初，河北省保定市有一户李姓举人，家道殷实。长子有两个女儿，名叫李文敏、李文敬；次子有一个女儿叫李文秀。长子英年早逝，由次子把三姐妹抚养成人，三个叔伯姐妹情逾骨肉，后来都上了较好的学校。大女儿李文敏因喜欢冰心，爱写诗，后改名李冰痕，她嫁给了中国人保设计室主任郭雨东；二女儿李文敬嫁给了留日医师袁航民；三女儿李文秀嫁给了中国人保会计室主任李晴斋。

郭雨东和李晴斋这一对连襟，又都是中国人保的早期创始人，在中国人保大家庭的历史长河中，涌现着佳话连连。

一、从北到南的迁徙

1910 年，李晴斋出生于河北省保定市清苑县。

清苑县，位于河北省中部，北京、天津、石家庄三角腹地。四季分明，农业以传统的小麦、玉米种植为主。有制香、制鼓、粉条加工等手工艺流传。

李晴斋的父亲是乡村里的教书先生，属于是"穿长衫"的。按清代的流行说法，衣衫也有代表身份的区别，短衫帮代表贫穷的体力劳动者，长衫帮代表富裕的或读过点书的人。

尽管李晴斋的父亲有资格穿长衫，但他家日子过得依然清苦。由于他的母亲去世早，家中的田地少，也无人顾及耕种。父亲只好带着两个儿子和一个女儿走村串乡，四处游学，哪里有学生，便在哪里驻足。最后，才在齐贤庄定居。

由于李晴斋的哥哥性格暴躁，血气方刚，很早就参加了革命的武装斗争。从小他就保护弟弟，形成了李晴斋文弱内向的性格。

李晴斋自小受父亲的影响，爱好读书，学识功底深厚。

后来，李晴斋考取了法国人办的正太铁路大学。正太铁路于1904 年修建，起始为正定（石家庄）至太原。最初正太铁路是由华俄道胜银行出资承建，银行的法国资本占 5/8，俄国资本占 3/8。后因日俄战争，俄国战败，改由法国独资承建。

正太铁路大学内全部由法国教师用法语授课。李晴斋在学校学习铁路管理专业，还涉及财务。他因为在校学习了法语，因此，较早就阅读了法文原版的《雨果文集》。

李晴斋毕业后，因成绩优异，被派任正太铁路太原站的站长。因为纯属外企，收入较多，也是一份不错的差事。

李晴斋省吃俭用，每月都把节余下的工资寄回家里，缠绵病床的老父亲需要他赡养；因参加抗日武装斗争而无力扶养家小的哥哥及嫁娶极其不如意的姐姐，都需要他的资助。刚刚 20 岁出头的李晴斋就用自己年轻的肩膀，挑起了整个家庭的重担。

1934 年，李晴斋与在家乡当老师的李文秀结婚。李文秀家境较好，又是保定女子师范学院的毕业生，容貌温婉娴淑。

抗日战争爆发后，为躲避战乱，李晴斋随正太铁路法国当局撤至香港。后香港又遭沦陷，一家人逃难至上海法租界，生活极端困难。由于李晴斋精通法语，在租界尚能勉强维持生活。

此时，郭雨东一家也在上海法租界内居住，两家人为生计，一起共渡难关。李晴斋当时还大病了一场，生活更是雪上加霜。当时，肺结核病要吃进口药才行，为节省药费，李晴斋每天坚持到上海公园锻炼，还真把病治好了。

受郭雨东的影响，李晴斋开始接触保险，并自学保险理论课程，准备在保险业闯荡。

二、在大安保险公司里安身立命

1941 年 10 月，上海天一保险公司的地下党员谢寿天为发展抗日

李晴斋在正太铁路时期的照片

民族统一战线，保存民族保险实力，更好地开展地下党活动，出面筹建大安产物保险公司。郭雨东、陈巳生、关可贵、董国清、龚渭源、全家瑜等7人成为发起人，并负责筹募股金。大安产物保险公司注册资金50万元，实收25万元，地址设在了广东路51号大莱大楼内，后来搬迁至北京路356号4楼，即宁绍人寿保险公司的原址。

1942年5月，大安产物保险公司正式开业，郭雨东担任总经理，董国清、李晴斋为副经理。谢寿天虽然是发起人，但为隐蔽地开展地下活动，他只担任了总稽核一职。

大安产物保险公司开业后，迅速在天津、南京、广州、青岛、烟台、北平等地设立了分公司，并在武汉、无锡、苏州等地开办了代理处。

大安产物保险公司当时人数不满30人，但是它的高中级职员，多属中共各系统的地下党员，如郭雨东、谢寿天、陈巳生、蒋学杰、赵帛、孙文敏、蔡同华、吴福荣、施月珍等。谢寿天和其他党员以

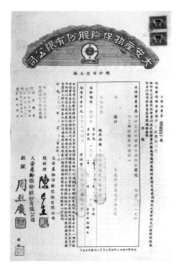

大安产物保险公司的保险单

保险职业为掩护，根据党组织的工作要求，掩护地下党员的秘密活动，公开支持上海保险业业余联谊会的各项活动，并且经常参加上海金融界、工商界和知名人士组织的座谈会、聚餐会，联系和团结爱国民主人士，为开展统战工作作出了重要贡献，一时成为上海保险业地下党组织的堡垒。

李晴斋在大安保险公司里，在谢寿天、陈巳生、蒋学杰、孙文敏、施月珍等地下党员的带动下，积极靠拢革命组织，协助并参加了地下工作。

抗日战争胜利后，国民党政府鉴于抗日战争期间疏于管理，对保险公司风险失去监督的情况，出台规定，要求保险公司必须增加资本，重新登记。但是因为长期恶性通货膨胀，大安产物保险公司已经陷入缺乏资金的困境。在这一关键时刻，上海地下党拿出了100两黄金，支持大安产物保险公司验资，使其得以顺利注册。

新中国成立后，大安产物和其他12家保险公司与中国人民保险公司组成了宝丰保险公司。李晴斋伴随着大安产物保险公司一路走来，自己的保险技能得到提高，财务管理专业精通，而且他似乎做好了一切准备，迎接新时代的曙光。

三、拨打着获得新旋律的竹木算盘

1949年5月27日，上海解放。

上海市军管会财政经济接管委员会成立了金融处，原上海保险界地下党人员为主力组建了"保险组"。在金融处副处长谢寿天、保险组组长林震峰、副组长孙文敏的领导下，大家分工负责接管24家官僚资本保险机构。

1949年8月，由陈云主持，在上海召开了华东、华北、华中、东北、西北 5 个地区的财政、金融、贸易部门领导干部参加的财经会议，会议正式提出创建中国人民保险公司的建议。保险组即兵分两路，留守上海和支援北京，郭雨东与陶增耀、姚乃廉（姚洁忱）、戈志高 4 位党员带领从接管单位挑选出的 30 多位思想进步、业务熟悉的中青年积极分子奉调先期赴京，参与筹建中国人民保险公司。

1949 年 9 月 25 日，第一次全国保险工作会议在西交民巷司法部街的胡景澐家的院落中召开，会上传达了"中央同意搞保险公司"的批件。

1949 年 10 月 20 日，中国人民保险公司总公司在北京成立，宣布人民银行副行长胡景澐兼任总经理，孙继武任副总经理，郭雨东为设计室主任。

关于总公司的机构设置，第一次全国保险工作会议拟定是四室一会：秘书室、业务室、监理室、会计室和设计委员会。到 1950 年时，按保险条例规定，正式确定总公司机构为 10 室，即秘书室、人事室、检查室、财产保险室、人身保险室、农业保险室、海外业务室、理赔室、会计室和设计室。区公司机构则改为秘书、人事、检查、财产保险、人身保险、农业保险、会计和研究共 8 个科。

人保成立初期，人手非常紧张，总部再次向上海调入保险专家。经谢寿天、郭雨东推荐，李晴斋调入北京总部。

1950 年 2 月，李晴斋任人保公司设计室委员。随后，李晴斋被任命为人保公司财会室主任。行政为 13 级，工资为 640 斤小米。

在第一次全国保险工作会议上，公司资本定为 200 亿元（旧人民币，下同）。后由人民银行总行批准为 300 亿元。为适应公私企业财产保险的需要，到 1949 年 12 月 1 日又上报政务院财经委员会，要求增资为 600 亿元，这个要求得到了批准。因此，1950 年条例中正式确立公司资本为 600 亿元，并以所有全部财产对其业务及债务

1950 年，李晴斋（左三）和人保员工合影

李晴斋的任命书

负责。按条例的规定，"中国人民保险公司资金，交中国人民银行保本运用之"。

1950年后，条例第五条关于税赋明确规定："中国人民保险公司为迅速积累资金，加强保障力量，得免缴中央及地方一切捐税，其所给付被保险人之赔款或保险金免缴所得税或遗产税。"

从1949年10月20日至年底，中国人民保险公司账面盈余纯益为16901651万元，扣除资金600亿元，折实保本升值数16695492万元，实际纯益为206159万元，按公司条例第四十九条规定的30%上交中国人民银行，共计上交61847万元，较好地发挥了提供风险补偿和增加财政积累的作用。

李晴斋主管人保财政大权，任务艰巨繁重。他整日在西交民巷108号原金城银行老洋楼的办公室里伏案工作，经常加班加点。

李晴斋下班后，要步行穿过前门的箭楼，走过前门东火车站，走进打磨厂胡同，回到同仁堂药店附近的由老银行旧址改造的人保宿舍休息。

1954年2月，中国人民保险公司报中央财政部的当年全国保险收支计划：收入部分为19407亿元（旧币，下同），支出部分为10478亿元。按收支相抵结余50%计算，上缴国库利润计划为4465亿元，提存公积金4464亿元。

1954年底，中国人民保险公司收支计划执行结果为：全年总收入24327亿元，为原定计划的125.35%，其中国内业务收入占80.88%（强制保险38.7%，自愿保险42.04%），海外业务收入占9.69%，其他收入占2.99%，转回上年提存占6.44%，总收入较1953年下降6.13%。若不包括转回上年提存，1954年的总收入比1953年增加4.92%。实际收入超过原计划的主要原因，是原计划估计铁道、粮食、邮电等部门将停办财产强制保险，而实际上没有停办，此项业务收入为

20 世纪 50 年代，人保员工合影

20 世纪 50 年代，人保员工合影

20 世纪 50 年代，人保员工合影

20 世纪 50 年代，人保员工合影

20 世纪 50 年代，李晴斋（第一排中间）和人保员工合影

20 世纪 50 年代，人保员工合影

1432 亿元。

根据 1955 年的决算分析，中国人民保险公司全年收入总数为 22742 万元，其中保险收入占总收入的 91.91%（其中，强制保险费占 43.4%，自愿保险费占 40.93%，国内分入保险费占 0.22%，海外分入保险费占 1.65%，海外运输保险费占 5.71%），分保业务的收回赔款提存手续费收入占 2.75%，财务及其他收入占 4.4%，转回前期提存人身险责任准备金占 0.94%。国内外各险保费收入为 20901 万元，超额完成原定计划的 3.76%，但较上年实际完成数减少了 2.97%，主要是由于停办了 6 个部（铁道部、粮食部、邮电部、地质部、水利部和交通部）的强制保险以及在运输险中逐渐扩大了选择投保的范围。

李晴斋就是这样，年复一年地为人保精打细算，按时完成各种会计报表，让人保的每一个数字呈现出光彩。

四、从南到北的征程

1958 年 10 月西安财贸工作会议正式提出："人民公社化以后，保险工作的作用已经消失，除国外保险业务必须继续办理外，国内保险业务应即停办。"在 12 月武汉全国财政会议上正式作出决定：立即停办国内保险业务。同时，财政部发出停办国内保险业务以后财务处理的通知。

停办国内保险业务后，李晴斋兢兢业业地为人保处理好结算的后事。人保人员开始解散，李晴斋和薛志章被分配到福建，"支援"三线建设。至此，李晴斋彻底离开了他钟爱的保险事业。

李晴斋在福建省冶金工业厅财务处任处长，继续干着他的老本行。

1958 年，福建也在"大炼钢铁"。面对巨大的经济损失，当时的省领导说：炼钢主要是"炼"人，把人的思想炼红了。因此，不要算经济账，要算政治账。对数字敏感又性格执拗的李晴斋在会上说：炼钢是国家重要的生产活动，政治账要算，经济账也要算。惹得领导很不高兴，因此挨了批判。

1960年，李晴斋被调到河北省冶金工业局工作，任财务处处长。那时，单位在天津，他可以经常回家看望家人了。

1970年李晴斋退休。经上海地下党负责同志亲自证明：李晴斋同志正式参加革命的工作时间应为1944年。所以，他最终享受了离休干部的待遇。这件事他自己从未提起，也从未申请过。只是后来组织正式通知他时，他才知道。他的内心，始终十分恬淡。

李晴斋一生清白，低调做人，淡泊名利。对待权势，从不阿谀奉承；对待同事，始终谦虚礼让。坚持原则，实事求是，这是他终生追求的人生坐标。

2010年，李晴斋在北京去世，享年100岁。他的骨灰被安放在八宝山革命公墓，在存放骨灰的墙壁上，刻有他子女题写的"勤恳

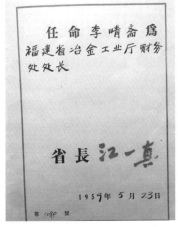

李晴斋的任命书

李晴斋（第一排左二）和福建员工合影

20 世纪 60 年代，李晴斋（后排左四）和河北矿务局员工合影

李晴斋与儿子李晨声合影

做事，清白做人"两行字，作为他一生的总结。

　　李晴斋的大女儿李晨菜是南开大学的教授；二儿子李晨光是中国人民解放军总后勤部的总工程师；小儿子李晨声是北影厂的著名摄影师，夫人王好为是中国第四代导演的代表人物之一。他们共同合作的电影《瞧这一家子》《夕照街》《哦，香雪》等作品，在国内外多次获奖。

薛志章

他书写了中国人民保险公司的名称——记中国人民保险公司财产室第一任主任

在新中国人保开创的历史征程中，永远闪现着薛志章光辉的足迹，他作为人保红色血脉传承的一员，牢牢地矗立在红色族谱开端的那一页。尽管历史对他有过不公的待遇，但他必将得到人保公司后人的感恩！

2007 年 6 月 26 日，中国人保在北京饭店金色大厅隆重举行复名揭牌仪式。秦道夫等老保险人首次获得人保工作 25 年以上纪念奖章。秦道夫在台上发表获奖感言时，手里拿着一张人保 50 年代的老保单，他动情地说：看着这张老保单，仿佛又回到了峥嵘岁月，他还记得保单上公司的名称是当年的财产室主任薛志章写的。

这是我第一次听到这位前辈的名字，非常遗憾的是薛志章早已逝世。几乎是从那时起，我就努力寻找有关他的材料，寻找其后人，直到 2018 年 5 月，在公安部的朋友的帮助下，终于联系到了薛志章在福建的女儿。我当时兴奋的心情，难以言表，如同我找到了自己的亲人。

一、 闯荡上海　保险翘首

1906 年，薛志章出生于江苏省武进县的一户农民家庭。

武进县隶属于江苏省常州市，地处江苏省南部。武进濒太湖，衔滆湖，水系丰富。武进是吴文化的发源地之一，历史上这里曾形成"阳湖文派""恽南田画派""常州词派"等多家文化传承。武进曾出过进士 1546 名（其中状元 9 名），成为全国县级进士之最。

薛志章在耕读文化的浸染中，完成了小学、中学的学习。

1923 年，17 岁的薛志章来到上海谋生，进入上海金融界。白天在保险公司做练习生，晚上到美国人办的耶赛大学学习英语。

1926 年前后，薛志章到中国银行下属的保险机构任职。

1931 年 11 月 1 日，由中国银行投资，国民政府参股的中国保险公司在上海成立，总部设在仁记路（今滇池路）中国银行大厦内，公司注册资本高达 250 万元，中国银行常务董事长宋汉章任中国保险公司董事长，过福云任总经理。在公司招聘新职员的考试中，薛志章以第一名的成绩得以录用。他是由董事长宋汉章亲自录取，并被其赏识和重用。从此，薛志章成为上海滩保险业的一名翘首。

在民国中期的华商保险公司里，中国保险公司属于能与太平保险公司并驾齐驱的颇具行业号召力的大公司。中国保险公司最初以经营火灾保险为主，兼营银钞保险、茧子保险，但因市场竞争激烈，公司基本上无利可图。过福云接受职员的建议，深入实地调查后发现诸多险种尚未开办，潜力巨大，便率先开办了汽车险、玻璃险、水险、纱险、邮包保险等诸多新险种。

1933年7月，该公司设立人寿部，经营人寿保险业务，主要险种有人寿保险、限期缴费终身保险、储蓄保险、人身意外保险、劳工保险和雇主责任保险。薛志章随着公司的发展，保险技能得到逐步提高。

1941年10月，薛志章随中国保险公司搬迁到重庆，在那里认识了一些进步青年，接触了马克思主义思想理念，为今后走上革命道路，开创新中国保险事业打下了基础。

1945年底，抗日战争取得了全面胜利，薛志章随中国保险公司回到上海。此时，中国保险公司已更名为中国产物保险公司和中国人寿保险公司。

1949年5月，薛志章婉拒了宋汉章撤离上海，到香港创业的邀请。他坚持留在上海，看守中国产物保险公司的摊子，等待共产党接收。

二、人民保险　奠基开拓

1949年5月27日，上海解放。同时成立了上海市军管会金融处，保险业地下党谢寿天任金融处副处长，负责接管保险业机构。

5月28日，在保险业地下党的推荐下，思想进步的薛志章，在

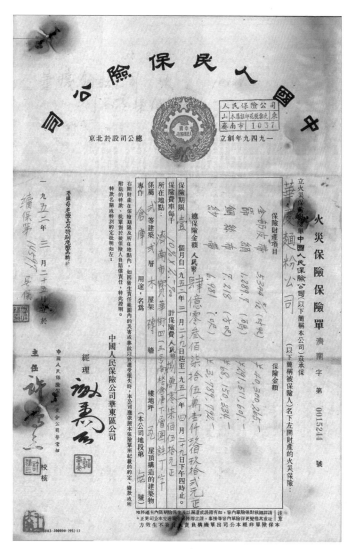

他书写了中国人民保险公司的名称——记中国人民保险公司财产室第一任主任

中国人民保险公司的保单，保单上的"中国人民保险公司"是薛志章题写的上海解放的第二天，便正式参加了革命工作。他作为原中国保险公司的保险专家，继续被委以重任。

5月30日，上海市军管会金融处接管了中国产物保险公司和中国人寿保险公司。接管工作由保险组的吴越负责，薛志章积极配合中国产物保险公司的接收工作。

因为中国产物保险公司经营管理规范、人员整齐，市场影响力大，海外各地机构完整，再加上接收工作的顺利，所以首先获准复业经营。经金融处批准，中国产物保险公司于6月20日首获复业。

1949年8月，由陈云主持在上海召开了全国华东、华北、华中、东北、西北五大区财政金融经济工作领导人参加的财经会议，会上提出创办国家保险机构——中国人民保险公司的建议。

上海军管会保险组即兵分两路，由郭雨东、姚乃廉（姚洁忱）、陶增耀等4位党员带领从接管单位挑选出的30多位思想进步、熟谙业务的中青年积极分子去北京，参与中国人民银行总行筹建中国人民保险公司的工作。此时，上海保险界许多地下党人及保险专家纷纷北上，到北京中国人民保险公司总部任职。他们不仅是走上了开创新中国保险的征程，也是走上了新的人生旅程。

1949年8月3日，经陆自成举荐，薛志章来到北京参加筹办中国人民保险公司的工作。

1949年9月25日，在北京召开第一次全国保险工作会议，参加会议的有筹备中国人民保险公司的负责干部，有中国人民银行总行各处的代表，还有华东、华中、东北、西北、西南、京、津等地人民银行与保险公司的代表。

胡景沄总经理在第一次全国保险工作会议上总结道：中国人民保险公司是新民主主义经济建设下的国家金融机构的一部分，属于国营企业的一种形式，其工作的基本方针是为生产服务。主要任务

1949年，参加中国人民保险公司第一次全国会议的人员合影，第二排左四为薛志章

有以下三项：一是保障生产安全，扶助贸易发展，促进城乡物资交流；二是提高劳动人民的福利；三是保障国家财产。

薛志章出席了此次会议，他成为新中国保险业的奠基人之一。

1949年10月1日，薛志章和参加保险工作会议的代表一同登上

观礼台，参加了天安门广场的开国大典。

　　1949 年 10 月 20 日，中国人民保险公司成立，开始了新中国保险事业纪元。薛志章成为中国人民保险公司财产室第一任主任。为保险公司迅速走上正轨，开始实施财产保险业务，薛志章夜以继日地开展工作。他当时住在东交民巷的人民银行宿舍，每天往返穿越天安门广场，日夜奔波。

新中国成立后，中央人民政府为适应新形势的发展需要，立即要求各部门从速制定新的法规，建章立制。

1949年10月25日，中国人民银行总行组织成立了"法规编审委员会"，开展对有关金融法规的制定和研究工作。委员会内分7个小组，其中保险法规小组由中国人民保险公司组织开展工作，负责草拟制定新的保险法和保险业务章程，这是新中国首次对保险法进行的探索实践。薛志章任法制条款组组长，积极开展金融保险业的建章立制的工作。

秦道夫在其回忆录中曾讲道，进了保险公司，写报告行文难免字斟句酌，写了错字、别字是要挨批评的。有一次，曲荷处长对秦道夫说："你怎么把财产险处的薛志章处长的名字写错了？"原来是秦道夫因为口音，把他的姓"薛"字写成了"谢"字，曲荷让秦道夫写个书面检查。这件事对他的触动很大，他深知作为人事处工作人员，把别人的名字写错了，不仅是对别人的不尊敬，而且是工作的失职。秦道夫说，从那以后，他每认识一个人，总是习惯地问清楚他的名字怎么写，再也没有把别人的名字写错过。

三、身兼多职　勇挑重担

在人保成立初期，薛志章曾同时任国内业务处、海外业务处、防灾理赔处三个处的处长。可见他当时在公司的地位举足轻重，为公司发展发挥着主力军的作用。

1954年11月，第四次全国保险会议在北京举行。会议实事求是地评价和总结了1953年以来整顿收缩工作的成效和不足。认为前一时期的整顿收缩工作取得了显著成绩，但在执行中对若干重大业务问题的处理还不够慎重妥当，过分强调了收缩和停办，在整顿收缩的步骤上也操之过急。

会议转发了《农村保险工作四年总结》，这个文件全面回顾了1949 年到 1953 年的农村保险工作，肯定了成绩，也指出了问题。明确指出了农村保险工作在整个国家保险中的地位："农村保险是发展农业生产的重要环节之一，也是国家保险的主要业务。"提出了此后我国保险工作的基本方针：根据国民经济有计划按比例发展的需要，对地方国营企业、合作社企业、农业、手工业、国家资本主义工商业、资本主义工商业和一般公民开拓各种保险业务，以便吸收分散的社会资金，建立保险基金，充实国家财政的后备力量。这种后备力量主要是用作补偿国民经济因自然灾害和意外事故所造成的损失，保证生产的不断发展和劳动者的物质福利，并补助地方防灾费用，配合有关部门进行防灾工作，加强抵抗灾害的能力，减少社会财富的损失。

薛志章紧张地投入到落实保险会议精神上来，他利用多年从事财产保险业务的经验，为总部设计规划国内财产保险发展的方向。

在保险公司的相关文件中，对各项业务进行了如下阐述：（一）关于农村保险。这是国家保险为促进农业社会主义改造的重要工作，也是国家保险今后的发展主要方向。但鉴于我国农业生产落后，自然灾害影响较大，保险赔偿力量有限，农村互助合作运动开展不久，农村工作任务繁重等现状，以后农村保险只能有计划地、有控制地采取稳当的步骤进行。（二）关于国营经济的保险。会议认为随着国家财政后备力量的增强和国营企业经济核算制度的建立，可通过国家财政给予补偿，没有必要再办理保险，要逐步停办但不要过急。（三）关于合作社的保险。对手工业合作社和县以下供销合作社可以继续办理自愿保险，并在保险办法和费率上给予优待，以支持巩固合作经济。

（四）关于各种形式的国家资本主义工商业的保险。可以通过与国家资本主义企业有联系的各个国营企业部门的协助，采取签订合同、协议等办法争取大部分或全部保险。对公私合营企业的保险费率可适当优待。（五）关于对资本主义工商业的保险。应继续办理自愿保险，组织起部分资金为国家的保险基金，通过保险促进其加强安全措施并保障其稳定经营。（六）关于个人财产保险和人身保险。随着劳动人民生活水平的提高，可以有计划地适当发展。

薛志章在担任海外业务处处长时期，积极拓展海外业务。如今已经 93 岁的人保著名英语专家罗烈仙，前些时间对我讲起：当年她在海外保险处与薛志章、王恩韶、王永明等保险专家一起讨论研究海外保险条款，薛志章总是习惯一句一句与她一起翻译对照的情景。

面对防灾理赔的处长工作，薛志章同样没有懈怠。预防火险是他多年保险工作的强项，有着丰富的经验。在开展防灾检查工作中，发现违反消防条例规定的，对于一般情况，当时提出改进意见；情况严重的，提出防火建议书，要求改进，并进行复查。被检查的单位都是国营企业，全部实行财产强制保险，都能按照防火建议进行改进。这不仅是为确定保险费率、计算保险费的消防检查，更是重在为企业所想的防灾服务。

1956 年 2 月 19 日，第五次全国保险工作会议在北京举行。张蓬副总经理在讲话中提出办理保险业务的基本政策，应根据三条基本原则：（一）每一项业务的办理，必须符合客观的需要，而不是依据主观的愿望，必须妥善制定保险的保障范围，适当地满足群众的要求。（二）每一项业务的办理，必须有助于促进社会财产的安全和生产的发展，减少损失，有利于国民经济，防止消极作用，必须在办法上和工作上贯彻保护财产的精神。（三）每一项业务的办理，必须考虑群众的负担能力，并贯彻经济核算的原则，必须正确规定每一项业务的费率，规定每一项业务的赔款在保险费收入中所占的比例，必须分省、分年、分项进行核算，以便正确制定办法、政策和检查措施。

会议确定保险工作的任务是：适应农业合作化社会改革和农业生产发展的需要，把业务的重点转向农村，积极地有计划、有步骤地开展农村保险业务，为逐步实行法定保险创造条件，争取在第一个五年计划期间，对农业生产合作社，担负起基本保险责任。同时还必须根据新的情况，积极地发展城市业务，把保险工作做得又多、又快、又好、又省，全面地适应客观需要。

财政部领导向毛泽东主席汇报了第五次全国保险工作会议的情况。毛泽东主席就农村法定保险指示："愿保就保，不愿保就不保。"财政部后来也在相关文件中指出：由于目前各地农民对保险的要求不平衡，不少农民不很了解保险，也缺乏保险习惯，因此实行法定保险的条件还不完全具备。应当先办好自愿保险，提高农民对于保险的认识，到第二个五年计划期间再进行法定保险的研究准备工作，以便条件成熟时再行试办。

四、博学多才　学者风范

薛志章从小受家教影响，对中国传统文化情有独钟。他学识渊博，兴趣广泛，善于书法，尤其隶书最见功底；勤于金石篆刻，刀法持重；还是二胡、古琴、太极拳等等的高手，造诣很深。

1948年9月18日，时逢中秋，全国保险公会联合会、上海市保险业同业公会和上海市保险界同仁进修会三个业界团体，联合发起"过福云先生七旬晋八华诞暨从业60周年纪念会"。作为中国保险公司要员的薛志章，特意为庆典专门治印，在刊物上发表，获得好评。

1949年12月21日，是苏联领导人斯大林的70大寿，毛泽东亲自前往祝贺，这是他唯一的一次出国。中国各行业纷纷献礼，在中国人民银行总行选送的贺礼中，有一方精美的印章，就是由薛志章所刻。

1950年，中国人民银行决定设计发行第二套人民币，决定在钱币上使用新标字代替原来的楷体字。当时行长南汉宸请总行经济研究室的老乡马文蔚负责书写，由此，人民银行的标准字一直到今天都是隶书体。其实，行长南汉宸本身也擅长隶书。

当时，中国人民保险公司归属于中国人民银行领导，作为南汉宸的下属，人保公司总经理胡景沄于是邀请公司财险部的薛志章书写了隶书体的"中国人民保险公司"这几个字。

留存的人保老门脸的薛志章题字

因此，人保公司的标准字和人民银行的标准字极其相似，全为隶书体，力足丰润、典雅和谐且刚柔并济。作为品牌标准字，被印在中国人保所开发的第一代保单上。至今，中国人保虽经历多次变革，但标准字一直沿用着隶书字体，并成为百年老店文化内涵的体现。

2018年公司有员工在甘南夏河开展扶贫工作，还见到保留下来的人保20世纪80年代门店的装饰，在铁制的门楣上，字体还是薛志章当年书写的模样。我要他们有机会送到北京，放在人保博物馆里珍藏。

薛志章的古琴造诣很深，他当年是北京古琴研究会会员。新中国成立前夕，社会上会弹奏古琴的人寥寥无几，在北京也是屈指可数的，流传千余年的古琴技艺即将失传。1947年，由张伯驹、管平湖、吴景略、王世襄、溥雪斋、查阜西、汪孟舒、杨葆元、郑珉中等人倡议成立了北平琴学社，使得北京的古琴活动有了崭新气象。新中国成立后，政府成立了民族音乐研究所，1954年，琴学社乃改名为北京古琴研究会，吸收了许多琴友，他们共同切磋古琴艺术。周恩来总理曾几次邀请研究会的工作人员到中南海演奏古琴，毛泽东、朱德、陈毅等也会参加。薛志章还曾为中央人民广播电台录制过古琴名曲。

据薛志章女儿介绍，当年，她随父亲去过古琴大师查阜西老先生家，父亲离开北京时，先后把家里的九张古琴，全部赠送给了查老和古琴协会，那些古琴在今天可是价值连城的宝贝。

薛志章在保险公司工作期间，还喜欢上了摄影。他为丰富公司职工的业余文化生活，尽情展现自己的多才多艺。

薛志章还曾在中央党校进修了哲学，研读了《资本论》及毛泽东著作等，努力提升无产阶级世界观。

北京古琴研究会部分会员合影

古琴琴友

五、转业福建　让人铭记

1958 年 5 月，党的八届一中全会正式提出了"鼓足干劲，力争上游，多快好省地建设社会主义"的总路线。国务院的指示及保险下放方案尚未实施，中国保险业即已登上了"大跃进"的快车。但好景不长，一度热闹的保险业在"大跃进"的浪潮中，终于演变成了偃旗息鼓的停办。

1958 年，国内保险业务停办后，保留的海外保险业务并入中国银行，有 38 人调往中国银行，有 20 人留在财政部，其余人员被分配到北京、广西、贵州、青海、宁夏、新疆、陕西、福建、浙江、甘肃等地。

薛志章被分配到福建矿务局做财务工作，他在平凡的岗位上，依然兢兢业业地工作。

1972 年夏，薛志章被摘掉右派帽子。退休后，回到江苏武进原籍生活。

1979 年，胡耀邦领导开展冤假错案的平反昭雪工作。中国人民银行总行政治部为薛志章彻底平反，恢复政治名誉，恢复职务，恢复原行政 12 级待遇，重新确认其 1949 年 5 月参加革命工作的时间，退休待遇改为离休待遇。

1987 年 5 月，薛志章走完了他正直、勤奋、善良、平和的一生。薛志章长眠在北京长城脚下的人民公墓，这个让他充满不平凡经历的城市，成为了他的第二故乡。

在新中国人保开创的历史征程中，永远闪现着薛志章光辉的足迹，他作为人保红色血脉传承的一员，牢牢地矗立在红色族谱开端的那一页。尽管历史对他有过不公的待遇，但他必将得到人保公司后人的感恩！每当我们看见"中国人民保险公司"这金字招牌的几个隶书字时，都会记住一个人的名字：他就是薛志章。

不给组织添麻烦——记中国人民保险公司第一任检查室主任

程仁杰

程仁杰就是这样，面对中国的每一次变革，都是选择自己『后退』。『不给组织添麻烦』一句话，不仅体现了他道德情操的高尚，也是他做人的原则，更是他『无为』的人生哲学的体现。他在祖国版图上的游走路线，体现出他一步一步退守人生最终归宿的决绝。

中国保险学会的保险历史研究专家童伟明在其《中国人民保险公司初创期人员、机构与薪酬状况》一文中，向我们提供了一份重要的档案材料：人保总公司人事室 1950 年 3 月 4 日手工制作的"中国人民保险总公司三月份名册表"，其中记载了当时人保全体员工的薪酬状况。那时的工资以小米折实，检查室主任程仁杰排在第八位，为 640 斤小米。这是我第一次见到程仁杰的名字。

一、"马背"与"挎包"的银行——冀南银行

河北省邢台市的巨鹿县，地处河北南部的古黄河、漳河冲积平原。巨鹿历史悠久，5000 年前唐尧于此禅位虞舜，是秦始皇当年册封的 36 郡之一。巨鹿，汉置县，晋时为国。巨鹿还是历代兵家必争之地，著名的秦末"巨鹿之战"即发生于此，西汉末刘秀讨伐王莽，东汉末黄巾起义，明王朱棣的"靖难之役"、明末的明清兵"贾庄大战"，清末的景廷宾厦头寺起义等，都给这片沃土留下了历史的一页。

因此，这里自古习武成风，民风豪气冲天。

1908 年 9 月 23 日，程仁杰生于巨鹿前堤村。他的家中，多为习武之人，他的父亲就是乡里的习武帮主。家里都希望这个长子能出人头地，光宗耀祖，故取名人杰（新中国成立初期改为"仁杰"）。

程仁杰，在村里的私塾读完初小、高小。他自幼好学，在贫瘠的乡村小道上，他背着布包，里面装着墨块，也装着红薯，路两边的谷子和高粱，给他苍白的记忆涂抹了浓重的色彩。

后来，因家里人口多，加上灾荒，家里实在交不起学费，程仁杰只好在家务农。

1930 年，程仁杰考入巨鹿师范学校，成为本家的出众后生。

程仁杰在巨鹿师范学习期间，结识了一个叫吴大羽的高年级同

学，他是本县著名的进步青年。他们常在一起谈古论今，通过他，程仁杰接触了许多进步思想，开阔了眼界。

后来好几位同学相约外出投笔从戎，投身革命。由于他当时已娶妻生子，未能成行，他目送吴大羽等人奔赴抗日前线。

程仁杰在邢台师范学校毕业后，在何家寨村初小学校教书。1938年，经同村同学郭福生介绍，他加入了中国共产党，积极投入抗日武装斗争。

1939年，太行山抗日根据地不断发展壮大，需要充实大量的特别是有文化的新生力量。程仁杰奉上级之命，开始了太行山之行。在一个漆黑的夜晚，程仁杰告别妻儿老小，谎称外出教书，只身一人前往县城的集合地点。他们一共十余人昼夜兼程，过铁路，越封锁线。第三天，他们顺利到达太行山。

程仁杰在抗日军政大学（太行山分校）的短期受训期间，被分配到八路军一二九师供给部。

在一份1948年晋冀鲁豫边区干部登记表中，有程仁杰亲笔写的思想汇报材料，他诚恳地写道："参加工作的动机，在好的方面是为了抗战，在另一方面就是为了解决自己的生活问题，打算提高自己的社会地位，而争名誉与发财观点在当时自己的思想上，已占统治地位，对八路军有些好奇的想法，并没有意识到革命是怎么一回事。"

抗日战争时期的1939年，在敌人军事与经济的双重封锁下，延安和晋察冀边区面临衣食不足、缺医少药、武器短缺的严峻形势，为了保证抗战的全面胜利，中共中央北方局决定，由八路军一二九师后勤部负责在山西黎城县组建冀南银行，以解决根据地融资及货币发行的问题，这也是边区组建的最早的银行之一。冀南银行总行的首任行长为高捷成。胡景沄因其所学的金融银行方面的知识及多

冀南银行员工合影

年从业经验，被调往冀南银行任总务部主任。从此，程仁杰便在胡景澐的带领下，积极开展工作。或许由于他们都是来自河北山西一带的北方汉子，因此意气相投，在战斗中，结下了深厚的情谊。

冀南银行的工作人员仍穿军装，实行供给制。1941—1944 年，日本鬼子对根据地不断进行大规模围剿、扫荡，加上旱灾、蝗虫，根据地军民遭遇到空前的困难。

在艰苦的环境下，银行工作人员忍饥挨饿，挖野菜，扒树皮，还要时刻提防敌人的偷袭。他们常常一手拿枪，一手持账本，一边战斗，一边办公。在那个动荡的艰苦年代，冀南银行是独特的"马背银行""挎包银行"。

冀南银行旧址

　　1942年，日本侵略者对太行山根据地发动"大扫荡"，由于叛徒的泄密，冀南银行所在地被包围。冀南银行的员工与敌人不期而遇，他们一边奔跑，一边开枪还击，在战斗中，胡景澐和程仁杰被打散，与大部队失联。胡景澐最终被日军俘虏，关押在山东德州监狱。程仁杰为了保护账本，机智地滚下山沟，幸好沟不太深，腰部撞到石头上，忍痛顺山沟逃离了追击。程仁杰腰部受伤较重，加上长期住山洞潮寒，从此落下病根，留下后患。

　　1944年11月，程仁杰被调到冀南银行工商管理局第六分局行邢台县办局任主任局长。保存至今的资料中，可以见到那是一张油印的毛边草纸任命书。

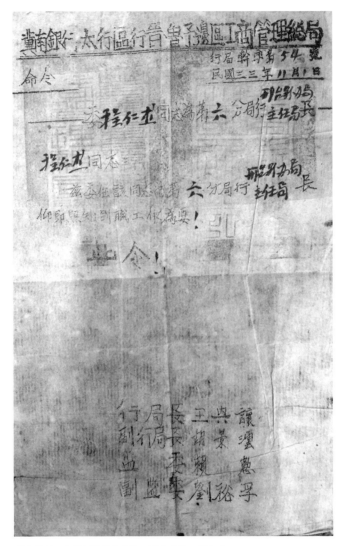

冀南银行工商管理局第六分局（邢台分局）任命书

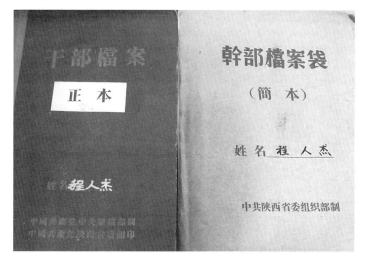

程仁杰的档案

二、红色金融的"祖庙"和"产房"——瑞华银行

1946 年，为了更好地适应形势发展及加强对敌斗争，中共晋冀鲁豫中央局指示胡景沄化名胡竹轩，筹建民营性质的瑞华银行。6 月 11 日，瑞华银行在邯郸成立，程仁杰也随老上级胡景沄转战邯郸。

瑞华银行的经营方针是"开放存放款业务，发展汇兑，运用社会游资，扶助工农商业为主"。瑞华银行还经营生金银买卖、工商业投资、有价证券买卖、外汇和开办仓库业务，还利用仓库存储大量边区军民生产生活所需和支援解放军南下所需的物资。此外，瑞华银行还组织大批土特产，如太行山区的桃仁、花椒，冀南、冀鲁

瑞华银行台执

豫平原的棉花及土布等，卖到北平、天津等地，从敌占区换回大量的黄金和外汇。

1947年9月，来自延安及抗大分校的孙继武，被调任瑞华银行总经理兼光华房地产公司经理。孙继武的小儿子孙冰峰曾在《中国金融家》杂志上发表的《晋冀鲁豫的瑞华银行》一文中介绍："在晋冀鲁豫解放区中国共产党领导下的银行里面，瑞华银行非常特殊，它以民营商办的面目独树一帜，形成了独特的管理和经营方式，开办了一些专有的业务种类，建立起它在解放区银行体系里重要的地位。瑞华银行的经营方针是：开放存放款业务，发展汇兑，运用社会游资，扶助工农商业为主。体现为三大主要工作任务：一是吸收各类存款和股金，以增强银行的资金实力和经营能力；二是发放工农商业贷款，促进边区生产生活的发展和经济的恢复；三是办理汇兑、仓库业务，储备黄金。"

孙继武和程仁杰是抗大山西分校的校友，共同的学习、工作的经历，使他们在同一战壕中，出生入死，结下了毕生的革命友谊。

瑞华银行在中国红色金融史上的地位，是非常重要的。它不仅是中国红色金融的"祖庙"，也是新中国金融的"产房"。因此，有人说瑞华银行是解放区的第一家民营银行，从其诞生到结束，虽然只有短短的三年时间，但却为初始阶段的中国经济和金融事业进行了探索和试验，在中国金融发展史上留下了精彩的一笔。

瑞华银行还是中国人民银行的前身，也是中国人民保险公司创建者的摇篮。瑞华银行培养了一大批银行人才，他们有的成为中国人保的创始人。瑞华银行的首任行长胡景澐、第二任行长孙继武、放贷处主任阎达寅、会计部主任程仁杰等，后来分别成了中国人民保险公司首任总经理、副总经理、秘书室主任、检查室主任等。

1947年11月，石家庄解放，晋冀鲁豫和晋察冀两个解放区连成

1946年，瑞华银行成立，首届股东大会召开时股东暨董事、监事合影。第二排左十为胡景沄，第三排木梯下四为孙继武，第二排左边的女士左手边是阎达寅

1948年4月，在石家庄瑞华银行总行成立两周年迁移石家庄时，全体同仁合影，第一排左八为孙继武、左九为阎达寅、左十一为程仁杰

瑞华银行员工合影，左五为阎达寅、左九为胡景澐

一片。1948 年 5 月，冀南银行与晋察冀银行合并，成立华北银行，这便是成立于石家庄的中国人民银行的雏形。瑞华银行后来也随之前往加入其中。

　　1949 年 2 月，北京和平解放后。胡景澐、孙继武等先后奉调赴北京，参加接收旧政府银行的工作，组建在北京的中国人民银行。

　　同时，中央财委决定以瑞华银行为基础，接收中央信托局等，筹建储蓄银行，吸收社会游资，以便起到稳定物价的作用。孙继武负责相关的筹备工作，后任人民银行储蓄处处长。程仁杰任人民银行储蓄处信托科科长。他们又一次走到了一起。

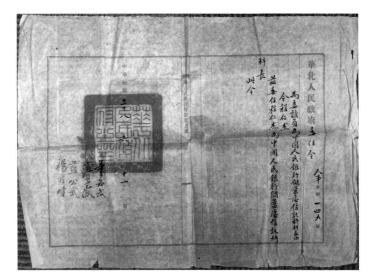

中国人民银行储蓄处信托科科长任命书

三、检查与监察——中国人民保险公司

在程仁杰的孙子程齐平提供的有关程老的遗物中，我发现了由中央人民政府政务院颁发的证书——指导接收工作委员会华东区工作团团员证。在我以往撰写的人保人物传记中，经常写到有关上海华东区的接收历史。

1949年5月3日，饶漱石、陈毅、粟裕等率部进驻丹阳，与先期到达的总前委、华东局机关部队和南下的干部会合，部署接管上海的准备工作。6日，华东局在丹阳举行会议，讨论接管上海的问题。10日，陈毅在县城南门外大王庙对接管上海的干部作关于接管上海的报告。

为了落实丹阳会议精神，在苏北解放区专门学习接管城市政策的孙文敏召集撤退到华中党校学习的保险业地下党员徐天碧、朱元仁、刘凤珠等随军渡江回沪，与留守上海的林震峰、吴越等地下党员会合。他们在上海市军管会财政经济接管委员会金融处，共同组建了"保险组"。他们脱下便服，穿上军装。他们的胸章是"中国人民解放军"、臂章是"上海市军管会"。

在金融处副处长谢寿天，保险组组长林震峰、副组长孙文敏的领导下，他们分工负责接管 24 家官僚资本保险机构。

程仁杰作为中国人民银行的创建干部，凭借多年的金融、银行、信托等从业经验，被委以重任。程仁杰日夜兼程地赶赴上海等华东地区各地，对银行、保险等行业的接管工作进行指导。他积极宣导共产党的大政方针、建国规划、接收纲要等，并且对审查各接管单

指导接收工作委员会华东区工作团团员证　政务院函

1949 年，上海接收时期的街景

位的财务账册、报表等专业工作给予技术支持和监督指导。这段时间并不长的工作经历，对程仁杰日后工作的安排产生了很大影响。

1949 年 10 月 20 日，中国人民保险公司在北京西交民巷 108 号成立。人民银行副行长胡景澐兼任总经理，人民银行保险筹备组组长孙继武担任副总经理并主持日常工作，保险筹备组组员程仁杰担任检查室主任。

1951 年，程仁杰被任命为中央人民政府政务院人民监察委员会的监察通讯员，成为新中国第一代监察通讯员。

监察室旧称是检查室。监察室主要履行本组织惩治和预防腐败体系建设中的教育职能、监督职能、保护职能和惩处职能。主要职责：研究拟定贯彻执行党的纪律检查和国家行政监察规定的具体措施、办法；组织实施本组织党风廉政建设、行风建设和软环境建设工作；负责局机关考勤考核工作；负责对本组织党员干部职工的纪律检查工作，依法查处违法违纪行为；负责本组织贯彻执行国家行政法律法规及规章和政策的监督检查；受理控告、检举本组织及其工作人员违法违纪的来信来访；受理不服本级和下级机关作出的行政处分的复审、复核申请和申诉；对干部选拔任用、基础建设、

中国人保公司检查室主任任命书

政务院任命书

经费开支、案件查处等重要决策事项进行监督。

在革命战争年代，尽管条件异常艰苦，但早期的中共组织依然十分重视纪律检查工作，对革命的胜利起到了非常重要的作用。在新中国成立之初，国有企事业组织架构中纷纷设立了检查室（监察室）这一组织机构。在社会主义建设初期，监察工作历经设立、发展、变革的过程，与当时整个政治、经济形势息息相关，既发挥了重要的作用，也积累了宝贵的经验。

中国人民保险公司成立之初，工作千头万绪，监察工作也非常繁重。在保险法规的制定完善，接收的保险公司有关改制，董事会、监事会的设立等方面，都离不开监察室的工作，程仁杰是中国人保监察室第一代工作者，他开创性地开展工作，为中国人保的监察工作谱写了动人的篇章。

程仁杰还担任过人保太平公司的监察人。

1953 年，程仁杰转任人保总公司会计处处长。

1955 年，程仁杰担任财政部监审办公室组员，后任人保总公司人事处处长。

四、支援大西北与告老还乡——西北大学

1956 年 9 月，程仁杰来到中央高级党校普通班学习。一年后，他学习期满毕业。

这时，中国人民保险公司已经停办国内业务，许多人员被疏散和派遣。程仁杰主动申请调离北京，支援大西北建设。

1958 年底，程仁杰带着全家从北京启程，来到西安，暂时住在陕西省委第一招待所，等待分配。在那里，他认识了也是从北京来的肖克平、常涛，后来他们一起被分配到西北大学工作。程仁杰任

20 世纪 50 年代，人保成员合影，第一排左三为孙继武，左四为程仁杰

20 世纪 50 年代，保险公司员工子女合影，第二排左三为程仁杰的孙子程齐平，
第三排左三为郭雨东的儿子郭瑞，左六为孙继武的儿子孙冰川

20世纪50年代，人保成员及家属合影，第二排左二为程仁杰

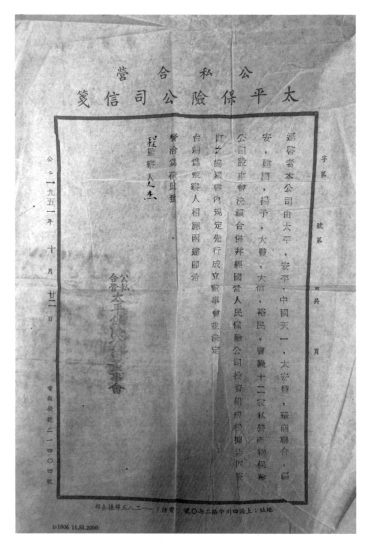

不给组织添麻烦——记中国人民保险公司第一任检查室主任

太平保险公司函

104

地质系总支书记，常涛、肖克平分别担任化学系、数学系总支书记。戏剧性的是，他与早年在家乡带领自己走上革命道路的进步青年吴大羽，分别30年之后，在西北大学相聚，这时吴大羽已经是西北大学党委书记。

西北大学始建于1902年，由清末光绪皇帝御笔朱批设立，是中国西北地区历史最为悠久的高等学府。1958年，该校和中国科学院、中国科学院陕西分院联合建立了化学、物理、半导体、生物、地理、历史、考古、原子物理、电子学、计算数学10个学科的研究所（室）。这些研究所（室）后来大多成为中国科学院和陕西省及西北一些科研单位的前身，为陕西和西北科技事业的发展奠定了基础。程仁杰是在西北大学发展的时期上任的，对地质系行政教学的发展作出了贡献。

西安气候干燥，冬天没有暖气，程仁杰一家人很不适应。

1961年冬，程仁杰患了重感冒，导致腰部旧伤复发，卧床不起，

中央党校毕业证

程
仁
杰

程仁杰全家合影

程仁杰夫妇与孙子合影

程仁杰与孙子合影

不能继续工作，入住常宁宫高干疗养院休养。

程仁杰因多年休养，一直未工作，躲过"文化大革命"一劫，并被结合进了西北大学革委会。

1970 年，开始备战备荒，疏散人口，程仁杰又一次主动提出回乡。

邢台巨鹿的经济条件落后，还处于无电、无自来水的阶段。考虑到程仁杰的生活环境艰苦，西北大学要出资在巨鹿给程仁杰建新房子；邢台专区、巨鹿县委先后派人看望程仁杰，几次聘请他担任专区县委顾问，并想安置他在邢台生活，还可以解决家庭成员的农转非户口。程仁杰均婉言谢绝，理由是：不给组织添麻烦。至于顾问，他说自己年纪大了，精力达不到，顾不上，也问不好。

程仁杰就是这样，面对中国的每一次变革，都是选择自己"后退"。"不给组织添麻烦"一句话，不仅体现了他道德情操的高尚，也是他做人的原则，更是他"无为"的人生哲学的体现。他在祖国版图上的游走路线，体现出他一步一步退守人生最终归宿的决绝。

程仁杰的晚年生活并不是很如意，他也时常感到生活的单调和孤寂，但他从不表露出来，只是要求儿孙们常回家看看。

有一年，程仁杰的孙子程齐平回家乡看望老人，和他聊天时斗胆问他：

1939—1949 年，在太行山 10 年，

1949—1959 年，在北京 10 年，

1959—1970 年，在西安 10 年多，

革命 30 多年你告老还乡，回来也 20 多年了，你革命了一辈子，得到了什么？

程仁杰怔怔地看着孙子，似乎孙子非常陌生，叹息地说：共产党员不讲那么多。之后，他若有所思，沉默良久。

程仁杰晚年在家乡和家人合影

程仁杰晚年

五、生活中的一些细节

程仁杰在农村成家早，那时他 16 岁，妻子 17 岁，可谓少年夫妻。他们感情挚深，恩爱有加。他说他在太行山根据地 10 年，妻子代他养家，孝敬老人，照料儿女，纺线、织布、锄地、种田，辛苦了 10 年，实为不易，是他们家的有功之人，是他的恩人，他要好好待她。

在北京加入人保后的第二年，程仁杰就把夫人从家乡接到北京。在人保宿舍的大院里，有的夫人是革命干部，有的夫人是资本家的后代，有的夫人是留洋的大学生。程仁杰并不忌讳他的夫人是不识字的农村妇女，特别是小脚妇女。程仁杰不嫌弃结发之妻的气度，一时成为人保的美谈。

程仁杰的妻子侯振五到京后，很快就融入四合院的人际关系中，邻里关系非常好。她在家乡土改时是积极分子，住进公司附近的小四眼井胡同后，没有多长时间，就担任了居委会干部。她在生活上照顾丈夫无微不至，还要忙街道居委会工作，晚上还要去扫盲班识字。扫盲班在财政部大院食堂，有十几个人，却只有她一个妇女。她学习很认真，考试取得第三名，还不高兴地说，第二名偷看她的……结业时她被评为优秀学员。

程仁杰非常敬重妻子，夫妻相敬如宾。程仁杰平时开口舍姓呼名："振五，我上班了。""振五，晚上早点做饭。"闲暇时间，他就带着妻小去前门公园游玩。

程仁杰除了在保险公司任职外，还是政务院监委监察员，经常被财政部委派出差，在家时间不多，一直是妻子在操持全家。因此，他一直对妻子感恩。

程仁杰生活非常朴素，衬衣上经常打了多个补丁，但却干干净净。他着装得体，注重仪表，喜酒却从不贪杯。他不善交际，不苟言笑，也许是多年来从事监委工作养成的习惯。

孙继武的大儿子孙冰川和程仁杰的孙子程齐平年龄相仿，尽管差着辈，但从小四眼井到天宁寺路的人保宿舍，是一直要好的小伙伴。孙冰川20世纪90年代在石家庄的赵县挂职担任副书记，1992年9月9日，他曾专程前往巨鹿看望程仁杰老人，并写有日记。他在日记中写道：

上午10时多到巨鹿。县老干局同志非常热情，而且对程仁杰非常敬重，说他回乡后从不给县里添麻烦，领回工资，多了几元（比如什么福利涨了）都一再追问清楚，生怕多领。家里和孙子（小平的弟弟）在一起，坚决不许他经商，是个老正统。

堤村是一个典型的"绿树村边合"的村子。街路破败不堪。到门前，程仁杰的孙子先迎了出来。院子很宽敞，但住房都是略显破旧的农舍。屋里地方很大。一进屋，迎面站起的老人就是他。穿着一件农民的土布对襟小褂，肚子上裹得鼓鼓的，是由于前几年做前列腺手术造成尿床的后遗症，不得不垫了很多层东西，连裤腰都不能扎紧。面色倒是红润，但行动明显不便。

程仁杰说："你是二毛！"一口乡音。我说："是，我是二毛，来看看你。"说着，我竟哽咽了，泪水向外流。他问："你父亲已经不在了？"我说："是，1978年去世了。"此时，眼泪已无法抑制，说不清是什么样的感情。过去，他是大人，我是孩子，他对我当年的了解要胜于我对他的了解。但是，他是我父亲的老同事，一辈人，见到他，涌起在我心中的，是一种对自己父亲的感情。父亲在天之灵知道我会专程去看望他的老同事，他老人家会高兴的，会赞许的。

然后他问起了一大堆人的情况，阎达寅、胡良英、王新哲、郭雨东、曲荷等。

谈到12时，李局长们非要我回县里去吃饭，说县里马书记说好

20 世纪 50 年代的程仁杰

了等着我们谈谈。没办法，只好告辞。老人不让走，我又掉下了泪，他也落泪，他不相信我还会去看他。

程仁杰坚持一直送我们到大门口，看着汽车开走。

我想，我会再去看他的。

1997 年 8 月 12 日，程仁杰在巨鹿去世。

他的老领导、老战友孙继武曾这样评价他；工作严肃、认真、细心、严谨，专业能力很强。

他的老同事、好朋友郭雨东曾这样评价他：老实厚道，善良仁义，不愧叫"仁杰"。他的业务能力很强，可惜了。

谢树屏

追寻人保企业文化的先河——记中国人民保险公司检查室第一任检查员

谢树屏耿耿于怀的是一直没能加入中国共产党。其实是党组织当时鉴于他的社会关系，考虑到他在统战工作中的作用，几次动员他先参加民主党派，但他初心不改，一直把加入共产党当作人生的最高目标。即使在『文革』期间，谢树屏在五七干校时，还给儿女写信说：『比一比看，谁先加入共产党。』

我写了许多位中国人保的创始人，我发现他们几乎没有是在北京出生的。这家创建于北京的保险公司，当时的创业者主要来自延安和上海。我这里要介绍的谢树屏，是一位来自北京的人保先驱者，而且是中国的一位著名的乒乓球裁判。

一、从胡同里走出的银行职员

历史从来就不是一根直线，可以笔直地前行，而是变幻莫测地充满了变数。它有很多的意外，你本来想走进这个房间，一不小心被一块小石子绊了一脚，你就跌到隔壁房间去了。百年前发生的辛亥革命，是一场改变历史的革命，就这样悄无声息地发生了。

1911 年，北京的皇族显贵似乎还沉浸在所谓的繁华盛世中。街上到处是灯红酒绿的景象，胡同里的吆喝声此起彼伏。但在大清朝垮台之前，还是出现了所谓的神秘预兆。比如，老百姓中纷纷传说天上出现了一颗彗星，彗星现，朝代变。中国人的想象力就是丰富。

1911 年新年伊始的 1 月 7 日，谢树屏出生在北京西皇城根脚下的一条叫石板房胡同的院落里。此时，皇城内临近上演的一场翻天覆地的戏剧，让北京夜空中厚重的云彩，形成了即将拉开的舞台帷幕。当然，谢树屏出生的所谓星象，并没有那么复杂的传说，但他日后另辟蹊径的人生轨迹，证明了那一代人独有的传奇。

谢树屏的祖籍是河北束鹿，他的祖父在还是孩童时就随家人来到北京。祖上一直从事生意，这是一个经济殷实的商人家庭。谢树屏兄弟姐妹共 8 人，4 个姐姐，2 个哥哥，1 个弟弟，他排行老七。

谢树屏自小聪颖又顽皮，三岁那年，他与小朋友步行出城，吓得家人四处寻找。他竟然还记得路，独自返回家中。他自知有过，主动趴在床边，撩开衣服，任大人体罚。还有一次，谢树屏用双臂横跨井沿，做单杠游戏。正巧父亲经过，但不敢上前呵斥，怕惊扰着他出意外，竟掩面而过。

谢树屏的父亲去世得早，让其子女早早地成熟起来。兄弟们持家有道，后来在西城的刘兰塑胡同又购置了一套四合院。那时，家里还雇着黄包车，家人经常一起乘车外出看戏，就像老电影里的大户人家一样。

谢树屏的父母因为经营买卖，接触外来社会较多，因此思想开明，且非常重视教育，子女都被送到教会学校读书，所以孩子们的英语、法语都较好，这为他们后来进入各行业打下基础。姐姐们都曾在女子学校就读过，兄弟 4 人先后在汇文、南堂学校读书。他们在校都是优等生，聪慧好学，还略通琴棋书画。谢树屏从小喜爱弹球、斗蟋蟀，桥牌、围棋也样样精通。

20 世纪 30 年代，谢树屏走上社会，利用家庭关系到银行工作，当然银行也看上了他的一身绝技。据说当年谢树屏对数字能够过目不忘。他还可以双手打算盘，神速一般。这些为他日后在人保公司检查室的出色工作，打下了坚实的基础。

谢树屏曾就职于河北银行、冀东银行、交通银行、汇丰银行、花旗银行等金融单位。谢树屏先后做过银行分支机构的董事、襄理等职，在密云、承德、山海关、天津等地漂泊。

1934 年，谢树屏与王秀竹在北京结婚。王秀竹祖籍绍兴，是典型的江南女子、大家闺秀。其祖上有人在京城做过京城守备的差事。其叔父在民国政府的北京警察局任职，保护过地下党。

正是由于家庭及夫人家庭的影响，谢树屏拥有别样的血色青春，在风起云涌的斗争年代，他时刻向往着革命。

抗战时期，谢树屏有一次随银行到承德出差，曾到八路军办事处，要求参加革命，但因腹泻，办事处劝他先回京治疗，处理完家事后，

20世纪30年代，谢树屏在冀东银行山海关分行工作时与夫人王秀竹合影

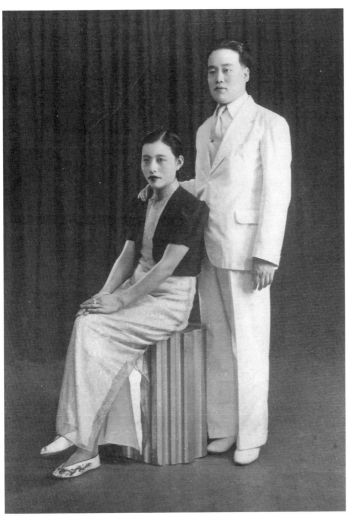

谢树屏与夫人王秀竹的结婚照

再来报到。谢树屏病好后，再赴承德时，办事处已撤离。与革命队伍失之交臂的经历，成为谢树屏终生的遗憾。

二、中国人保最早的监察要员

1949年9月25日，第一次全国保险工作会议在西交民巷司法部街的胡景沄家的院落中召开。会议期间，传来了"中央同意搞保险公司"的批件。

1949年10月20日，中国人民保险公司总公司在北京成立，宣布人民银行副行长胡景沄兼任总经理，人民银行保险筹备组组长孙继武任副总经理，主持日常工作。

随着工作强度加大，孙继武将上海保险业的地下党及专家请到北京，参与公司筹建。这样，延安根据地的金融干部与上海保险业的金融家南北两条红色的血脉终于在北京会合，再加上华北造币印刷局的一些从业人员的加入，保险公司的队伍得以壮大。

同样来自保险筹备组的组员程仁杰担任人保公司检查室第一任主任。随后，程仁杰被任命为中央人民政府政务院人民监察委员会的监察通讯员，成为新中国第一代监察通讯员。

谢树屏由一位在中国人民银行工作的弟弟（原为中共北京地下党员）推荐，进入了刚刚成立的中国人民保险公司，在监察室任副科长，成为中国人保第一代监察要员。

监察室旧称为检查室。监察室主要履行本组织惩治和预防腐败体系建设中的教育职能、监督职能、保护职能和惩处职能。主要职责：研究拟定贯彻执行党的纪律检查和国家行政监察规定的具体措施、办法；组织实施本组织党风廉政建设、行风建设和软环境建设工作；负责局机关考勤考核工作；负责对本组织党员干部职工的纪律检查

在月坛办公楼前谢树屏（第二排左一）与同仁合影

在月坛办公楼前，谢树屏（第二排左三）与员工合影

工作，依法查处违法违纪行为；负责本组织贯彻执行国家行政法律法规及规章和政策的监督检查；受理控告、检举本组织及其工作人员违法违纪的来信来访；受理不服本级和下级机关作出的行政处分的复审、复核申请和申诉；对干部的选拔任用以及基础建设、经费开支、案件查处等重要决策事项进行监督。

在革命战争年代，尽管条件异常艰苦，但早期的中共组织依然十分重视纪律检查工作，对革命的胜利起到非常重要的作用。在新中国成立之初，国有企事业组织架构中，就纷纷设立了检查室（监察室）的组织机构。在社会主义建设初期，监察工作历经建立、发展、变革的过程，它与当时整个政治、经济形势的发展息息相关，既发挥了重要作用，也积累了宝贵的经验。

中国人民保险公司成立之初，工作千头万绪，监察工作也非常繁重。在保险法规的制定、完善，接收的保险公司有关改制，董事会、监事会的设立等方面，都离不开监察室的工作。程仁杰、谢树屏等作为中国人保第一代监察室的工作者，他们开创性地开展工作，为中国人保的监察工作谱写了最新的篇章。

1958 年，人保公司停办国内业务。谢树屏被分配到广西壮族自治区经委工作。1959 年，谢树屏回到北京，在广西壮族自治区驻京办事处工作。

1960 年，谢树屏被调到一机部成套设备局工作，后来部委调整，他又被调到物资部机电局工作。

1969 年，谢树屏前往河南信阳物资部的五七干校劳动锻炼。他在用猪圈改造的卧室中，泰然处之。因长期劳作，染上疾病，子女劝其回京治疗，但谢树屏不愿搞特殊，坚持原地就医。

1971 年，在组织的劝说下，谢树屏因病回京治疗。

1972 年 4 月，谢树屏在北京溘然长逝，年仅 61 岁。谢树屏就这样匆匆走完了短暂的一生。

三、小小银球创造中国人保最早的企业文化

秦道夫在所著的《我和中国保险》一书中讲到了20世纪50年代的人保办公楼："我们在大楼一层大厅里摆了几张标准的乒乓球台，这在当时也算得上是很好的场地了，赢得许多乒乓球好手一有空就云集此地大显身手，渐渐地声名在外，又引来不少乒乓球爱好者。没过多久，就有一位乒乓球二级运动员带来一个系着红领巾的男孩，他就是初露头角的庄则栋。结果那天庄则栋还输给了我们公司的高手陈泽。几年以后，庄则栋已是乒乓球名将，1961年他获得了世界锦标赛的男单冠军。这时我们将他初来公司打球的故事回述了一遍，大家都很高兴。"

秦道夫在书中提到的当年请来庄则栋的那个人，就是谢树屏。

谢树屏在人保公司工作之余，热衷于乒乓球的裁判工作。虽是业余爱好，他却被国家体委评为我国第一批乒乓球国家裁判，当时全国仅6名。遇有全国重大比赛、国际比赛，谢树屏均被抽调脱产参加裁判组织、比赛编排工作。他经常义务讲课，协助国家体委培训乒乓球裁判。

谢树屏曾任1959年、1965年全国乒乓球锦标赛的裁判长，第一届全运会乒乓球赛、第二十六届乒乓球赛的裁判组织编排工作并担任重要赛场的主裁判；他担任过荣国团、徐寅生、庄则栋、李富荣、王传耀、孙梅英、丘钟惠等优秀运动员的主裁判。这些运动员每次比赛后都在乒乓球上签上名字，送给谢树屏。

由于谢树屏与体育界的关系，他曾联系北京市少年队来保险公司与公司的乒乓球队比赛，就包括当年庄则栋来的那次，引来公司

追寻人保企业文化的先河——记中国人民保险公司检查室第一任检查员

谢树屏在 20 世纪 60 年代出任乒乓球大赛裁判

122

谢树屏在北京世锦赛期间

众多员工和家属观看，庄则栋义务给员工进行乒乓球指导。

　　谢树屏热心组织人保公司的乒乓球活动，并参与培训，并多次给乒乓球爱好者提供观看大型比赛的机会。人保公司乒乓球队的水平日益提高，名声在外，经常外出参加系统比赛，并获得优异成绩，为公司品牌传播作出了贡献。

谢树屏的女儿谢绿筠向我介绍：2006年，她见到庄则栋，提及他少年时到人保公司比赛，他还有印象，说人保公司球队打得不错。2014年，庄则栋重病在床，她怕打扰他，仅发个信息慰问，他回信息还说，记得其父亲。那次重大赛事后，庄则栋曾受周恩来、贺龙等领导接见，出席人民大会堂庆功招待会。

谢树屏不仅精通乒乓球，他还酷爱京剧，是个京剧票友。谢树屏年轻时，曾与马连良、李多奎等等名角同台。每次人保公司搞联欢，谢树屏都会登台演出，自拉自唱。他成为公司各种文体活动的活跃分子，为活跃公司文化生活作出了贡献。

谢树屏的女儿谢绿筠回忆说：那时，保险公司给她的印象非常深刻，那是个人才济济、团结、奋发、和谐的大家庭。领导有方，职工敬业。公司领导非常关心职工家庭的业余生活，每逢节日都组织活动，春节召开团拜会，五一、十一搞联欢会，六一儿童节搞儿童联欢会，给孩子们发放礼品袋，里面装着各种零食，还照相合影，这是当时孩子们最盼望的高兴的事。每到周末，在办公楼后院放映露天电影，在礼堂开舞会。公司还发票组织观看芭蕾舞演出，参观苏联展览馆。更让人难忘的是公司还选出家属中优秀的学生参加"中苏少年夏令营"，令院里的孩子们十分羡慕，也激励孩子们争上进、爱学习。我们这些职工子弟，在保险公司度过了快乐的童年。

四、心底无私放眼望

谢树屏耿耿于怀的是他一直没能加入中国共产党。其实是党组织当时鉴于他的社会关系，考虑到他在统战工作中的作用，几次动

20 世纪 50 年代，人保公司国庆晚会上的小家属

员他先参加民主党派，但他初心不改，一直把加入共产党当作人生的最高目标。即使在"文革"期间，谢树屏在五七干校时，还给儿女写信说："比一比看，谁先加入共产党。"

谢树屏的家庭无不闪现着革命者的光芒。

谢树屏的大姐因其才华出众，深受民国名人侯少白爱慕，他们结为夫妻。侯少白为民国第一届国会众议院议员，抗战时期在山西参加组织"牺盟会"，进行抗日斗争，当时有"北有阎锡山，南有侯少白"之说。侯少白因救过傅作义，与其私交甚好。侯少白为和平解放北京作过贡献。1949 年后任北京市文史馆馆员。

谢树屏三姐的儿子在解放战争期间从学校跑到解放区参加革命，后参加过抗美援朝。

谢树屏的四姐小时候在北平女子学校读书，邓颖超曾当过她的老师，并到过她家中家访。20 世纪 50 年代，邓颖超在中南海接见过她。其丈夫为中国农工民主党员，曾在八路军第十九路军任军医。后在北平开诊所，帮助过地下党。

谢树屏的大哥曾任蔡廷锴将军的军需副官，后随其到福建建立新的革命政府，并任财政部要职，后曾被蒋介石通缉。

谢树屏的二哥为民革成员，1949 年后在天津税务局任职。

谢树屏的弟弟 1949 年前在银行工作，是中共地下党员。后随军南下，在重庆军事委员会接收金融系统，后在四川省财政厅任职。

因为谢树屏在这种开明、民主、追求进步的大家庭中成长，受各党各派的影响，所以养成谢树屏能识大局、豁达开朗、坦诚善良、好施为乐、知足常乐的性格。

20 世纪 50 年代，谢树屏从挣小米转为工薪制时，被定为行政 17 级，与一同工作的"三八"式干部同一级别。谢树屏对家人及亲戚说："人家参加革命早，流过血，负过伤，从枪林弹雨中过来的，多不易，我却和他们同等待遇，还有什么不满意的。"

正是由于谢树屏的这种宽容心态，他在以后的提薪、调房中，都主动放弃，谦让他人。他不逐名利，踏实为人；他一生服从组织调动安排，从不讲条件；他有业务能力，工作认真负责。谢树屏很受同事敬重，被尊称为"谢老""乐天派"。

谢树屏一家在搬到阜外月坛北小街保险公司宿舍之前，曾住在前门鲜鱼口内布巷子4号。那是一座建于民国时期的2层小洋楼，20多年前，我陪基层公司出差的同事特意去拜访过那个院落，进门之后，是一巨大的天井，四周是带雕花的回廊，有木楼梯可以上到2楼，可以想象昔日这里华美的景象。

谢树屏的女儿谢绿筠回忆说：当时他家对面的楼上住的是从上海过来的几个单身职工，他们是年轻的保险专家。谢树屏就经常嘱咐夫人多关心他们的生活，有时家里做了好吃的都要送过去点。每

鲜鱼口人保宿舍老洋楼

谢树屏全家合影

谢树屏夫妇晚年合影

逢周日，公司不开火，他经常请他们到家里吃个便饭。

　　谢树屏无论住在哪儿，饭后和假日里，他身边都会围着一群孩子谈古论今、讲故事，在孩子们的眼里，他是个知识渊博和蔼的"谢伯伯""谢大爷"。

　　谢树屏一生没有惊天动地的事业，但他却是子女心目中最伟大的榜样。

迁徙的旅途总也看不见尽头——记中国人民保险公司旗下中国保险公司首任副总经理

孙广志

孙广志虽然人微言轻，但他还是在尽力为中国人保这艘在风雨中飘摇的大船，再拉起一次风帆。他像一位老船长，在指导、修正着海外保险业务的航程。

一次，中华联合保险公司的司史研究专家刘润和对我说，看你写了那么多人保老人，怎么没见你写孙广志？我一惊：你怎么知道这个人？我惊讶的不是我正在想写这个人物，我惊讶的是这个人的名字在已有的人保历史文献中并不多见。

其实，我也没有必要惊讶。是金子总要发光的，作为中国保险业跨世纪的孙广志，他不平凡的一生，在历经风雨的冲刷后，必然闪现出夺目的光芒。

一、从小吮吸着大洋彼岸的风

1908 年 7 月 4 日，孙广志在天津出生。

清廷退位以后，天津本地势力北洋系获得了中国政权，开始了1911—1928 年对中国近 20 年的统治。当时的天津是中国的政治中心、金融中心以及外交、经济、航运……中心。中国的第一所大学，第一条电话线，第一个邮局，第一张邮票，第一个近代造币厂等也都是产生于那个时期的天津。

我从天津历史大事记中，找出了一些和孙广志家族有关联的事件，似乎要找到进入孙氏家族当年的一些生存背景的画面。

1901 年 2 月 19 日，开平煤矿改名为"开平矿务有限公司"，赢商非法窃得开平矿务局大权。

1901 年 3 月 13 日，都统衙门批准中外商人在城里开办自来水系统的申请。

1902 年 5 月，天津济安自来水公司开业，地址在城西芥园。

1905 年 5 月，敦庆隆绸缎庄率先出售国产土布。

1906 年 2 月，北洋官造纸厂成立。

1908 年 3 月，交通银行天津分行开业。

孙广志的祖籍是江苏南京，祖上早年来到天津创业。孙广志的父亲孙仲吴开过纸行，卖过绫罗绸缎，先后和德国人、俄国人做过买卖，在道胜银行里当过买办。后来孙仲吴担任了天津自来水公司董事长。晚年在华洋仪征会任董事长，做些救灾慈善的公益项目。

孙广志共有兄妹9人，为3个母亲所生。家中衣食丰厚，是天津的大户人家。

孙广志小时候在家中读私塾，接受启蒙教育。

1920年，11岁的孙广志与兄妹3人一同来到美国。其中二家兄是从清华大学毕业的，到美国直接上中学。孙广志从小学开始读起。

1920年，孙广志在美国司多小学上学。

1922年，孙广志在安多佛中学读书，在校期间他参加了校乐队。

1926年，孙广志考入米多伯瑞大学，在大学里，他是运动队的健将。在大学期间，孙广志利用业余时间自学了法学院的必修课程。

1930年，孙广志考入了亚鲁法学院。

1931年9月，孙广志在上了一年法学院后，回到国内。

1932年夏，孙广志加入开滦矿务局任高级职员，做经理秘书。随后，他被派往唐山矿务局实习，任矿区经理。后又到林西矿务局运输处任副处长。

1933年，孙广志在塘沽矿务局工作。后回到开滦矿务局华北天津售品处任稽查。

1934年，孙广志在开滦矿务局河东厂任稽核，后在总局任副经理。

在开滦矿务局期间，孙广志与天津中兴煤矿董事庄乐峰的女儿庄杏珍结婚。庄家是天津大户，在北京香山有别墅。结婚时，孙广志中文还不太好，为了交流，还雇人教庄杏珍学习英语。

1936年，孙广志在合同期满后辞职。在此期间，孙广志广泛参加各种体育运动，有网球、冰球、赛马等，由此可以看出，孙广志是一个非常洋派的人物。

二、民国时期中国保险公司的领军人物

1936 年 5 月，孙广志来到上海，在中国银行任实习生及帮核。

1936 年 10 月，经宋汉章介绍，孙广志来到其旗下的中国保险公司任襄理，开始了毕生的保险生涯。

北伐战争胜利后，著名金融家宋汉章邀请保险专家过福云商谈筹措创办中国保险公司，双方一拍即合。过福云放弃了怡和洋行保险部的高层职位和丰厚待遇，毅然决定开创中国人自己的保险事业。

1931 年 11 月 1 日，由中国银行投资、国民政府参股的中国保险公司在上海成立，总部设在仁记路（今滇池路）中国银行大厦内。公司注册资本高达 250 万元，中国银行常务董事宋汉章任中国保险公司董事长，过福云任中国保险公司总经理。

在民国中期的华商保险公司里，中国保险公司属于能与太平保险公司并驾齐驱，颇具财险行业号召力的大公司，机构遍布全国 85 个大中城市，很快成为中国当时最大的中资保险公司。

1933 年 7 月，中国保险公司设立人寿部，经营人寿保险业务，1937 年 4 月，公司组建成立了中国人寿保险公司。1934 年，该公司与英商太阳保险公司签订了再保险业务合同。

在保险公司内，孙广志努力向吴籍、罗小雨等保险专家学习业务，在这里打下了他一生保险生涯的基础。他与上海业内保险家陶昕轩、叶孝兴等结下了深厚的情谊，并参加了上海金融界的学术组织"燕友社"。

1937 年，"八·一三"事变后，国民政府西撤。中央信托局保

险部首先进入重庆，宋汉章紧随其后，在重庆上清寺组建中国保险公司总管理处。而孙广志继续留守上海。

1938年，上海保险界成立了共产党外围组织保险联谊会（以下简称"保联"）。"保联"举办了许多学术、文体和娱乐活动，深受广大会众的拥戴，并得到业界上层人士的赞助和支持。为吸收更多的会员参加，以利于会务活动开展，"保联"历届的理事监事适当考虑了上、中、下各阶层的比例，每届理事会的主席，均举荐保险公司的总经理或知名人士担任。为使一年一度的征求会员和筹募经费的活动得以顺利进行，还专设征求委员会，聘请各公司的上层人士分别担任征求委员会的主任、委员、征求队长等职务。比如，宁绍人寿保险公司的胡咏骐、陈巳生、龚渭源；中国保险公司的过福云、孙广志；永安水火保险公司的容受之；宁绍水火保险公司的方椒伯、李言苓、程恩树；太平保险公司的王伯衡、朱懋仁；中国天一保险公司的谢志方、谢寿天；大安保险公司的郭雨东、董国清；外商保险公司的朱孔嘉、邱菊夫、过杰庆、曹骏白、胡树白、施哲明等，均担任过征求委员会委员、征求队长，他们对于"保联"的创建和发展起过巨大作用。

太平洋战争爆发后，上海租界被日军占领。1942年6月，中国保险公司被日本军事管制，并威逼与日本合资另建"新中国保险公司"，继而又饬令向汪伪政府办理登记注册。面对这些，公司一边敷衍应对，一边针锋相对。为了解决中国保险公司及其他中资保险公司的分保问题，过福云与孙广志一起积极推动组建"中国分保集团"及久联办事处，打断日本垄断保险市场的企图。

1943年10月17日，上海保险业消费合作社第四届社员代表大会在四川路青年会举行，到会各公司代表百余人，选举出新一届理事会、监事会。10月28日，当选的新一届理事会、监事会在江西路金城议事厅举行联席会议，选举陈巳生、谢寿天等11人组成常务理事会，孙广志当选理事长兼社长，陈巳生、谢寿天为副社长，过福云、丁雪农、任硕宝等业界上层人士出任监事，公推丁雪农为监事长。

1944 年 12 月，中国保险公司更名为中国产物保险股份有限公司（以下简称中国产物保险公司）。

当年，孙广志曾被派往北京分公司，交涉南北业务核算事项。3 个月后，孙广志回到上海，任业务处处长，参与分保业务工作。

1947 年，孙广志任副总经理兼业务处处长。

1949 年，孙广志拒绝宋汉章让他到香港的邀请，留守上海，等待共产党接收。

三、新中国中国保险公司的带路人

1949 年 5 月 27 日，上海解放。

5 月 30 日，上海市军管会金融处接管了中国产物保险公司和中国人寿保险公司。接管工作由保险组的吴越负责。

孙广志积极配合接收工作，并发动公司员工参与配合。他作为接收组织委员会委员，为顺利完成公司的接收工作发挥了特殊的作用。

1949 年 7 月，为进而推动全行业公私合营，在郭雨东的积极推动下，上海民联分保交换处成立。郭雨东推荐自己的老同道太平产物保险公司的协理丁雪农担任主任委员，中国产物保险公司副总经理孙广志等人担任副主任委员。

由于中国产物保险公司经营管理规范、人员整齐，市场影响力大，海外各地机构完整，首先获准复业经营。经金融处批准，中国产物保险公司于 6 月 20 日首获复业。过福云、孙广志身为总经理、副总经理，继续躬身服务这家老店。

1949 年 8 月，由陈云主持在上海召开了全国华东、华北、华中、东北、西北五大区财政金融经济工作领导人参加的财经会议，为了统一对国际贸易有关的外汇专业保险，金融小组提出以中国产物保险公司总管理处为基础，专设中国保险公司的建议，得到重视，经呈请批准，由华东区负责组织落实。规定中国保险公司的主要任务是：专门从事外币保险业务；争取海外保险业务；海外保险关系的联系与建立；接受国内溢额保险业务。

经过整顿改组，中国产物保险公司将原中国人寿保险公司并入，在上海组建成中国保险公司。中国保险公司成为中国人民保险公司领导下经营涉外 (外币) 保险的专业公司，考虑到过福云年岁已高，总经理一职似乎给正在香港观望的宋汉章留着。

1949 年 11 月 26 日，刚刚成立的人保华东区公司，按照北京总部指示召开保险法规研究会。会上产生了保险法和保险业法两个研究小组，由与会的人任选一组参加，参加保险法小组的有魏文达等15 人。保险法小组推定陆自诚、王效文、龚汇百、刘焕文、叶志修5 人负责起草，其间孙广志、魏文达分别草拟了火灾保险部分和海上保险部分的初稿，经过数次讨论修改，最后由王效文统稿定稿。

当时拟定保险法的基本精神是：保险法是保险人与被保险人之间由于订立保险契约而发生权利与义务的法规，根据人民政府保护人民财产，减少国家财富损失的号召，新保险法应强调保险人对被保险人的防灾设施有指导与检查的权利，同时被保险人对保险人的指导与检查有遵守的义务。拟定的保险法主要内容是：(一) 总则 (包括定义、标的和当事人)；(二) 被保险人利益；(三) 保险契约；(四) 特约条款；(五) 保险人之责任；(六) 保险费；(七) 保险金额 (包括超额保险、全部保险、部分保险、复保险等问题)；(八) 再保险；(九) 时效；(十) 损失保险；(十一) 人身保险。

1950 年 3 月 3 日，保险法草案经研究会全体通过后上报。新的保险法草拟以旧保险法为蓝本，剔除了其中不合理的部分，对外国的保险法规根据我国的实际情况合理吸收，但不照搬抄袭。其中，参照了不少苏联的保险法。孙广志是业内的专家，为此作出了突出贡献。这项工作不久就被搁置起来，成为新中国保险法出台的最早探索。

1951 年 6 月 5 日，在中国人民银行行长南汉宸的策划下，中国保险公司第一届第一次董事会、监事会联席会议在北京召开。龚饮冰（中国银行总管理处总经理）、孙继武（中国人民保险公司副总经理）、谢寿天（中国人民保险公司华东区公司经理）、吴震修（原"中保"常务董事）、潘久芬（原"中保"常务董事、1939 年曾任原"中保"董事长）被选为常务董事。会议选举龚饮冰任董事长，聘请吴震修任总经理，施哲明为第一副总经理，陈柏源为第二副总经理，孙广志（原"中保"副总经理）为第三副总经理。施哲明作为中国保险公司第一副总经理，主持日常工作。已经 81 岁高龄的过福云（原"中保"总经理）被聘为赴外稽核，驻上海办公。

第一次董事会、监事会联席会议上，由军代表孙文敏报告《军管期间关于业务、机构、人事之变更及措施》，会议决议了以下主要问题：

关于章程问题。考虑到公司以后的任务主要是面向海外，为便于向西方国家争取营业注册，决议仍保留原有的《中国保险股份有限公司章程》。但为求有系统、有领导地工作，参照《中国人民保险公司组织条例》新制定组织规程草案，以尽量做到统一编制。

关于资本问题。1949 年年度决算时，经上海市军管会金融处核准，调整资本为 100 亿元（人民币旧币，下同），由于公司准备做人身险业务，并为增强公司在海外的号召力起见，决议增资 200 亿元，合计资本额 300 亿元。同时，决议公司增设人身保险处，以拓展海外人身险业务。原业务处更名为财产保险处。

关于总驻港处。其原属临时性组织，鉴于国内外联系转入正常，已无保留必要，于1951年7月16日正式结束。

1951年9月25日，中国保险公司从上海迁至北京，在天安门西侧南长街44号正式办公。

据《中国保险史》一书评价：中国保险公司第一次董事会、监事会的召开和总管理处迁京办公，加强了中国人保对海内外分支机构的领导，密切了各公司的业务联系，对于推动海外保险业务的发展起到积极作用。从此，中国保险公司以东南亚地区为工作重心，以发展私营外币业务和面向海外广大侨胞服务为主要任务，正式完成了向国家专营外币业务的专业化公司的转变。

此时，上海保险界许多地下党人及保险专家纷纷北上，到北京中国人民保险公司总部任职。他们不仅是走上了开创新中国保险的征程，也走上了新的人生旅程。

孙广志也像候鸟一样，再次迁徙北方，进入京城。他一边勤奋工作，一边加紧思想改造。

1956年，在审干工作中，有人举报孙广志是台湾特务，但经查，纯属诬陷。在孙广志自己撰写的"思想汇报"中，他说经历的"三反运动""肃反运动"，是他人生的转折。

1956年，孙广志参加了中国民主同盟会。

1956年，中国人民保险公司决定召开海外保险公司经理会议。早在新中国成立之前，中国保险公司和太平保险公司在中国香港、中国澳门、新加坡、马来西亚和印度尼西亚的雅加达、泗水等地即已分别设立了分公司和支公司，在当地经营保险业务。新中国成立之后，这些机构宣布接受北京领导，成为中国保险公司总管理处和太平保险公司总管理处的海外机构。上述两家公司都是中国人民保险公司下属的专业公司。香港民安保险公司于1949年10月1日在

迁徙的旅途总也看不见尽头——记中国人民保险公司旗下中国保险公司首任副总经理

中国保险公司第一届第一次董事会、监事会联席会议参会人员合影
（第二排左七为孙广志）

中国海外保险经理会议参会人员合影（第一排左八为孙广志）

香港注册成立，其也属于中国人民保险公司领导的在海外的保险机构。此次海外保险公司经理会议是新中国成立之后召开的有关海外保险的第一次会议。孙广志作为中国保险公司的副总经理，参加了此次会议。

国庆节前，中共中央主席毛泽东和国务院总理周恩来以及其他党和国家领导人在中南海接见了归国观光的华侨和中国银行、保险公司海外机构的代表，并一起合影。这次接见由廖承志主持，中国华侨事务委员会主任廖承志的母亲何香凝坐着轮椅参加接见。随后，参加海外保险公司经理会议的代表及其夫人都被邀请参加了天安门国庆观礼。

1957年，孙广志任中国人民保险总公司海外业务处副处长，兼中国保险公司副总经理。随后，孙广志任中国人民保险总公司调查研究处副处长。

四、消逝太快的背影

孙广志

1958 年，中国人保国内保险业务停办，归属财政部。

1959 年初冬的一天，财政部副部长吴波在中国人民保险公司召开会议，讨论海外保险业务的前途问题。由于当时国内保险业务停办，干部纷纷外调，财政部已决定把保险公司的领导关系转到人民银行。

保险公司内部人员也纷纷议论，海外保险业务是否也要停办？而且主张停办的人还不少。上级领导为了听取意见，召开了这次讨论会。

因为这次会议的相关决策，将关系到保险业务人员的命运，所以会议气氛显得十分紧张。出席会议的除了海外保险处的人员外，还有一部分国内保险处的人员，还包括中国银行、外贸运输公司、进出口公司等一些和保险业务相关的人员。

首先发言的是主张停办海外保险业务的人。他们的理由是：国内保险业务既可停办，海外保险业务也可停办。他们一个个义正词严，似乎理直气壮。甚至有些老保险人出于位子的考虑，也带头反对保险。

而主张继续办理海外保险业务的人，在当时被认为是"保守派"，他们的心情都战战兢兢，处于弱势。

当然，会议中也有中间派。他们的主张是，停办进口贸易保险，继续办理出口贸易保险。大家各执一词，争执不下。

在人数上，似乎保险公司人员中主张停办的比主张继续办的要多。但中国银行、外贸运输公司及进出口公司的人员大都支持继续开办海外保险业务。因为这样，会方便他们的工作。

主持会议的是海外保险处的领导，他既没有摆出自己的观点，也没作结论。最后，还是财政部的最高领导作出指示：国外保险业务应继续办下去。

孙广志虽然人微言轻，但他还是在尽力为中国人保这艘在风雨中飘摇的大船，再拉起一次风帆。他像一位老船长，在指导、修正着海外保险业务的航程。

1960年，中国人保海外保险业务归属人民银行下面的中国银行。孙广志任中国人民银行外事片小组长。

1966年，"文革"爆发，孙广志这个复杂的历史人物，必然受到冲击。他被打成是宋汉章留下的特务，以特嫌为名，遭到审查、批斗。

在孙广志厚厚的个人档案里，有关特务的举报、证明、结论等各种材料占了一大部分，而极少见到有关他在保险业的丰功伟绩的记载，难道一个子虚乌有的身份标签比他的专业付出还要重要？

孙广志身心遭到迫害，疾病缠身，只好长期病休。

过早退出保险舞台的孙广志，孤独地生活在角落里，目送着世态炎凉。月坛北小街人保宿舍的子弟们，时常到他那里讨教英语。孩子们听懂了他的英语，但怎能听懂他内心的独白？

据金瑞琪的女儿金德安回忆：孙广志有才华和能力，待人诚恳谦和。他特别喜欢小孩，家里买了许多小人书，不少是成套的，小朋友常常到他家看书。"文革"期间，居然有人揭发孙广志别有用心，用封资修的东西毒害青少年，将几百本小人书在院子里付之一炬。

孙广志在被歧视的高压之下，只能如履薄冰地做人。"文革"时期，已经50多岁的他在干校时，尽管身体不好，但拼命劳作，100斤重的水泥袋扛起就走。

那时，孙广志家的生活极其困难，他们十分节俭。不可想象两位出身名门，大富大贵家庭走出来的夫妇，最后的岁月是如此清苦。他们的三位子女极有规矩和教养，据说大儿子到别人家做客，总是进门鞠躬，出门退身。但因出身不好，影响了他们的学业和就业。

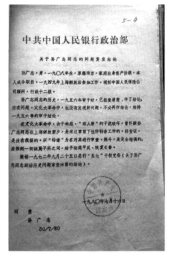

关于孙广志的问题复查结论　　　　孙广志手迹

孙广志

1979年，中国人保恢复国内保险业务，开始沐浴改革开放的春风。孙广志分享阳光普照，也获得了第二次生命，他以71岁高龄，成为中国人民保险总公司顾问，行政12级。

1980年7月，在胡耀邦领导的拨乱反正、平反冤假错案的运动中，中国人民银行政治部特别发文，对孙广志在"文革"中遭到的迫害问题，宣布推倒一切污蔑不实之词，为他彻底平反，恢复名誉。

1987年1月10日，孙广志在北京逝世。

过福云

福云过去有甘霖——记中国人民保险公司旗下中国保险公司赴外稽核

保险专家姚达人撰文写道：『中国之有保险不过六十年，在此六十年中，始终从事于保险殚精竭虑而求其发扬光大者，除过福云先生之外，再没有第二人。』论过先生之为人，诚实端方，固足为吾人之楷模；若论过先生六十年来对于保险业之贡献，则更足为后进示范。

中国当代保险史学家林振荣可以说是研究过福云的专家，他在2012年5月4日《中国保险报》上发表的长文《堪称中国保险三朝元老的过福云》，可以说是有关过福云研究的开山之作。他在文中讲道："在中国民族保险业初创时期，若论保险业从业时间最长、堪称中国保险元老级的人物，过福云肯定要算一个。从17岁进入保险业界，到91岁逝世，从未中辍，服务保险行业长达七十余年。"林振荣还在文中引用保险老人姚达人的话说："过先生一生的事业发展史，也可以说是中国保险业进展的里程碑！"

要以1949年10月加入中国人民保险公司系统的老保险来说，过福云应算是人保系统内最著名的民国保险人物了。

一、在祠堂的私塾里修炼书写的味道

1871年12月3日，过福云（字灿）在常州横山桥镇出生。过福云共有七位兄姐：福茂、福云、福棠、福标、福树、甫林六兄弟及姐，过福云排行第二。

横山桥镇旧景

过福云是无锡过氏横山派第 25 世孙，据过氏家谱记载，无锡过氏横山派始祖景清公澳，是无锡过氏八世祖勋的六子。景清公澳早年从无锡前洲徙居常州市横山桥镇万庄村，村子至今百余户人家，几乎都是过姓。

常州地处长江三角洲中心地带，横山桥镇位于常州市武进区东北部。常州属太湖流域水网平原，北携长江，南衔太湖，东望东海，与上海、南京、杭州皆等距相邻，扼江南地理要冲，与苏州、无锡联袂成片。常州是吴文化发源地之一，常州话自身有大量的古汉语元素，尤其适宜诗词吟诵，常州吟诵是吴语吟诵的重要支系。常州诞生过"中国实业之父""中国商父"的洋务派代表人物盛宣怀，以及近代银行家、藏书家陶湘等，巧合的是，这些人与中国保险有着或多或少的联系。

过氏横山派在村中的祠堂非常讲究，过氏家族重视后代的学业，在祠堂里开办私塾。过福云从小在祠堂内的私塾就读，他聪明好学，四书五经能朗朗上口，字也写得端正得体。这对于日后他在做人做事方面坚守传统道德，善于为人处世起到了修炼作用。而从他后来在保险单上的签名和题词中，可以看出他书法的功底深厚，严谨的汉隶与章草之间的法度，也可以映照出他内敛的性格。

由于家庭成员较多，经济负担较重，学业难以为继，过福云 15 岁时便告别学堂，在镇上的茶庄当学徒，从服侍师傅开始，任劳任怨。后来，过福云在一家缝衣店里学做裁缝，他吃苦耐劳，起早摸黑地劳作，深得客户的好评。

但福云不安于现状，17 岁那年，他怀揣着梦想，远走他乡，来到大都市上海闯荡。对于一个陌生的世界，过福云并未改变他的自信，他似乎是要在上海诱人的夜空中，裁剪出一块属于自己的新天地。

二、与中国保险业同生共长

1805 年，由英国东印度公司鸦片部经理达卫森发起，在广州开办了谏当保安行，又称广州保险会社。自此，中国保险业拉开序幕。

1835 年，谏当保安行改组，股东之一的怡和洋行全面接掌，谏当保安行改为谏当保险公司。

1842 年，怡和洋行将注册地迁往香港，怡和洋行对香港早年的发展有举足轻重的作用，有"未有香港，先有怡和"之称。

1843 年，上海怡和洋行成立。随后，怡和洋行在上海兴建了中国第一条铁路——吴淞铁路，也安装了中国第一部电梯和引入各种机械及工业设备。

1865 年 5 月，上海华商义和公司保险行成立，经营船货运输保险业务。该行设在上海一家与怡和洋行关系密切的华商德盛商号内。这标志着中国第一家民族保险企业登上历史舞台。

1873 年 1 月，李鸿章受命在上海组建的轮船招商局，成为中国第一代民族工商企业。1875 年，轮船招商局成立保险招商局，成为中国第一家金融企业，也是第一家规模较大的民族保险企业。

1888 年 8 月，过福云进入上海怡和洋行保险部工作。此时，他还不满 17 周岁，他成为中国最早、最年轻的保险从业者之一。

当时，在上海的外国保险公司已群雄并起，同业竞争日趋激烈，拓展市场压力重重。身为小职员的过福云，怀抱远大志向，他敬重所从事的事业，潜心研究，力求在保险业有所建树。

过福云经过对上海保险业市场的一番调查，他发现，当时上海保险市场处于各自为战的状态，许多服务举措属于保险公司一厢情愿的设想，很少将心比心、换位思考，尤其对众多客户的投保心理判断不准、定位失衡，因而费力不小，效果不佳，极难寻求到双方的契合点。

过福云的调查报告得到了怡和洋行保险部高层领导的高度重视，根据过福云调查报告中提到的诸多建议，怡和洋行改进了部分保险业务，使保险品种更为齐全，并加强宣传力度，充分考虑客户的需求来开发和设计投保方案。过福云的勤奋工作得到了怡和洋行高层首肯，成为公司倚重的业务骨干。

1894 年，过福云被怡和洋行保险部晋升为华人经理，成为中国保险界最早的华人高管人士。

20 世纪初期，上海华商掀起投资创建保险公司的热潮。1905 年，华通水火保险公司在上海成立，机构分设在上海、北京两地，专营水火险业务。

当时，南洋群岛是华人侨居集中地，口岸通商发达，经济基础好，

过福云初入保险业供职的上海怡和洋行大楼

是潜在的保险市场。于是,华通水火保险公司有意实施海外扩张战略。

1909 年, 华通水火保险公司在南洋创立新加坡分公司, 特聘闻名遐迩的过福云担任公司总经理。过福云远赴南洋, 开疆拓土, 他决心不负重托, 在异国他乡创出一番民族保险业的新天地来。

过福云辛勤耕耘,把公司业务拓展到小吕宋、爪哇、婆罗洲一带,在菲律宾、印度尼西亚等国筹设分支公司和代理机构 20 余处, 保险业务如涟漪般竞相开放, 使华通水火保险公司成为中国第一家面向海外发展业务, 且有较大国际影响力的华商民营保险公司。

1914 年, 第一次世界大战爆发后, 战乱殃及东南亚, 保险市场损失惨重。华通水火保险公司仓皇撤资, 南洋布局功败垂成, 公司停业清理。

1915年,过福云被调回国内,再次出任上海怡和洋行保险部经理,但第一次满腔热情的创业就此搁浅, 还是成了过福云心中抹不去的伤痛。

三、中国第一家中字头保险公司的掌门人

1919 年 12 月, 美国年轻人史带在上海创建美亚保险公司, 很快, 公司急剧扩张, 几乎掌控了中国保险市场。

过福云在保险领域靠自己踏实、勤奋、务实的工作状态拼搏了近30 年, 闯过一个个险滩难关, 可以说在当时已经充分掌握了保险市场的脉搏,并具有管理保险公司的强大组织能力,他开始梦想创建一家中国统一的大型的保险公司,打破洋人在中国一统保险市场的局面。万事俱备, 可是经济实力的不足, 成为新事业不可逾越的难关。

北伐战争胜利后, 过福云立志填补中国保险业空白的梦想, 被当时上海的中国银行获悉, 著名金融家宋汉章邀请过福云商谈筹措

创办中国保险公司，双方一拍即合。过福云放弃了怡和洋行保险部的高层职位和丰厚待遇，毅然决定开创中国人自己的保险事业。

1931 年 11 月 1 日，由中国银行投资、国民政府参股的中国保险公司在上海成立，总部设在仁记路（今滇池路）中国银行大厦内。公司注册资本高达 250 万元，中国银行常务董事宋汉章任中国保险公司董事长，过福云出任中国保险公司总经理。过福云成为中国保险公司的拓荒者和创始人。

在民国中期的华商保险公司里，中国保险公司属于能与太平保险公司并驾齐驱、颇具行业号召力的大公司。中国保险公司最初以经营火灾保险为主，兼营银钞保险、茧子保险，但因市场竞争激烈，公司基本上无利可图。过福云接受职员的建议，深入实地调查后发现诸多险种尚未开办，潜力巨大，便率先开办了汽车险、玻璃险、水险、纱险、邮包险等诸多新险种。

1933 年 7 月，中国保险公司设立人寿部，经营人寿保险业务，主要险种有人寿保险、限期缴费终身保险、储蓄保险、人身意外保险、劳工保险和雇主责任保险。1937 年 4 月，公司组建成立了中国人寿保险公司。另外，过福云还仿效西方保险业，开办了再保险业务。1934 年，中国保险公司与英商太阳保险公司签订了再保险业务合同。

中国保险公司开业不久，汉口申新四厂就发生特大火灾，损失惨重。该厂的全部财产事先已由中国保险公司汉口经理处承保，此次赔付是当时国内保险业中的空前大案，社会舆论纷纷质疑申新四厂能否顺利得到理赔。一向恪守信用的过福云果断决定，立即对汉口申新四厂进行理赔。此举可谓惊人，因为此次的理赔金额约占中国保险公司全部资产的 80%。

汉口申新四厂为表示感谢之情，特在上海《申报》《新闻报》上刊登了通篇的鸣谢启事，用事实为中国保险公司做了有力宣传。

中国保险公司的老照片

此举使中国保险公司信誉倍增，客户纷至沓来，业务量成倍增加，遍布全国 85 个大中城市，很快成为中国当时最大的中资保险公司。同时，过福云在保险业的声望也如日中天。

1935 年，中央信托局在上海成立，紧接着成立了保险部。中央信托局保险部与中国保险公司共同成为民国时期的两大官僚资本的保险公司。

1937 年"八·一三"事变后，国民政府西撤。中央信托局保险部首先进入重庆，宋汉章紧随其后，在重庆上清寺组建中国保险公司总管理处。过福云被指派留守上海总公司，负责在上海继续营业。

太平洋战争爆发后，上海租界被日军占领。1942 年 6 月，中国保险公司被日本军事管制，并威逼与日本合资另建"新中国保险公

过福云签署的中国保险公司文件

司"，继而又饬令向汪伪政府办理登记注册。面对这些，过福云一边敷衍应对，一边针锋相对。为了解决中国保险公司及其他中资保险公司的分保问题，过福云积极推动组建"中国分保集团"，打破了日本垄断保险市场的企图。

1944年12月，中国保险公司更名为中国产物保险股份有限公司。过福云依然担任公司总经理。

1946年2月，过福云参加了"上海市保险商业同业公会第一届会员大会"。

四、民国保险业的泰山北斗

1938年7月，上海市保险业业余联谊会成立（以下简称"保联"），过福云被聘为"保联"顾问，他还被"保联"第三届征求会员委员会推选担任总队长。过福云积极推动和协助"保联"的各项学术讲座及文娱活动，为"保联"的发展，发挥了带头和号召的作用。《保联月刊》也视过福云为保险界的旗帜，在"人物志"专栏中刊登专文，宣传过福云的事迹、经历及照片，彰显其职业精神。

1942年5月，过福云与丁雪农、郭雨东、张德钦等上海保险同业公会筹备会委员联名致函南京政府行政院，表示拥护《保险法》《保险业法》《保险业法施行法》的提案，赞成依法规范保险市场。

过福云非常重视保险专业人才的培养，许多保险名人曾得其荫泽。项馨吾在进入中国银行供职不久，即被过福云看中，将他列为重点培养对象。过福云不惜重金，派遣项馨吾远赴英国伦敦太阳保险总公司挂职锻炼，使其成为中国早期在海外保险公司任职的人才。项馨吾回国后，被过福云提拔为中国保险公司副总经理。

1948年9月18日，时逢中秋，全国保险公会联合会、上海市保

过福云

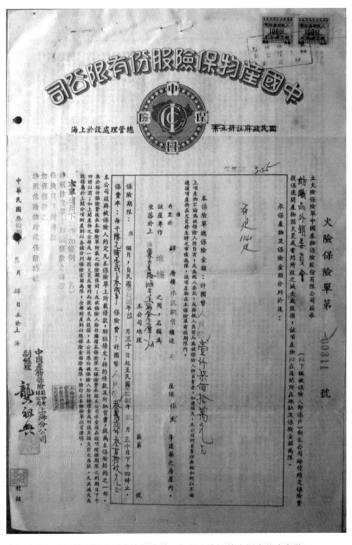

中国产物保险股份有限公司火险保险单（加盖上海军管会军事代表印鉴）

险业同业公会和上海市保险界同仁进修会三个业界团体，联合发起"过福云先生七旬晋八华诞暨从业 60 周年纪念会"。典礼在宁波旅沪同乡会场馆隆重举行，到场嘉宾达 700 余人。钱永铭、吕岳泉、丁雪农、朱博泉、傅其霖、朱如堂、郭雨东、关可贵、朱晋楷、方椒伯、冯佐芝、陈干青、陈巳生等保险界精英纷纷贺词志庆，伦敦中国保险公司的诺卜尔、瑞京瑞士再保险公司的钮庚、上海怡和洋行的甘德卢、上海太古洋行的施浩德、傅农墨等外籍保险人士也致辞祝贺。

在贺寿庆典上，"保联"平剧（京剧）社演出了精彩节目。

按照过福云的倡议，本次庆典活动所收的礼金全部充作"过福云教育基金"的启动费用，用来发展保险教育，培养保险专业人才。

邵兢主编的《保险知识》，刊出了"庆祝过福云先生从业 60 周年纪念特刊"，集中发表中央信托局、中国银行及上海、天津、汉口等地保险公司及同仁的撰文、献词。其中，上海市保险界同仁进修会的贺词为"鼎革保险，继往开来，效能发挥，民生是赖。过公从业，历六十载，华商肇始，公创胚胎。本固自内，利挽于外，励精有恒，终始匪懈。泰山北斗，共仰模楷，哲人永寿，同申颂戴"；汉口市保险商业同业公会全体理事、监事的志庆贺词为"利人利物盛德可风大业耀寰中历六十年咸居领导，有子有孙英名并茂后生遍祖国越廿二载共祝期颐"；汉口分公司同仁的敬贺词为"综我公数十载精诚金石为开世罕其匹，是吾业第一流先进楷模独树人谁与京"。

远在美国纽约的中央信托局驻美办事处的项馨吾也发来贺词："过先生学问道德，素所钦崇，其从事保险，非特恃之有恒，且治事严谨，待人和蔼。其启迪后进，唯恐不及之精神，尤足师表侪辈。先哲有言，'温、良、恭、俭、让以得之'，过先生可当之无愧。后生小子，远游异域，不能恭致敬贺，敬修尺书，聊申微忱。敬希转达为祷！"

保险专家姚达人撰文写道：中国之有保险不过六十年，在此六十年中，始终从事于保险殚精竭虑而求其发扬光大者，除过福云先生之外，再没有第二人——我离开学校以后，正值中国保险公司开业，我加入了该公司工作，过先生便是该公司经理。因此，我对于保险之能略窥门径，多半拜过先生耳提面命之赐。而对于过先生的处世治业的精神，也藉此获得深切的体认。论过先生之为人，诚实端方，固足为吾人之楷模；若论过先生六十年来对于保险业之贡献，则更足为后进示范。即以中国保险公司将近二十年来的发展来说，它可说是在过先生的怀里长大的，过先生对于该公司，保抱携提，犹如保姆之于孩提。当该公司创办之初，过先生清晨即至，日昃始退，每日办公达十二小时，辛劳备至。虽星期例假，也未尝间断，他以这种勤勉有恒的精神，来感召同仁，使该公司同仁在技术经验及工作效能各方面得以造成一种很高的水准，奠定了该公司发展的基础，尤其是在敌伪时期，他苦心孤诣地支撑，使公司得以度过那一段漫长而艰难的岁月，更是保全该公司的功臣，要没有过先生这种诚以待人、和以待物的精神和老成持重的种种擘画，我敢说中国保险公司不易达到今日的这种辉煌的地位。再就他对于整个保险业的关系来说，他能把握住他所主持的中国保险公司在保险界的辉煌成就，提携同业在稳健中求进展，在共存下谋共利，不急图近功，不妄自尊大，总是孜孜矻矻地在埋头苦干。这种作风，不但需要豁达的襟怀，更需要坚毅不移的勇气，才能应付近三十年来中国新兴资本主义社会的一种气焰！试想这是怎样艰苦的工作，然而过先生毕竟在中国保险界屹立了六十年，而且还要以过去六十年积累的光芒，继续为中国保险界作前进的明灯，我们对于这一位保险界的巨人，真是钦佩万分。谨于此纪念其从业六十周年之际，虔祝过先生康强逢吉。

还有人在文中如此盛赞过福云："对人则极为和蔼谦虚诚挚，有长者的风度；对事则极为严密有序守则，有今科学管理家的精神；对社会则积极举办慈善救济事业，有博爱家的行动；对己则淡泊奋励勤劳，有修养者的意念。"

另外，薛志章为庆典专门治印，也在刊物上发表。

翻开这些封尘已久的历史材料，可以发现，类似这样盛况空前的庆典活动并不是很多，就是在当今，也应属罕见。说明过福云当年在中国保险界的声望与影响力无人企及，他深孚众望，得到了全国业界同仁的普遍认同和赞誉。

过福云七旬晋八华诞暨从业 60 周年纪念会，由吴玉祺题识。前排左三为过福云，左四为宋汉章

五、夕阳为他画了一个完美的句号

1949 年 5 月 27 日，上海解放。

5 月 30 日，上海市军管会金融处接管了中国产物保险公司和中国人寿保险公司。接管工作由保险组的吴越负责。

中国产物保险公司经营管理规范、人员整齐，市场影响力大，海外各地机构完整，首先获准复业经营。经金融处批准，中国产物保险公司于 6 月 20 日首获复业。过福云身为总经理，躬身服务着这家老店。

1949 年 8 月，由陈云主持在上海召开了华东、华北、华中、东北、西北五大区财政金融经济工作领导人参加的财经会议，为了统一对国际贸易有关的外汇专业保险，金融小组提出以中国产物保险公司总管理处为基础，专设中国保险公司的建议，得到重视，经呈请批准，由华东区负责组织落实。中国保险公司的主要任务：专门从事外币保险业务；争取海外保险业务；海外保险关系的联系与建立；接受国内溢额保险业务。

经过整顿改组，中国产物保险公司将原中国人寿保险公司并入，在上海组建成为中国保险公司。中国保险公司成为中国人民保险公司领导下经营涉外(外币)保险的专业公司，考虑到过福云年岁已高，总经理一职似乎给正在香港观望的宋汉章留着。

此时，上海保险界许多地下党人及保险专家纷纷北上，到北京中国人民保险公司总部任职。他们不仅走上了开创新中国保险的征程，也走上了新的人生旅程。来自上海的著名精算师陶声汉，准备出任中国人民保险公司人身保险处处长。过福云为陶声汉在留言簿上题赠"相处十余年，技术超人前，此番燕北去，努力导保险"，满怀相知相惜之厚谊。

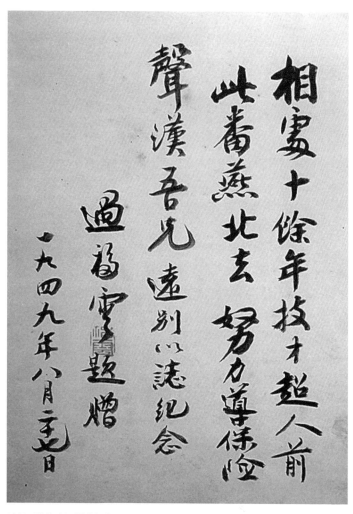

过福云为陶声汉题赠留言

1951年6月5日，中国保险公司在北京召开第一届第一次董事会、监事会联席会议，
已经81岁高龄的过福云（第一排左三）被派赴外稽核

1951年，中国保险公司工会参加上海财政金融业组织的庆祝国际劳动节游行

1951 年 6 月 5 日,中国保险公司在北京召开第一次董事会、监事会联席会议。会议选举龚饮冰任董事长,聘请吴震修任总经理,施哲明、陈柏源、孙广志为副总经理。已经 81 岁高龄的过福云被聘为赴外稽核,驻上海办公。过福云参加了此次会议,他应是中国人民保险公司旗下最老的员工,也是新中国保险业聘用的民国时期的保险专家里级别最高的人。

1951 年 9 月 25 日,中国保险公司总管理处从上海迁到北京。考虑到过福云年事已高,在京生活也不适应,故将过福云留在上海办公。

过福云的办公室,位于上海外滩中国人民银行的 18 楼。在那里,过福云经常凭窗远眺,看着黄浦江水滚滚东去,大浪淘沙的景象,他百感交集,回望自己的保险生涯,历经变化,气象万千,但眼前的一切,都在渐行渐远。

由于中国保险公司总部在北京,一些对外贸易的保险合同大部分要在北京签订,需要稽核签章生效。过福云的私章便留在北京,只是当上海需要使用时,由人专程从北京送来,使用后即归还北京。为此,过福云深感不便,便萌发了再刻一枚私章的念头,以便于上海的工作。

说起刻章,竟还有一段小插曲。那天,过福云亲自来到南京路上的一家刻章店,拿出盖有"过福云印"的便条,要求工作人员照此刻一枚同样的印章。工作人员仔细打量了一下过福云:一个非常平凡的老头,中等个子,人挺瘦弱,花白头发,双眼有神,态度和蔼,不像个骗子。但因为当时正在搞"三反""五反"运动,工作人员还是放心不下。他们一面接下印章,一面悄悄派人到店堂后面给派出所打电话报警。

一会儿,两位民警来到刻章店,见到过福云安详地坐在店堂内的椅子上静静等候,便上前打招呼:"老先生,自己来刻章呀!岁数这么大,还上班吗?"过福云如实回答,得知是中国保险公司的工

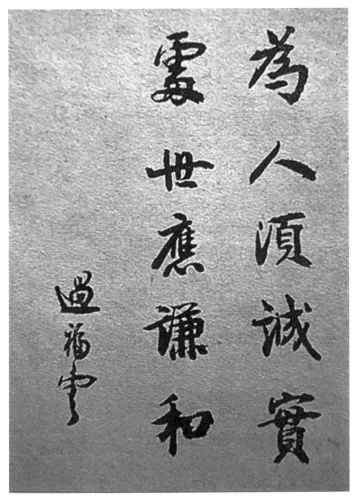

为人须诚实
处世应谦和

过福云的人生座右铭

165

作人员，两位民警便悄然离去。

随后，中国保险公司的同事气喘吁吁地跑来，见到果真是过福云，说道："刻章这小事，您交给我们办就行了。"过福云这时才知道，刻私章这么一件小事，居然惊动了公安部门。

1958 年 11 月，中国人民保险公司停办国内保险业务。中国保险公司的人员编制也被压缩。公司曾致信 84 岁的过福云，嘱咐其在家多多休养，薪金照领，不用每天出外办公。过福云终于以 84 岁的高龄，正式从中国保险公司退休。

1962 年 1 月 7 日，过福云在上海逝世，享年 91 岁。

过福云的儿子过杰庆、过元庆深受父亲的耳濡目染，均子承父业，从事保险工作。过杰庆曾任职怡和火险公司，是上海市保险业业余联谊会第一届、第二届理事；第三届征求会员委员会委员兼总干事。过杰庆曾主持"保联"的平剧（京剧）组活动，出演平剧。

"文革"期间的抄家登记卡片

　　"文革"时期，过福云虽已去世，躲过一劫，但其子女未能逃脱厄运，房产充公，家中的金银饰品、字画、打字机等都被没收。中国人民银行的造反派从过元庆家中搜查出一些股票、证券，这些被当成反攻倒算的变天账，过元庆遭受迫害，令人唏嘘。

　　过福云从清朝末年就加入保险业，并在民国和新中国两个时代创建中国保险公司，从事保险职业 70 余年，见证了中国保险业跌宕起伏的 70 余年。他算得上是新中国保险业绝无仅有的"三朝元老"。

　　我见到过一幅过福云书写的书法，"为人须诚实，处世应谦和"，这也是他的人生信条。

中国人保大厦的奠基者——记中国人民保险公司总务科第一任科长

胡良英

『胡良英同志参加革命以来，始终勤勤恳恳，积极负责，一贯保持了艰苦朴素的优良作风。他这种忠心为共产主义事业英勇奋斗的一生，永远是革命后继者学习的榜样。』

或许是历史的巧合，中国人保早期创建者中竟有6位来自革命根据地的冀南银行、北海银行的印钞厂，他们是李绍禹、冯天顺、宋国华、秦道夫、曲荷、胡良英。其中，李绍禹、冯天顺、宋国华、秦道夫先后担任过中国人保总经理，曲荷是人事处处长，胡良英是办公室总务科科长。但是，胡良英当时可是印钞厂的厂长，只是由于他的文化学历太低，才只做了总务科科长。

一、在万里长征中出生入死

黄安是湖北省红安县的旧称，位于鄂东北大别山南麓。这里是黄麻起义的策源地和鄂豫皖革命根据地的摇篮。鄂东军、红一军、红四方面军、红二十五军、红二十八军共五支革命军队都是在这里成立或改编的。这里诞生了董必武、李先念两任共和国主席，走出了韩先楚、陈锡联、秦基伟等223位将军。因此，1952年黄安正式更名为红安县，又称将军县。

1902年6月，胡良英出生在一个贫苦的农民之家。他家的祖屋面对着自家的田地。纵横贫瘠的丘陵上，点缀着一块块稻田，就像母亲干枯的胸怀里，挤出的几滴奶水，抚育着靠天吃饭的人们。

胡良英兄弟三人土生土长，因家里贫穷，一直都没有上学。胡良英很早就随父亲下地种稻米，随母亲摘棉花。

有革命者在地主家大门上写下鼓舞革命的宣传标语："穷莫忧愁富莫夸，哪有常穷久富家。土豪把我穷人压，不劳而获得荣华。只要农民团结紧，千年铁树也开花。"这使闭塞的山村燃起了暴动的星星之火，也激起了胡良英兄弟们的反抗斗志，他们参加了农民自卫军。

1927年11月，徐其虚、廖荣坤等共产党人率领黄安、麻城的农

黄麻起义的部分人员合影

民自卫军和上万名群众参加黄麻起义，起义军攻克了黄安城。同年，胡良英参加了起义，随后参加了工农红军。

1931年11月，以鄂豫皖苏区部队为主力组成的红四方面军在黄安七里坪成立。总指挥徐向前，政治委员陈昌浩，政治部主任刘士奇，总兵力共4.5万人，胡良英成为其中一员。

1932年7月，国民党以30万人的兵力，对鄂豫皖苏区发起"围剿"，这是第四次"围剿"的一部分。迫于国民党军的强大压力，红四方面军决定放弃鄂豫皖苏区，转战西进，在陕西和四川边界创建川陕苏区。

1933年7月，红四方面军击败川军的三路围攻，力量迅速发展。胡良英一路走来，在这一年，终于加入了中国共产党，并担任了排长。

1933年10月，奉徐向前总指挥的命令，红军在四川南坝圣灯山上与敌激战了一昼夜，红军以两个师和游击军近两万人的兵力先后歼敌八个团，缴获武器装备数千件，取得全面胜利。胡良英在战斗中冲锋在前，光荣负伤。

1934年，胡良英随红军转战，北上抗日。

1935年3月，红四方面军为了向川甘边境发展，配合中央红军在川黔边的活动，决定在苍溪、阆中之间西渡嘉陵江。3月28日，红四方面军发起渡江战役。第一梯队、第二梯队先后渡江，攻占阆中等地，歼灭川军近万人，占领嘉陵江以西大片地区。胡良英在嘉陵江战役中英勇善战，再次负伤。

嘉陵江战役胜利后，红四方面军放弃川陕苏区，夺取茂县、理番县、松潘等地，开始长征。胡良英头顶北斗星，日夜兼程，踏上人生不平凡的征途。

1935年6月，红四方面军一部在四川懋功与红一方面军会师。6月29日，中共中央政治局在懋功县两河口召开常委会议，决定统一领导指挥中央红军与红四方面军，张国焘任中央革命军事委员会副主席，徐向前、陈昌浩任中革军委委员。

张国焘率左路军穿过松潘草地到达阿坝后，拒绝继续北上，南下再过草地，希望能在西康创建根据地，但屡遭挫折，部队损失严重。胡良英和人保的另一位创建者罗高元一样，也有过几次过草地的经历。

过了黄河的西路军被号称"西北五马"的马步芳、马步青、马鸿逵、马鸿宾、马仲英军阀打败，散落在河西一带。由于众寡悬殊，胡良英不幸被俘，历经严刑拷打，坚贞不屈，侥幸逃出魔爪，追上大部队。许多被俘的战友，最终被西北五马军阀活埋，场面惨烈。

1936年7月，红二军团和红六军团与红四方面军在甘孜会师。10月22日，红一、红二、红四方面军在甘肃会宁会师，标志长征结束。胡良英在长征中历任连指导员、营教导员。

在延安，胡良英通过补习，获得了高小文化水平。由于战时紧张，胡良英奋不顾身转战沙场，很遗憾，再没有机会补习文化。

1937年，中国工农红军改编为国民革命军第八路军。在朱德总司令、彭德怀副总司令的率领下，东渡黄河，开赴华北战场，与日寇展开了殊死搏斗，胡良英随一二九师开赴太行山。

二、在太行山上印制红色货币

在日寇严酷的封锁下，抗日根据地的军民生活处于极端艰难困苦中，国民党顽固派扣发八路军军费，万般危急之时，毛泽东决定在被隔断地区设立地方银行，发行纸币与敌伪经济展开斗争，同时，推行农村信贷，发展生产，保障抗日根据地的军需民用。

1938 年 10 月，毛泽东同志在中共中央六中全会扩大会议报告中指出："有计划地与敌人发行的伪币及破坏法币作斗争，允许在被隔阻的地方设立地方银行，发行地方纸币。"一二九师与冀南行政公署通过一段时间的积极筹措、精心准备后，冀南银行呼之欲出。

1939 年 10 月 15 日，在长治市黎城县东崖底村，冀南银行召开成立大会，总行就设在附近的小寨村。该行隶属晋冀鲁豫边区政府。冀南银行之所以选择晋东南的小寨村，而没有选择河北南部，就是要给敌人造成错觉，声东击西，遮人耳目，减少敌人对银行的破坏。

冀南银行在红色金融史上的地位是非常重要的。它是八路军的银行，是抗日根据地的银行，是中国人民银行的前身，也是新中国金融事业的摇篮，为边区军民提供财政物资供给、开展对敌货币斗争、发展边区经济作出了不朽的贡献。

冀南银行发行钞币（分为太岳版、太行版、平原版）作为边区的本位币。冀南银行在前后 9 年时间里，共发行本币 47 种、本票 9 种，累计发行冀钞 2012.7 亿元。

冀南银行成立之初，钞票印制是当务之急。在银行筹备期间，一二九师将师部的一架石印机调出，又从邢台敌占区请来印钞技师

冀南银行票样

张裕民，在 1939 年春季开始了钞票的研印工作。

在边区党政军的支持配合下，从冀西、太北、太南、鲁西南各有关报社和上党银行印刷厂等部门调集印刷、铅印等机器设备，抽调部分干部职工，同时从部队选派了一批优秀青年战士，四个印钞所和两个厂部及铜印、分裁、鉴定封包等机构在很短时间内建立。在八路军总后勤部和一二九师领导下，这些机构实行军队建设、军事管理、军队供应。

1939 年 6 月，冀南银行发行部在黎城县小寨西村建立第一印刷所，胡良英担任指导员。

胡良英带领大家艰苦创业，很快，一批批朴素典雅的冀南银行币（以下简称冀钞）问世了。当时，冀钞有 17 种，本着"培养抗战经济的摇篮，保护人民利益的堡垒"的宗旨，流通于晋冀鲁豫抗日根据地。

正如冀南银行行歌所唱："我们是一群经济拓荒者，在民族革命的狂潮里，热情的从事祖国伟大的建设，从汾河到运河，从平静的泸沱河到滚滚的黄河，我们站在经济斗争的最前线，打击伪币，统一货币，发展工农业，活泼市场，改善人民的生活，在广大的抗日民主根据地开遍了繁荣的金融花朵。"

为保证印钞厂稳定安全生产，使钞票源源不断地保证军需民用，冀南银行的干部职工尽管条件艰苦，仍然坚持双班突击生产。如果遇到日寇扫荡而延误生产，敌人退后会加班加点昼夜生产。随着华北抗日根据地的巩固与发展，冀南银行发行的冀钞被确立为晋冀鲁豫区的本位货币。

在此期间，胡良英结识了一位叫郭玉琴的女同事，她是冀南银行财务室的出纳。早在 1937 年，郭玉琴在太原与家人一起参加了八路军，任卫生员，随后，在延安补习了文化。在战斗中，他们走到了一起，成为革命夫妻。

1941 年，冀南银行开展生产自救，精兵简政，将印刷一所、二所合并，成立太行第一印刷厂，厂部设在石泉。胡良英担任厂长，张存泰担任教导员。

冀南银行的生存条件本来就很艰苦。1943 年，又遇到罕见的旱灾、蝗虫灾荒，为维持基本生活，胡良英带领大家上山挖野菜，补充给养。他们常常以野菜、树皮、黑豆充饥。

冀南银行印刷厂

冀南银行对根据地作出了巨大贡献,自然成为日寇重点消灭的对象之一。由于汉奸的告密,冀南银行所在地小寨村遭遇过日军七八次扫荡。冀南银行的同志与根据地军民生死与共,浴血奋战,共牺牲46人,病故40余人,80多人把忠骨留在了根据地。

在一次反"扫荡"战斗中,胡良英布置员工将机器设备储藏在山洞中,命令一部分同志持枪守护设备的埋藏地,他率领一部分同志与敌人周旋打游击。胡良英英勇阻击,拖住敌人,保卫了国家资财。

在《回忆冀南银行九年》一书中,王立章在《与印制钞票结缘——记印刷一所》的文章中,对胡良英深切地缅怀到,想起了胡良英同志:他是湖北人,鄂豫皖的老红军形象;矮小的个子,三十多岁,黑瘦干瘪的脸上,镌刻着久经艰苦奋斗留下的皱纹,满口鄂东话,但他精力充沛,品格优良,对人和善,步履轻快,坚苦细致的工作作风,谨慎负责的态度,白天打里照外,夜间巡岗查哨,全部身心为革命,人人都很敬重他。胡良英同志特别善于在勤杂人员中做工

胡良英

《回忆冀南银行九年》

作。这是他贫寒出身，又经历了长期战斗生活锻炼成的。在敌后战争的环境下，要进行极度保密的印刷事业，如果没有那些警卫战士、勤杂人员和工作技术人员的一致努力，简直是不可想象的。他们白天搞环境保卫，夜间要放哨；印好的成品要向外运送，各种器材要及时送来，说要就得要，说走就得走，稍有懈怠便影响生产，那是不能允许的。他们出差，翻山越岭、长途跋涉是家常事，都是为了顺利安全地印钞票。没有他们的辛苦血汗，就像一个人只有心脏而没有动静脉血管一样，也活不成。胡良英同志看重这一点，因而经常做勤杂人员的思想政治工作。他不是板着面孔说教或以严厉命令，而是与群众推心置腹地交流情感，说服教育。效果是异常显著的。

在那深山老沟，穷乡僻野地区，物质是很贫瘠的，机关的伙食问题最大。能吃到一顿猪肉，无论对谁都像过一次"大年"一样的高兴，伙房炖肉的香味一出来，便是有力地鼓动工作，生产就可能突破纪录。事务长为了改善大家的生活，常下山到很远的地方去买猪，后来自己所里也养起猪来。

有一次，事务长带领驮队要去运粮了。胡良英同志送他们到山下，嘱咐途中事，事务长说："胡指导员，我们好几天才能回来，家里的猪，你们先宰杀吃了吧。"胡良英同志答说："不！等你们都回来，再宰杀，大家一起改善生活。"一句话说得战士们心上热乎乎的。"改善生活"，这个很有诱惑力的词，对谁也是一样的兴奋剂。胡良英同志想着全所的每一个同志。他的一句人情话，一桩小事，一个思想，都闪烁着革命队伍的团结友爱之光，流淌着无产者的感情，生动地发扬着无产阶级革命队伍的优良传统。

胡良英同志，在每次改善生活时，都必亲自掌勺，给每个盆盆碗碗里盛肉，不偏不倚，先人后己，他生怕在这艰苦中的一点享受上惹出不愉快的麻烦，扫了大家的兴。

　　胡良英同志，识字不多，他有个记事小本本，不会写的字，便画些别人看不懂的符号，而他什么事都记得一丝不漏，各方面的工作都安排得井井有条。这是他关心同志、关心团结、关心生产、关心党给他的光荣任务所学来的本领。

　　1944年，胡良英长期在艰苦的环境中工作，再加上旧伤复发，患了重病。上级党组织命令他暂停工作，就地休养。

　　随着解放军大举南下，胡良英从部队转业，离开戎马生涯，与夫人一同来到刚刚成立的中国人民银行做行政工作。

　　1946年1月，鲁西银行并入冀南银行，从此，冀鲁豫、冀南、太行、太岳四大区行由冀南银行统一领导。1948年4月迁至石门市（今石家庄市），鲁西银行与晋察冀边区银行合并成立华北银行。1948年12月1日，华北银行与西北银行、北海银行合并成立了中国人民银行，第一版中国人民银行币发行。

冀南银行员工合影

三、为中国人保盖起两栋大楼

1949 年，时任人民银行储蓄处处长的孙继武积极倡导成立保险公司，人民银行的南汉宸、胡景沄欣然接受了他的建议，并上报中央财经委，获得陈云、薄一波的一致同意，可以说中国人民保险公司成立之初，呈现出从上到下一路畅通的大好局面。

孙继武不仅将在人民银行信托局工作的赵济年、阎达寅、程仁杰带到保险公司筹建组。随着工作强度加大，孙继武将上海保险业的地下党及专家请到北京，参与公司筹建。这样，延安根据地的金融干部与上海保险业的金融家南北两条红色的血脉终于在北京会合，再加上华北造币印制局的一些从业人员的加入，保险公司的队伍得以壮大。

1949 年 9 月 25 日，第一次全国保险工作会议在西交民巷司法部街胡景沄家的院落中召开。会议期间，传来了"中央同意搞保险公司"的批件。

1949 年 10 月 20 日，中国人民保险公司总公司在北京成立，宣布中国人民银行副行长胡景沄兼任总经理，孙继武任副总经理。此时，胡良英也从中国人民银行调入中国人保，在秘书室担任科长，主持总务工作。

中国人保自 1949 年 10 月成立后，首个办公地址在天安门广场旁的西交民巷 108 号。办公楼是原金城银行的老洋楼，随着公司的发展，办公楼显然已不够使用，建设新办公楼变得日益紧迫。

胡良英主要负责这项工作。当时，北京社会主义建设日益蓬勃发展，到处是建筑工地，大兴土木，包括十大建筑也在施工。

人保公司办公楼地址最终选在了三里河、月坛一带。尽管这里当时还算郊区，但当时财政部、民委、纪委等国家部委新办公场所和军队大院都选在了老城区的西边开发建设，这也是梁思成最初对

胡良英

月坛北小街人保办公楼

20 世纪 50 年代，人保员工在月坛北小街办公楼外

20世纪50年代，人保员工在月坛北小街办公楼外合影

20 世纪 50 年代，人保员工在月坛北小街办公楼外合影

胡良英

北京新城区的整体规划设计方案。

中国 20 世纪 50 年代的建筑风格还是因循东欧及德国哥特式建筑，人保公司不仅在保险业务上学习苏联、捷克的经验，在建楼上，也请来了苏联工程师帮助设计图纸。

在短短的 5 年时间里，中国人保便依靠公司自身的盈利在月坛北小街 4 号自主建造了一栋崭新的办公大楼，这在当时来说是一个奇迹。

中国人保这栋五层大楼，气派非凡，融合了中西建筑风格，在当时北京新建的办公大楼中，绝对算得上佼佼者。一层正中有四根宽大的大理石的柱子，隔成三个门洞。每根柱子都有雕花装饰，柱顶有耸起的柱头。柱子之间的顶端有中国传统窗花风格的透雕围裙及拐角处的牙子板装饰，每个为三组万字连续和福寿连年的吉祥图案。每根柱子上有欧式的灯盏，当时挂着写有黑色粗宋体的"中国人民保险公司"字样的木牌，不久，在另一根柱子上，又挂起了"中国保险公司""太平保险公司"的木牌。

大楼里除了办公室，还有图书室、会议室、舞厅、乒乓球室、食堂等设施。纵观人保办公地址变迁历程，在北京的版图上，画下了个"中"字。人保办公楼如今在西单 88 号时代广场，重返长安街，搬迁共有 9 次之多。月坛北小街这栋楼，是人保历史上唯一自建的办公楼。

1958 年后，人保划归财政部，办公室全部搬到三里河财政部那栋绿屋顶的大楼。这栋楼当时转给了检察院，现在变成月坛宾馆。近年，此楼已面目全非，门口全是铝合金玻璃大门，失去了往昔的端庄气派。

当时，在办公楼的马路对面，也就是月坛北小街 5 号，与中国人保办公大楼同时盖起的是一栋中国人保的宿舍楼，这也是公司总部的第一栋宿舍楼。

原中国人保总经理秦道夫在回忆录《我和中国保险》一书中写

人保总部的第一栋宿舍楼

道："在中国人民保险公司办公大楼的马路对面，是公司职工宿舍。这是一栋中西合璧的建筑，西式的单元楼房围起一个中式的四合院。院子有大半个足球场大，院子中间是个大花坛。院子里一共12个单元门，里面共住着100多户人家。"

中国人保这栋宿舍楼也同办公楼一样，中西合璧，外檐的阳台有雕饰和柱头，水泥地面是用那种绿色混合小石粒铺成的。宿舍楼只有四层，楼层很高，楼梯很宽，楼体回字形环绕造型，呈现出中间宽阔的空地，显示出当年建房及占地的气派。

月坛北小街旧时叫天宁寺路。当时这里还是老北京城外，出了阜成门，便是稻田，沿白石桥向北走五六百米，便是荒郊野外，蛙噪虫鸣。

秦道夫在回忆录《我和中国保险》中还写道："当时公司的领导都住在这个院子里，包括中国人民保险公司总经理贝仲选，副总经理张蓬、孙继武，以及中国保险公司总经理吴震修，副总经理施哲明、孙广志等。公司职工也都住在这个院子里。大家相处得十分融洽。""院子里有托儿所，职工不用出院门，就送孩子上日托了。张蓬副总经理的夫人金老师当托儿所所长。当时经济虽然困难，可

胡良英墓

是托儿所收拾得十分干净。金老师把托儿所管理得井井有条，被单被褥干干净净。托儿所的南小院里有儿童玩具、转椅、攀登架等。"

今年春天，我又一次走进这个小院，余晖像撒在红色的楼体砖墙上，院中的杨树、槐树依旧，丁香花、迎春花懒散，葡萄藤已发新芽。有许多小汽车停在院中，一切新的事物都格外刺眼，只有旧物有着诉说的欲望。60多年前，人保的创始人在这里居住，一切生老病死、爱恨情仇、酸甜苦辣的人生故事都已尘埃落定，而保二代的北岛、孙冰川、郭瑞、罗建彬……也相继从这里搬离，院中大多数人保人家的住房都已出租。

1955年，人保公司的办公大楼盖好了，人保员工也纷纷搬入了宿舍大楼。但胡良英却倒下了，长期艰苦的战斗生活，加上繁重紧张的工作，使胡良英的健康受到损害。1957年，胡良英病情更趋严重，上级党组织再次安排他休养。胡良英的夫人也被安排提前离休，专职照顾他。

胡良英在北戴河疗养院度过了一段时间，此间他还一直关心人保事业，尽管那时人保已停办国内业务，他也被划归到财政部办公室。

1959年10月1日，北京举行国庆10周年庆祝大典，胡良英忍着胃癌的病痛，再次站到天安门观礼台上。

国庆结束的第三天，10月3日，由于劳累，胡良英住进了医院。在病重住院期间，他还念念不忘工作，处处关心和照顾别的病人，从不计较个人治疗、休养的问题，赢得其他病人和家属及院方的赞许。

1960年2月，胡良英在北京逝世，享年58岁。

1960年4月，胡良英被隆重地安葬在八宝山革命公墓，他是第一位进入八宝山公墓的人保创始人。

在胡良英的墓碑上刻有胡良英的简历。碑文中写道：

"胡良英同志参加革命以来，始终勤勤恳恳，积极负责，一贯保持了艰苦朴素的优良作风。他这种忠心为共产主义事业英勇奋斗的一生，永远是革命后继者学习的榜样。"

胡良英同志的革命精神永垂不朽！

高功福

他用光明磊落的一生 证明了自己的党籍——记中国人民保险公司早期统计科科长

为稳定西南保险市场，筹建中国人保西南区公司，高功福日夜兼程地开展工作，如同在一张展开的蓝图上，他勾画着一个个新的坐标。

我曾在《南北两条脉络构成中国人民保险的红色基因和精神族谱》一文中写道:"在中国人民保险公司成立初期,公司总部人员的组成主要来自两条战线,是南北两条红色血脉在北京的会合,分别是来自北方延安等革命根据地的金融干部及南方的上海等地地下党的保险专家,他们共同架构负载着中国人保红色基因的精神族谱,使族谱的开端永远闪烁着灿烂的光芒。"

当然,我也写过来自东北的罗高元、来自北京的谢树屏。下面我要介绍的是来自四川地下党的高功福。

一、在川江号子中寻找黎明的歌声

川江号子是川江船工们为统一动作和节奏,由号工领唱,众船工帮腔、合唱的一种一领众和式的民间歌唱形式。当历史进入晚清时期的蜀地,阴气重重的岷江江水让川江号子更加低沉。

1911 年 6 月,保路运动在成都发起,清朝时期担任四川总督的赵尔丰因镇压民众而造成的"成都血案"引发民众起义,这直接导致辛亥革命的总爆发。1911 年 11 月 27 日,立宪党人蒲殿俊在成都宣布四川脱离清朝,成立大汉军政府并担任都督。

1918 年 7 月,高功福出生在成都一个职员的家庭。虽然他家算不上是豪门大户,但家族和当时的北洋政府有着或多或少的联系。

高功福的父亲高商卿早年在商家学徒,后来在监务机关和金融单位任职。在高功福出生的那年,高商卿正在濬川源银行任经理。1921 年,军阀混战,胁迫银行筹款。高商卿因无法完成业绩,只好带着全家人逃到北京,在北洋政府财政部做公务员。1928 年,国民政府南迁,高商卿失业,只好带着全家回到成都,重操旧业,在银行、钱庄等单位任职谋生。

高功福的叔叔因学识丰厚，曾为四川军阀杨森的高参。杨森颇具传奇色彩，历经辛亥革命、护国战争、军阀混战、抗日战争等历史时期，既有早年讨袁护国，炮击英舰，保护朱德、陈毅、胡志明的正义之举，又有勾结吴佩孚破坏革命、制造"平江惨案"和追随蒋介石打内战的斑斑劣迹。

高功福从小衣食温饱，尽管小时候在北京漂泊，但也得到了良好的教育。1925 年，高功福在北京京师公立第七小学上学。

1928 年，高功福随父亲回到成都，接着上了两年小学。后在成都大成中学上学。1933 年，考上了重庆高级商业学校速成班。

在学校里，高功福年轻气盛，热血赤诚，积极参加学生运动。父亲为阻止高功福到外面出头露面，曾将他绑在家中的椅子上。革命的热情是一种热血在体内沸腾涌动，阻止必将导致崩裂。高功福最终选择背叛家庭，离家出走，在四川各地奔走，为革命摇旗呐喊。

1935 年，高功福中专毕业后，考入川康殖业银行任练习生，后在重庆、泸县、川康等分支机构任会计员。

在此期间，高功福遇到了人生的引路人赵忍安。赵忍安在校读书期间，受到进步思想熏陶，倾向革命。1933 年赵忍安参加了中共领导下的"反帝大同盟"。1937 年赵忍安受中共党组织的派遣，到四川乐山彝族地区工作。1938 年 4 月赵忍安加入中国共产党。赵忍安经常带领高功福参加地下党组织活动，对其走上革命道路影响很大。他们曾一同深入四川彝族地区开展地下工作。

1938 年，高功福在成都参加"星芒社"工作。"星芒社"是在中国共产党的领导下，于 1937 年 9 月在成都成立的一个比较大的抗日救亡团体。总负责人为江牧岳、组织委员胡绩伟，范长江曾由重庆来到成都指导工作。"星芒社"办有"星芒通讯社"《星芒周报》

高功福与赵忍安深入彝族地区开展地下工作

高功福与赵忍安深入彝族地区开展地下工作

高功福与赵忍安练习打枪

《星芒画刊》"星芒读书会""星芒图书馆""星芒宣传团",参加活动的各地进步群众达万人之多。

1939年,高功福在泸县因参加抗日救亡运动的组织工作,被川康殖业银行开除,但这更加坚定了他参加革命的决心。这一年,高功福由颜国瑾介绍,在泸县秘密加入了中国共产党。

高功福和著名的女革命者丁雪松当时在一个地下党支部。丁雪松早年到重庆求学。18岁的她在《商务日报》上呐喊"天下兴亡,匹夫有责"。1936年她在重庆参加救国会。1937年她加入中国共产党。1938年,丁雪松奔赴延安,后任陕甘宁边区政府秘书。而高功福被指示留在四川,在成都、西康等地区继续开展地下的隐蔽斗争。在频繁的工作变动中,高功福一直秘密地开展地下斗争,为延安提供敌区的经济情报。

1939年,高功福在泸县兵工署二十三厂成品库担任雇员。后又潜伏在重庆的四川桐油贸易公司会计组,随后在重庆华西建设公司会计科任科长。此间,高功福在地下党支部先后担任宣传、组织委员及支书的工作。

1941年,高功福在济康银行重庆分行储蓄部任主任。1942年,高功福离开重庆,在济康银行雅安总部、西昌分行任职。由于异地的单线组织关系没有接应上,高功福不得不暂时与党失去了联系,但他始终保持着对党的忠诚,时刻期待着党的召唤。

高功福在西昌工作期间,结识了同样在此工作的刁素智,与其结为夫妇。刁素智1921年出生于四川江津的一户小地主家庭。1937年由重庆女子职业学校毕业,1940年至1944年先后在重庆、乐山、西昌等地工作。

1944年初,高功福回到成都,失业。同年10月,高功福在乐山新业煤矿公司任会计主任。

1943 年，高功福（第二排左一）在济康银行西昌分行

高功福（左二）与刁素智（左一）结婚时与同仁合影

高功福（第一排左七）在重庆桐华实业公司与同事合影

1947 年，高功福在成都失业后，又在重庆桐华实业公司任会计室主任。

1948 年，高功福再次来到重庆，他利用一家米铺作掩护，千方百计地寻找党组织。

1949 年 11 月 30 日重庆解放。

高功福终于可以亮明身份，再次参加革命。他充满自由的心情，如同见到晴朗的天空一般。高功福在第一时间找到了党组织，并参加了西南军管会金融接管小组的保险组工作，负责对重庆、成都等地的保险公司进行接收。

抗日战争爆发后，南京国民党政府将重庆作为"陪都"，中国保险中心也由上海转移到重庆。当时有中央信托局产物保险处和人寿保险处、邮政储金汇业局保险处、大东方保险、大南保险、中国人寿、中国天一、中国保险、中兴保险、亚兴保险、太平保险、太平人寿、永大保险、安平保险、永兴保险、裕国产物、华安保险、兴华保险、华盛保险、宝丰保险等 21 家保险公司。

由此可见，高功福当时的接收工作非常繁重。为稳定西南保险市场，筹建中国人保西南区公司，高功福日夜兼程地开展工作，如同在一张展开的蓝图上，他勾画着一个个新的坐标。

1950 年，中国人保西南区公司成立，郑辰西任经理，陆自诚任副经理。高功福先后担任秘书科、农业科、计划科科长。

当时，中共中央西南局组织部对地下党开展清理工作。高功福就近找了个证人出面证明自己的革命经历，但该人出于私心，没有配合。高功福也没有在意，接受了上级机关的处理决定：高功福在失联组织关系期间，没有政治问题。但因时间较长，可重新入党。于是，高功福在 1952 年 10 月，重新入党。

20 世纪 50 年代，高功福（第一排左四）在云南保险公司与同仁合影

高功福（左二）在云南保险公司与同仁合影

二、在北京拨打着铮铮作响的竹木算盘

1949 年 10 月，中国人民保险公司在北京成立。

按第一次全保会拟定的组织规程草案，总公司机构设置四室一会，即秘书室、业务室、监理室、会计室、设计委员会。随着业务的发展，机构设置也相应变化。1950 年，保险条例因此正式确定总公司机构为十室，即秘书室、人事室、检查室、财产保险室、人身保险室、农业保险室、海外业务室、理赔室、会计室、设计室。其他分支机构也相应作了调整。

当时的会计室主任是李晴斋，科长有凌肇增、吴祥初、潘铼桂等。公司创建伊始，财务工作非常繁重。

在第一次全保会议上，公司资本定为200亿元(旧人民币，下同)，1949 年 11 月 3 日由人民银行总行批准为 300 亿元。为适应公私企业财产保险的需要，到 1949 年 12 月 1 日又上报政务院财经委员会，要求增资为 600 亿元，这个要求得到了批准。因此，1950 年的保险条例中正式确立公司资本为 600 亿元，并以所有全部财产对其业务及债务负责。保险条例中对资金运用作了规定："中国人民保险公司资金，交中国人民银行保本运用之。"

1950 年，新制定的保险条例对税赋作出明确规定："中国人民保险公司为迅速积累资金，加强保障力量，免缴中央及地方一切捐税，其所给付被保险人之赔款或保险金免缴所得税或遗产税。"

条例对于纯益分配明确规定："中国人民保险公司每届决算，除应提各种保险责任准备金外，其纯益应按下列比例分配之：一、公积金百分之五十。二、特别准备金百分之二十。三、提交中国人民银行百分之三十。"上述关于税赋和纯益分配的规定，对建立保险总准备金给予了明确的政策保证，充分反映了中国人民银行总行

和中央人民政府财政经济委员会对保险事业的支持和爱护。新中国成立初期中国人民保险公司的实力不断壮大，信誉空前提高，与政府采取的合乎保险原理的政策是分不开的。

这些涉及财务、计划、统计等繁重的工作，当年的保险创业者付出了艰辛的劳动。

盲目发展机构的第一个后果是：滥收干部，只求数量不重质量；第二个后果是：人员无编制，开支制度不全，开支大量增加，业务赶不上去，以致有不少县支公司入不敷出，有的甚至支出超过收入一倍，不符合企业的经济核算原则。

1952年7月，在区公司经理汇报会议上，公司提出关于整顿机构和处理编余干部的问题。会议决定，为了简化层次，各大区公司应于6月撤销，并抽调必要的干部，加强总公司和分公司的力量。省分公司在农村工作结束后，要紧缩机构。城市业务很少，所辖机构不多者，可改为总公司直属支公司。城市业务比重大的县，在符合经济核算的原则下，可根据业务条件，紧缩编制，保留原机构或改组为营业所。

为了加快落实机构调整政策，人保公司总部开始谋划从基层公司抽调部分专业人才，充实总部财务、计划、统计等部门力量。

1953年，高功福因为政治和专业水平符合总部的用人条件，被选用调入中国人民保险公司总部。当时总部除上海之外，较少从别的地方引进专业人才。高功福先后任统计科科长、计划科科长、研究组组长。高功福利用多年在银行、保险工作的专业经验，每天伏案工作，为开创中国人保的财务、统计、计划等系统工作，扎扎实实地打下了坚实的基础。

1955年，高功福夫人刁素智也调入总公司，在会计室担任会计。

高功福与同仁在北海公园合影

刁素智（前排右一）与同仁在月坛办公楼前合影

三、让时间更加贴近精神信仰的向往

今天，我们面对职业的选择都会明白，职业的自然性需求与职业的社会性需求是一种相互关系。所谓职业的自然性需求，就是为了谋求那些保持或维持自己的生命以及延续后代的条件而从事一定的职业的要求，这种职业的自然性需求是人类生存的基本需求。

但在中国那个特殊的历史年代，人们完全依附于社会的属性，极少关注自我。特别是面对政治的需求，没有选择职业的自主权，完全被动地等待政府部门的职业分配。分配自己到哪里，就必须在哪里工作，不管这个岗位适合还是不适合自己。这既限制了个体的个性和才能的发挥和发展，也限制了个体生命境界的终极抵达。这就是一种极端的职业的社会性需求。

高功福就是这样，自 1955 年，他又开始了职业生涯频繁的变换，但这与他年轻时期那场职业频繁的变换，是绝不一样的。

1955 年，高功福转业到中央财政干部学院保险进修班担任副主

高功福、阎达寅等在中央财政干部学院合影

高功福（第二排左二）与阎达寅（第二排左一）等在中央财政干部学院合影

任。他热心教学，为新中国保险事业努力培养后续人才。

1958年，人保的国内保险业务停办。高功福被下放到河北省永年县小北汪乡，担任乡党委书记。夫人刁素智被分配到北京机电局工作，后到北京量具刃具厂工作。

1959年，高功福回到北京，在中央财政出版社担任发行科科长。几个月后，高功福被分配到《大公报》社，担任驻财政部、人民银行总行的记者。

1962年，高功福在北京财政部文教司文教处担任副处长。

然而，命运不止如此，接着厄运降临。

1968年，"文革"席卷全国。高功福那出生入死的革命经历，成为纠缠不清的审查理由，他被造反派诬陷为"叛徒""资本家"，成为专政的对象，被关进牛棚，停发工资。高功福坚持自己的入党

高功福与赵忍安在北京合影

高功福与赵忍安在上海合影

高功福与阎达寅在上海合影

1958 年，高功福在河北永年县
小北汪乡

经历真实性，始终保持对党的信仰，相信党有一天会承认自己的清白。

高功福儿子高学仁回忆：那一年，正赶上他大学毕业，分配也因父亲的问题受到了影响。最初，他是要到军工单位，但经过反复考察，确认他是"可以教育好的子女"，最终还是把他分配到了沈阳民用单位工作。他向家里要报到的路费，但家里的存折全部被造反派封掉，连一元钱也取不出来，他只好向同学借了 15 元路费。

1969 年，高功福先后在湖北沙洋、河北固安财政部五七干校劳动改造。在寂静的夜空下，高功福坐在乡野中，期盼着星月可以照亮自己人生旅程的每一瞬间。

1975 年，高功福恢复工作，回到财政部行政事业财务司担任副处长。

1976 年，"文革"结束。在平反冤假错案中，高功福得到平反昭雪。

有一年，高功福夫妇回四川探亲，终于见到了自己入党介绍人颜国瑾。他对高功福说：你应该坚持自己的入党时间，这是对历史

高功福的职工履历表

尊重、对党负责的问题，不是个人荣耀的事。一席话对高功福触动很大，他认识到，只有彻底澄清自己的入党时间，才会给历史一个正确的交代。当然，他执着坚持的不仅是入党的时间，更是无怨无悔的毕生信仰。后来，他想尽办法寻找到重庆当年地下党的同志荣高棠、丁雪松等为自己证明，他为证明事实真相而付出的巨大努力，让人为之动容。

1978 年，已经 60 岁的高功福，没有办理退休，依然在财政部工作。他勤勤恳恳，忘我工作，奉献着自己的余热。高功福如热情的青年一般，他是要把耽误的时间补回来，把耽误的工作补回来。

1984 年，高功福在骑自行车到三里河财政部上班的路上突发脑溢血，摔倒在路旁。他被送进医院，进行紧急抢救。

一天，党组织派人来到他的病床前，向他宣布：经过考察，高功福的党籍从 1939 年算起。终于等到了这一天，高功福非常激动，再次引发脑溢血，遗憾的是他最终没被抢救过来。一周后，也就是 1984 年 12 月 20 日，高功福在医院去世。

财政部同时恢复了高功福的司局级待遇，高功福的骨灰被安放在八宝山革命公墓。历史翻过了那沉重的一页，高功福也得以安息。

刘凤珠

1979年，中国人民保险公司恢复国内保险业务，公司的那些昔日的战友先后归队。刘凤珠在国外保险业务部任副处长，信心百倍地迎接中国人保国外保险业务的春天。刘凤珠像一位老船长，迎风开启走向世界的大船，蔚蓝色的大海无限宽广。

一、源远流长的刘氏望族

仪征古称真州，大运河在这里汇入长江。仪征是一座历史悠久的滨江古城，史称"风物淮南第一州"。从两宋到明清，仪征籍科举连登进士及第，状元、榜眼、探花三鼎齐全，涌现出一大批文化学者，奠定了浓厚的文化基础和淳朴的民风。

仪征东圈门街 14 号，至今保留着一座青砖黛瓦、古朴典雅的宅第，这就是著名的"青溪旧屋刘宅"。此宅早年为刘师颖和家人居住，后来是刘子乔和家人居住，现在是刘模的夫人杨素云居住。老宅有分别为汪士铎撰、赵之谦书和莫友芝撰书的楹联两副：红豆三传侯门趾；青藜四照宝树莲。左酒右浆，喜叠其室；伯歌季舞，福为我恨。

刘家是扬州著名的家族，从清代乾隆年间始，经嘉庆年间以后，刘家出现了一代又一代著名的经学专家和国学大师，他们筚路蓝缕，燃火传薪，成为扬州历史的佳话。

所谓经学，是专门研究诠释春秋时代儒学等古典经书的一门学

清溪老宅

问。刘家三代在清朝道光、咸丰、同治、光绪四朝的学界声名显耀。他们研究诠释《春秋左氏传》，著有《左传旧疏考证》等多部传世著作。他们的名字登上了《清史稿·儒林传》，这在清朝的历史中是绝无仅有的。

所谓"三世一经"，即刘文淇、刘毓崧、刘寿曾祖孙三代穷毕生心力证疏注传。

乾隆时期，刘锡瑜（字怀瑾，1749—1840）生子刘文淇。刘文淇（字孟瞻，1789—1854）自幼家境贫寒，得传其舅舅凌曙（字晓楼，1775—1829）之经学，开创经学家风，成为刘氏家族第一代经学家。刘文淇的儿子刘毓崧（字伯山，1818—1867）、长孙刘寿曾（字恭甫，一字芝云，1838—1882），都是清代著名的经学家，皆有成就。

刘毓崧有四子二女，长子刘寿曾（字恭甫，1838—1882），次子刘贵曾（字良甫，1845—1898），三子刘富曾（字谦甫，1847—1928），四子刘显曾（字诚甫，1851—1928）。

刘寿曾有一子二女，子刘师苍（字张侯，1874—1902）。刘贵曾有一子一女，子刘师培（字申叔，1884—1919）。刘显曾有二子刘师慎（字许仲）和刘师颖。刘富曾没有后代。

刘师苍长子刘葆儒（字次羽，1899—1952），次子刘崇儒（字子乔，1902—1961）。

刘凤珠的小儿子朱延平向我发微信介绍：关于仪征刘氏年谱，学界讹传甚多，就管见所及，除对各世墓志铭的考释外，应以小泽文四郎1938年编纂的《刘孟瞻先生年谱》最为可信。另有1962年在沪刊印的梅鹤孙（号元邕1894—1964，书画家）著《清溪旧屋仪征刘氏五世小记》，此著出典多是"小的时候外祖母和我母亲说的话，参考了清史儒林外传以及外家几代的著作和各家所撰的传状碑志年谱"（外祖母即刘师培之母李汝蘐），故亦可靠。

刘文淇

刘毓崧

刘寿曾

刘师培

刘寿曾 44 岁逝世时，疏证仅完成至襄公五年，儿子刘师苍尚年幼（旧时家学很少传女），自然经学难以承继。其侄子刘师培倒是获得衣钵，成为近代经学大师。刘师苍的儿子刘葆儒这一代，成了刘氏国学最后的继承人，但他后来一直从事实业。至此，刘氏家族彻底告别了经学家传，尽管刘葆儒给他们唯一的儿子起名"经传"。

可惜，刘家这三四代人都生活在忧虑和动荡之中，在 100 多年的时间里从未摆脱过贫穷和疾病的滋扰。但他们皓首穷经，自甘寂寞，身处陋室，著书立说，而无怨无悔。因为动荡和穷困，他们大都短寿早夭，刘文淇只活了 66 岁，其子刘毓崧年仅 50 岁，长孙刘寿曾年仅 44 岁。不仅如此，其不幸命运竟延续了数代，包括刘师培只活了 36 岁，而他的堂兄刘师苍 29 岁时落水而死，刘师慎 33 岁时自杀身亡。刘葆儒 53 岁时意外亡于车祸。

二、三叔公刘师培传奇的一生

刘家在扬州第五代中的佼佼者，当属刘文淇的曾孙、刘毓崧的孙子、刘贵曾的儿子刘师培。刘师培的父亲刘贵曾为光绪间举人，著有《春秋左传历谱》《抱瓮居士文集》等。刘师培的母亲李汝蘐是江都学者李祖望的次女，通晓经史。

刘师培自幼天资聪颖，过目成诵，8 岁开始学习《周易》，10 岁时曾在两天中作《凤仙花》绝句百首，12 岁时即已遍读四书五经，被称为"神童"。刘师培 17 岁进学，18 岁考上秀才，19 岁中举，可谓少年得志。

1902 年，刘师培因科举考试失利，辱骂清廷制度，被官府通缉，听说陈独秀、章士钊等人在上海办《苏报》，便去投奔。当时陈独秀正在章士钊寓所聊天，忽见一满身污脏、蓬头垢面的少年叩门而入。章、陈二人考其《左传》上的学问，始信此少年便是刘师培，此事章士钊在《孤桐杂记》中有记载。

1903 年，"苏报案"发生前，刘师培于回乡探亲期间完婚。他的妻子何震，原名何班，字志剑，出生于书香世家。父亲是武进县学教谕何承霖，何家为晚清仪征四大家族之一。何班容貌秀美，家教严格，是一位教养极好、能写诗作画的大家闺秀。何、刘两家为世交，何班的长兄娶刘师培叔叔的女儿为妻，因此刘师培和何班的婚姻属于亲上加亲。

婚后，刘师培偕妻子返回上海。何班进入蔡元培开办的爱国女社就读。因此，她从一位旧式的大家闺秀变成了极端的女权主义者。为了显示男女平等，她改名为震。何震在婚后的生活中，强势狂妄，常常对刘师培发"河东狮吼"，动辄对刘师培施以训斥惩罚，甚至拳脚耳光。

因畏妻如虎，刘师培被人戏称为"惧内泰斗"。张继回忆：有一天晚上，刘师培慌慌张张地冲进张继家中，喘息不定之际，突然传来急促的叩门声。刘师培面色惨白，哆嗦着说："必是我太太来了！"说完就冲进卧室，躲到了床底。张继开门后，发现是他的一位朋友，就叫刘师培出来，但刘师培认为张继骗他，不肯从床底下钻出来。

1904 年春，刘师培又遭遇变故，参加开封会试，落第回乡。他在扬州创办师范学会，协助乡人出洋留学，支持学生运动。

刘师培在少年时，就与年近不惑的经学家章太炎齐名。二人在上海结识后，相互推崇，又有共同的排满倒清信念，成为至交。因章太炎字枚叔，刘师培字申叔，二人被人合称为"二叔"。

1904 年秋，刘师培在上海与章太炎、蔡元培、谢无量等一起参加反清革命，参与《俄事警闻》的编辑工作。报社遭清政府查封，

《刘师培评传》

刘师培创办的《国粹学报》

刘师培到浙江平湖避难。

　　1904年冬，刘师培与章士钊等人密谋行刺广西巡抚王之春，但行刺时，子弹竟没有出膛，刘师培被捕入狱。捕房见其面色苍黄，言语支吾，一看就是怯懦的书生，次日便将他释放。

　　1905年，章太炎、刘师培等创办《国粹学报》，使"国学"之名，得以广泛传播。刘师培与陈独秀在安徽组织公学，宣传革命。

　　1906年春，刘师培与陈独秀在安徽组织公学，宣传革命，同时出版了《中国文学教科书》等著作。

　　1907年2月，刘师培应章太炎之邀，偕同母亲、妻子何震及何震的表弟汪公权东渡日本，加入同盟会，结识了孙中山、黄兴等革命党人。

　　刘师培夫妇发起成立了"女子复权会""社会主义讲习会"，

1908 年，刘师培、何震和柳亚子、苏曼殊等在上海合影

创办了《天义报》《衡报》，宣传无政府主义。刘师培曾组织编译《共产党宣言》，被专家公认为最权威的译本。当时在早稻田大学上学的李大钊深受他的影响，最后成为传播马克思主义的先驱及中国共产党的缔造者。

1907 年，同盟会发生以章太炎为首的"倒孙风潮"，刘师培是章太炎的支持者之一。他曾派日本人北辉次郎雇佣杀手，欲取孙中山的人头。

1907 年底，刘师培脱离革命阵营，倒向清廷改良主义者端方，充当其暗探。他作《上端方书》，表示今后"欲以弭乱为己任，稍为朝廷效力，兼以酬明公之恩"，落下"外惧党人，内惧艳妻"的恶名。

刘师培随后组织齐民社，举办世界语讲习所。由于日本警方监视严密，《衡报》被迫停办。1908 年 11 月，刘师培全家回国。

1909 年，刘师培夫妇在上海充当端方的暗探，因出卖张恭，表弟汪公权被王金发击毙。刘师培公开入幕，随端方任直隶督辕文案、学部谘议官等职。他考订金石，研究天文历法。

1911 年，刘师培随端方南下四川，镇压保路运动，在资州被革命军拘捕。

辛亥革命胜利后，章太炎不念旧恶，与蔡元培一起在上海登报寻找刘师培的下落。陈独秀上书孙中山，历数刘师培功德，为之求情开脱。1912 年初，刘师培被孙中山保释出狱，后任成都国学院副院长。

1913 年 6 月，刘师培与南下寻夫的何震沿江北上山西，由南桂馨介绍，投靠阎锡山，任高等顾问。

1915 年 8 月，刘师培任袁世凯的参政及上大夫。刘师培与杨度等发起成立筹安会，为袁世凯称帝鼓吹。洪宪帝制失败后，刘师培流落天津。

1917 年，刘师培应北京大学校长蔡元培之聘，任文科教授，开设"六朝文学"等课程，又回归到他的学者身份。当时，刘师培与辜鸿铭、马寅初、胡适被称为北大的四大才子。他所著的《中国中古文学史》讲义传世，为近现代中国文学史研究首屈一指的巨著。

刘师培自小体素羸弱，十几岁便患肺结核。他不修边幅，蓬头垢面，衣履不整，看上去活像一个疯子。刘师培好吸烟，他的书案经常布满烟灰，衣袖经常有烟头烧出的破洞。他喜欢边吸烟边看书，有时看得太入神，常将烟蒂错插入墨盒中。而他有时一边看书，又一边吃馒头蘸酱油，因专心看书，常把馒头错蘸在墨盒里。

刘师培上课既不带书，也不发讲义，且从不写板书。但讲得头

刘师培的书法

头是道，援引资料，都是随口背诵，学生都很佩服。

1919年3月，刘师培曾声援林纾攻讦陈独秀等"新派"人物。但当陈独秀被捕时，刘师培与北京大学的新旧学者们一起联名上书，请求保释陈独秀。

1919年11月20日，刘师培因肺结核病逝于北京，年仅36岁。陈独秀主持了刘师培的丧礼，并引用康有为诗悼念亡友："曲径危桥都历遍，出来依旧一吟身。"

刘师培与妻子何震曾育有一女，不幸夭折，膝下荒凉。其虽曾过继刘师慎的长子刘葆楹，但最终还是将经学传给了他的学生吴遯伯。刘师培英年早逝后，何震也进了尼姑庵与青灯古佛为伴。

刘师培在短暂的一生中，著作颇丰。钱玄同等人将其著作整理编辑成《刘申叔先生遗书》。

刘师培曾对早年参与政事很是后悔，他去世前对黄侃说："我一生应当论学而不问政，只因早年一念之差，误了先人清德，而今悔之已晚。"

有人嘲弄刘师培一生是"在风雨飘摇的乱世中笑熬糨糊"。刘师培善变，总是在污泥浊水中辗转其身，最终变得猥琐龌龊，道德学术双双受损，遭人鄙弃。

黄侃曾评价刘师培："忧思伤其天年，流谤及于后世，贻人笑柄，至可痛惜！"王元化曾说："世人诋诃，多出于道德上的责备，殊少思想上的探索。其实从激进革命走向拥戴独裁，也不是没有思想上的线索可寻。这在中外近代史上是不乏先例的。所谓两极相反亦相通。"鲁迅在给钱玄同的信中称刘师培是个"卖过人肉的侦心探龙"。

刘葆儒的外孙朱延平给我提供了一份刘师培的叔父刘富曾所撰的"亡侄刘师培墓志铭"，从中可窥知刘师培一生动荡的缘由："……侄才蕴瑰奇，少年气盛，思欲有以己见，然名之所在，谤亦随之……夫物忌过盛，侄得名太早，厥性无恒，好异矜奇帽，急（功）近利……。"

三、在名门望族的环境中成长

作为刘家第四代中的老大，刘师苍 29 岁那年溺水去世，留下长子刘葆儒，次子刘崇儒（字子乔）。

刘葆儒早年于国立南京高等师范商科毕业。其著书众多，有《近世会计学》《实业上个人效能论译意》(以上为商务印书馆出版)、《广告心理学》（中华书局出版）、《汉译财政学导言》《汉译经济学撮要》（以上为钱业月报出版社出版）。刘葆儒曾编译《商业月刊》《家庭杂志》《英文周报》等。其著作涉及广告学、会计学、财政学、经济学等领域，这在当时年轻人中是少有的。其中，1930 年出版的《广告心理学》一书，是中国广告学的奠基之作。而《实业上个人效能论译意》，则是翻译出版美国浦林登的经典之作。

刘葆儒一生经历十分丰富，曾任上海教会司库协会会计，上海商务印书馆业务科、编辑所进货科英文书记，上海华昌贸易公司英文速记书记，上海汇培洋行英文秘书，上海信源行秘书，上海兰格木行协理，上海通用公司翻译员。在永泰和烟公司工作，可能是刘葆儒的最后职业生涯。

刘葆儒不仅具有经济头脑，还掌握了当时在上层社会和少数精英之间交际的英语，编辑过英文报纸，显示出高深的英语语言功底。因此，在上海这样的大都市，他能够左右逢源，从事多家公司的英文翻译、速记工作。

刘葆儒不仅从事实业，还接过传承家学的重担。在繁忙的公务之余，他不忘研究家学，在保护、整理、出版青溪旧屋刘氏著作方面，作出了重要的贡献。他不仅协助南桂馨、钱玄同等人出版了《刘申叔先生遗书》，还著有《国语注补辑》《元代帝王世系表》数种专著。

当刘葆儒在上海现代的街巷中穿行的时候，迷乱的霓虹灯与穿梭的车水马龙，构成了他眼前的景象，这与仪征家乡书房里昏暗的油灯和陈旧的经书陪伴的景象相去甚远。整日忙于生计的他，不得不面对并不清晰的现实与未来。

刘葆儒成家后，住在虹口东熙华德路寿品里。其夫人芮瑟华，也是书香门第家庭的子女。刘葆儒育有三女一男。

1923 年 1 月，刘葆儒的大女儿刘凤珠出生，作为父母掌上明珠的女儿，自然得到了有着深厚文化底蕴家庭的抚育，在传统与现代的文化背景的交织中，刘凤珠的人生帷幕悄然拉开。

1940 年，刘凤珠在著名的江苏省立上海中学高中学校商科专业毕业。她的第一份工作是在泰山保险公司做财务会计工作，这是女承父业，也是受当时在天津中国银行工作的堂叔公刘师颖的影响。

20 世纪 30 年代，《孔夫子》等历史题材电影的放映，给"孤岛"

吹来一股清新之风，也吸引了上海一些进步文化人士的关注，当时在商务印书馆工作的刘葆儒也参与其中。刘葆儒还热心研读鲁迅的著作，抄录鲁迅的《热风》《南腔北调集》等作品，估计有 10 万多字。可以想象刘葆儒当年工作之余伏案潜心阅读鲁迅先生作品的模样。这一切对刘凤珠后来热心进步事业影响巨大。

四、在保联的话剧演出中找准革命的坐标

2017 年 10 月 31 日，党的十九大闭幕仅一周，中共中央总书记习近平带领中共中央政治局常委专程从北京前往上海和浙江嘉兴，瞻仰上海中共一大会址和浙江嘉兴南湖红船。在上海一大会址纪念馆，习近平动情地说：毛泽东同志称这里是中国共产党的"产床"，这个比喻很形象，我看这里也是我们中国共产党人的精神家园。"

面对《伟大开端——中国共产党创建历史陈列》的大量实物和图片，习近平一边听取介绍，一边询问细节。他对着浮雕一一列数中共一大 13 名代表的姓名，感叹英雄辈出，也感叹大浪淘沙。习近平指出，建党时的每件文物都十分珍贵，每个情景都耐人寻味，我们要经常回忆、深入思索，从中解读我们党的初心。

一大纪念馆众多珍贵文物中，有一份胡愈之、郑振铎当年为胡咏骐写的悼念文章的手稿。胡咏骐是上海早期共产党活动家，1939年由沙文汉介绍入党，曾任宁绍人寿保险公司总经理，上海保险业同业公会主席。胡咏骐于 1937 年底创导发起成立了上海保险业业余联谊会（以下简称保联），这是上海保险业地下党最早的外围组织。

保联利用开展学术、读书、文体等活动，宣传共产党抗日主张和抗日民族统一战线政策，培养进步青年的爱国主义思想，发展共产党骨干分子，举办学术活动，培养保险专家。因此，也可以说上

海是中国人民保险公司的摇篮，也是新中国保险业的始发地。

话剧组是保联活动中最经常、最活跃的组织，由太平保险公司地下党支部书记程振魁负责。骨干演员有 80 至 100 人。

1938 年 12 月，西藏路宁波旅沪同乡会首次演出独幕剧《锁着的箱子》。1939 年 7 月，上海地下党发动组织上海市业余话剧界举行慈善公演，参加演出的有保联、银联、华联、益友社及职业妇女俱乐部等 11 个单位。保联剧团演出的是阿英创作的三幕话剧《日出之前》，保联售票所得有 1400 多元，除演出费用开支外，其余票款由公演筹备委员会副主席胡咏骐通过中共八路军驻沪办事处的刘少奇转交给了新四军。

程振魁在《活跃在抗战时期的保联话剧组》一文中介绍：话剧组自 1938 年成立到抗日战争胜利，在漫长的艰苦环境中，始终在地下党的直接领导下，把话剧这门综合性的艺术，作为教育群众、团结群众的武器。通过它的活动，宣传抗日救国，揭露社会黑暗，激发广大群众的爱国热情，密切联系一批保险界的青年职员。

话剧组是锻炼上海保业进步青年的革命熔炉，许多进步青年从话剧的舞台出发，开始走上了革命的道路，找到了革命角色的坐标。保联话剧组的骨干先后有吴镇、刘文彪、孙文敏、徐天碧、吴越、廖国英、朱元仁、周础等，刘凤珠是话剧组泰山保险公司分队的成员。

刘凤珠成长在一个开明的家庭中，自小接触了进步思想。她开朗活泼、热情奔放，极具文艺天赋，积极投入保联的活动中。在话剧组中，她努力尝试扮演不同的角色。刘凤珠的弟弟刘经传在给刘凤珠的女儿朱建平的邮件中回忆：刘凤珠在话剧组特别热心，有一次还领着他扮演一个剧目中的儿童角色。

1945 年，抗战胜利后，保险界职工举行庆祝大会，保联话剧组

1939 年冬，话剧《沉渊》演员合影

1940 年，保联话剧团部分演员合影

话剧照片

上演话剧《宁静的江南》，内容是江南民众艰苦抗日的剧情。徐慧英、程振魁、朱元仁、刘凤珠等参加了演出。演出结束时，全体演员在台上领唱抗日歌曲，所有观众群情激动，起立合唱，持续了20多分钟，久久不肯散去。这次演出，给刘凤珠留下了深刻的记忆。

1946年，刘凤珠成为共产党的一员。刘凤珠在保联话剧组中不仅找到了革命组织，还找到了自己的心上人朱元仁，并喜结良缘，在共同奋斗中，结出爱情的果实。徐天碧不仅是刘凤珠的入党介绍人，也是她的婚姻牵线人。

五、在苏北党校换上了戎装

1948年冬季，中国共产党在辽沈战役中取得了辉煌的胜利，淮海战役也捷报频传。国民党面对覆灭的结局，丧心病狂地大肆搜捕上海地下党人。仅在保险界，国民党特务先后诱捕了太平保险公司党支部书记廖国英、保险界支部书记吴越、保联话剧组积极分子洪汶、体育部骨干赵伟民四人。保险界党组织上级机关根据突然出现的情况，为避免遭受更大的损失，决定将保联表现突出的部分地下党员撤离上海。

刘凤珠和朱元仁奉命化名朱国文、刘敏芬，与汤铭志、姚乃廉（姚洁忱）被分配在撤离的第二小组。刘凤珠在《去华中党校学习和回上海参加接管工作的回忆》一文中介绍，那时的情景真是惊心动魄：在1948年11月底的一天晚上，他们四人化装成回乡探亲的生意人，随身带着一些糕点杂货，从北站乘火车动身。临行前组织叮嘱他们，路上要听从交通员的指挥，遇到情况，沉着应对。就在他们上车待发的时刻，突然看见交通员在车下向他们招手，示意赶紧下车。他们随着人流走出车站，交通员在擦肩而过时，轻声指挥他们回原地等候。

原来，计划撤退的路线因战斗情况已不能使用，要另选新的安全路线。他们全都住在亲戚的家里，每天焦急地等待组织的信息。直到12月下旬，他们才再次搭上开往镇江的夜车，换上渡轮，在瓜州上岸。

瓜州是通向苏皖解放区边界的门户，当地交通员指示他们在一家小饭铺进餐休息，关照他们见到有肩扛着红花棉被的人从饭铺门前经过时，要立即跟上，但不要搭讪，只管继续赶路。

快到中午时分，果然见到有肩扛着红花棉被农民模样的人从饭铺门前一晃而过，他们相互使了个眼色，激动而紧张地提起行李，就迈步跟着他上路了。经过长途跋涉，终于到了仪征的一个共产党的交通站。他们十分兴奋，不仅因为这里曾是刘凤珠、朱元仁的家乡，更重要的是他们有了找到组织的归属感。

由于战争形势的变化，共产党在苏北的阵地不时向南迁移，而扬州、高邮等地还在国民党的控制下，他们只能绕道六合，曲线前进。一路上每个站点见到的少年交通员及渡河的老船工，对他们这群来自敌区的地下党员非常崇敬，使他们深受鼓舞。他们终于在1948年12月28日抵达淮阴华中党校报到。

在党校里，他们与先行到达的徐天碧、唐凤喧及稍晚报到的徐慧英等人一同编入十四队所属的保险小组。大家欢聚一堂，犹如亲人见面。大家在一起交流思想，接受党的基础理论教育，在革命的熔炉中经受新的锻炼和考验。

他们一边学习，一边随着党校逐步南迁，似乎永远是朝着胜利的目标前进。1949年4月，刘凤珠等人编入"青州纵队"，随着南下渡江的部队和支前民工的队伍，浩浩荡荡地快步前行。一路上他们高唱新编的解放歌曲，兴奋异常。刘凤珠特别详细地记述了他们

1949年2月，刘凤珠在华中党校学习时与学员合影，摄于淮阴 (前排左三为朱元仁，后排左四为刘凤珠)

1949 年 3 月，保险业中的地下党决定撤退到苏北解放区，华中党校十四队全体学员合影

当时渡江的感受："那个凌晨，江边静悄悄的，气氛很严肃，我们登上木帆船，想到几天前百万雄师渡江的情景，不禁肃然起敬。我们重新踏上刚刚解放的江南田野，距离我们北撤仅 5 个月，而革命形势已发生了翻天覆地的变化。"

在丹阳学习期间，上海军管会金融处副处长谢寿天与先行抵达的孙文敏、施哲明共同商讨，决定成立军管会保险组。刘凤珠与朱元仁、徐天碧、唐凤暄、汤铭志一同分配在保险组，筹划接管官僚资本在上海设立的保险企业。

他们反复学习军管会有关的方针政策和城市工作条例，拟订保险业接管方案，明确接管范围和对象。刘凤珠负责起草入城规定："一、遵守军管会及人民政府一切法令和各种规定；二、遵守城市政策，站稳阶级立场，发言谨慎；三、克服工作上的粗枝大叶，随时总结经验；四、无事不上街，外出必请假；五、不徇私舞弊。"

当解放军开进上海后，他们也迅速地进入了上海。保险组在金门饭店临时办公，刘凤珠与多日不见的保险业地下党员林震峰、吴越、姚乃廉（姚洁忱）、廖国英、郭雨东等会合。林震峰任保险组组长，孙文敏任副组长，郭雨东协助保险组全面工作。朱元仁负责秘书工作，刘凤珠负责审查接管单位的财务账册报表工作，其余的人分工负责接管 24 家官僚资本保险机构。

六、开拓人保海外市场的新天地

似乎一切都是新的。伴随着欢庆新中国成立的锣鼓声和高亢的革命歌声，军管会保险组的同志们热火朝天地开展工作，废寝忘食地伏案清算。

在中国人民保险公司华东区公司成立后，刘凤珠依然负责中国保险公司的接管工作，她的任命书还是当时的上海市市长陈毅颁发的。刘凤珠的心中充满喜悦，她不仅迎接着翻天覆地的新时代，也开始了美满幸福的新婚生活。在获得工作硕果的同时，她也当上了妈妈。

1949 年 7 月，为加强复业的保险公司的承保能力，军管会金融处成立了民联分保交换处。1950 年 4 月，在中国人民保险公司华东区公司的引导和帮助下，民联改组，太平保险公司开始走上公私合营的道路。刘凤珠在军管会里兢兢业业地开展有关财务账册的报表审核，为保险公司的接管和改造及华东区保险公司的顺利开张做了许多基础性工作。

1956 年 8 月，太平、新丰两家合营保险公司合并，宣布成立公私合营太平保险公司，总部迁往北京，负责港澳等地的海外保险业务。

刘凤珠在金融处时的照片

1954年，刘凤珠（前排左二）慰问
驻沪解放军时与同仁合影

人保老同志于1984年10月在上海东湖宾馆召集保险界地下党同志讨论上海市保
险业业余联谊会史料时的合影

海外保险公司经理会议代表合影

刘凤珠此时已在太平保险公司总管理处担任办公室主任，随着公司总部的迁址，也来到北京。当时天宁寺路（现月坛北小街）人保办公楼的大门旁，同时挂着"中国人民保险公司""中国保险公司""太平保险公司"三块牌子。刘凤珠一家人开始住在西交民巷附近的石碑胡同，后来住进了办公楼对面的人保宿舍。

1956年，中国人民保险公司在北京召开海外保险公司会议，公司还邀请了海外公司经理和副经理的夫人及其他有关人员回国开会并观光。公司派办公室主任刘凤珠和秦道夫负责组织接待工作。他们乘火车到广州，再转车到深圳迎接客人。有香港民安保险公司总经理孙文敏、经理沈日昌，中国保险公司经理金通明，太平保险公司香港分公司经理曹伯忠等人。刘凤珠跑前跑后，一路陪客人从广州到上海、苏州、杭州、无锡观光游览。

国庆节前，中共中央主席毛泽东和国务院总理周恩来等党和国家领导人在中南海接见归国观光的华侨和中国银行、中国保险公司海外机构的代表并一起合影，廖承志主持了会见。这是刘凤珠第一次见到毛泽东等国家领导人，她非常激动。海外保险公司的会议代表还被邀请参加国庆观礼，刘凤珠也荣幸地登上了观礼台。

秦道夫在《我和中国保险》一书中讲：1957年，中国人民保险公司副总经理孙继武去看望老战友黄镇，当时黄镇担任中国驻印度尼西亚大使，正在北京休假。在谈话中，孙继武说：我们在雅加达、泗水有两家分公司——中国保险公司和太平保险公司，我们要派干部过去，但印度尼西亚政府不批准。黄大使说：我们可以把干部派到他们使馆去，在使馆与保险公司进行联系管理。

孙继武回到公司让人事处与外交部联系，设法派干部到印度尼西亚。经外交部同意，1959年，中国人民保险公司首次派朱元仁、刘凤珠夫妇到印度尼西亚。朱元仁在我国驻印度尼西亚大使馆商务处工作，对外名义为中国人民保险公司驻印度尼西亚代表。刘凤珠在使馆办公室任会计。

为了工作，刘凤珠不得不抛下三个不满 10 岁的孩子，大女儿和大儿子在北京与奶奶一起生活，小儿子被送到长春，与姥姥、舅舅一起生活。在印度尼西亚五六年的时间里，只有朱元仁有一次回国述职探亲的机会，而刘凤珠一直都没回来的机会，她无时无刻不在思念着孩子们。

中国保险公司和太平保险公司在印度尼西亚的分公司主要经营财险业务，服务对象为华侨和华裔工商业主。雅加达的保险市场竞争激烈，当地的保险公司经常用降低保费排挤中国的保险公司，但华侨对中国保险公司非常信任。尽管中国保险公司的人员不多，但从没有拖延赔款的发放。刘凤珠一边做使馆的会计，一边做保险业务的财务，可想而知，她那时的工作量是相当大的。1963 年，刘少奇访问印度尼西亚，在使馆举行的欢迎舞会上，刘凤珠和刘少奇跳了一曲交谊舞。

1964 年，朱元仁、刘凤珠在印度尼西亚使馆的任期届满，接替他们的是秦道夫、王淑梅夫妇。刘凤珠回到国内后，去长春把小儿子接回北京，一家人终于团圆。

中国进出口商品交易会，即广交会，创办于 1957 年，每年春秋两季在广州举办，已有六十多年的历史，是中国目前历史最长、层次最高、规模最大、商品种类最全、到会客商最多、成交效果最好的综合性国际贸易盛会。广交会以出口贸易为主，也做进口生意，还可以开展多种形式的经济技术合作与交流，以及商检、保险、运输、广告、咨询等业务活动。

刘凤珠在公司总部继续做涉外业务，她连续数年代表人保参加广交会，与来自世界各地的客商互通保险业务。她与中国人民保险

1959 年，刘凤珠在北京

1959 年，刘凤珠赴印度尼西亚途经香港与陈玉玲合影

1961 年，刘凤珠（左二）与雅加达的同仁合影

1961 年，朱元仁、刘凤珠夫妇合影

1974 年，刘凤珠在广州中国出口商品交易会

1963 年，刘少奇、王光美、陈毅访问印度尼西亚时与使馆员工合影

刘凤珠

一同举步维艰地前行，延续着中国人民保险公司仅存的海外保险业务，呵护着羸弱的火种。

七、让人生的余晖晕染上大海的颜色

1966 年，"文革"席卷全国，具有地下党经历的朱元仁和刘凤珠，尽管侥幸没有受到大的冲击，但那是人人自危的艰难时光。尽管如此，他们还是不顾个人安危，多次挺身而出，为当年上海的一些地下党同志出面证明，接受组织外调，甚至让女儿朱建平帮助誊抄证明材料。这在当时来说，是一件非常不容易的事。他们先后帮助过姚洁忱、吴越、施月芬等人。

1969 年，朱元仁、刘凤珠去了河南淮滨五七干校。不久，朱元仁作为业务骨干，先期调回北京财政部，在保险组继续开展涉外保险业务。

1974 年，刘凤珠在大连海运学院授课期间参加结业典礼

1979 年，中国人民保险公司恢复国内保险业务，公司的那些昔日的战友先后归队。刘凤珠在海外保险业务部任副处长，信心百倍地迎接中国人保海外保险业务的春天。刘凤珠像一位老船长，迎风开启走向世界的大船，蔚蓝色的大海无限宽广。

为了更好地发展海外保险业务，1980 年，在香港注册成立了中国再保险公司，专营再保险业务。它是由中国人民保险公司、中国保险公司、民安保险公司和太平保险公司共同投资建立的。为开拓海外市场，作为太平保险公司的老员工及中国人保涉外保险业务的老专家，刘凤珠为构建中国保险分保业务和海损检验的平台出谋划策。

1982 年，刘凤珠到保险学会任职，参与了中国第一部保险词典的编撰，组织撰写了多部保险教材。

刘凤珠还在 1949 年后最早开设保险课程的大连海运学院和中央财经学院授课，为培养保险专业人才发挥余热。

1984 年，刘凤珠检查出肝硬化病，不得不办理了离休手续，离开了她挚爱的涉外保险业务岗位。

1992 年 1 月，刘凤珠因病去世，享年 69 岁。

朱元仁

1979年，中国人民保险公司恢复国内保险业务。朱元仁与昔日的战友先后归队，信心百倍地迎接中国人保海外保险业务的春天。

随着改革开放，中国人保迎来了海外保险业务的勃勃生机。朱元仁为海外保险机构恢复设置和海外保险业务的铺展全身心地忘我工作。

在中国人民保险公司的早期创建历史中，有许多对著名的恩爱夫妻。他们有的是来自同一战壕，历经出生入死的患难夫妻；有的是在专业领域比翼双飞的神仙眷侣；有的在工作中相濡以沫，成为情投意合的爱人。比如孙继武、张庭月、阎达寅、李进方、俞彪文、郑珍、李锵、罗烈仙、于葆忠、欧阳天娜、胡维成、刘薇、杨子久、陈玉玲、苑骅、姜云亭、秦道夫、王淑梅，等等。当然，其中还包括来自上海地下党的朱元仁、刘凤珠夫妇，而且，他们两个都可以分别大书特书。我也写过刘凤珠的传记。

一、在保联话剧舞台上比翼双飞

扬州地处长江与京杭大运河的交汇处，文化底蕴深厚，不仅有"月亮城"这般充满诗情的美誉，还有"扬州八怪"这一源远流长的画风流派。清康熙中期至乾隆末年，扬州地区出现了以金农、郑燮等为代表的众多书画家。他们大多数出身贫寒、生活清苦、清高狂放，一度把扬州绘画推向了高峰。

1922年10月，朱元仁出生在扬州一个小业主的家庭，家境一般。他的父亲朱懋寀和母亲戴素英虽然不是文化高深的人，但他们对朱元仁寄予了厚望。受扬州绘画传统风气的影响，朱元仁自小喜欢笔墨写意。他在中学毕业后，考取了当地一家美术专科学校，一切向着从事绘画艺术道路的方向发展。

但战乱的生活，使朱元仁的父母无暇顾及他的艺术天赋，他不得不面临选择现实。朱元仁16岁那年，便告别家乡来到上海，找到一份实业差事。不久，在堂叔朱懋仁的介绍下，朱元仁来到太平保险公司工作，从此开始了漫长的保险生涯。

1935年，北平学生发动"一二·九"运动，在全国掀起抗日救国运动的高潮。上海各界爱国人士纷纷组织救国会，开展抗日救亡运动。在上海地下党的领导下，先后出现了银钱业联谊会、洋行华员联谊会，影响带动了上海各界开展抗日爱国运动。

1938年5月，在上海保险业进步人士胡咏骐的策划下，抽调银钱业联谊会的林震峰及洋行华员联谊会的程恩树两位地下党员，组建上海保险业地下党。借鉴"银联""华联"的经验，结合保险业的特点，组建成立保险联谊会。

1938年7月1日，在上海西藏路宁波同乡会召开上海保险业业余联谊会成立大会。会议选举胡咏骐、谢寿天、董国清、程恩树、林震峰、关可贵、王中振、朱懋仁、郭雨东组成第一届理事会，郭雨东为理事会主席。

朱懋仁、郭雨东都是来自太平保险公司的人员，加上后来加入的程振魁、王伯衡、丁雪农等太平公司的人员，可见太平保险公司在保联初创时期，有着举足轻重的作用。正是在堂叔朱懋仁的影响下，同在太平保险公司的朱元仁很快也加入了保联这一进步组织，在各种丰富多彩的活动中，年轻的朱元仁总是充满朝气，热血澎湃。

保联利用开展学术、读书、文体等活动，宣传共产党抗日主张和抗日民族统一战线政策，培养进步青年的爱国主义思想，发展共产党骨干分子，举办学术活动，培养保险专家。因此，也可以说，上海是中国人民保险公司的摇篮，也是新中国保险业的始发地。

眉清目秀、高大帅气的朱元仁，很快就被保联的话剧组看中了，成为保联话剧舞台上活跃的明星演员。话剧组不仅是培养话剧艺术演员的摇篮，而且是锻炼革命青年的熔炉，许多进步青年从话剧的舞台出发，走上了开展地下斗争的道路。

程振魁在《活跃在抗战时期的保联话剧组》一文中介绍：话剧组自1938年成立到抗日战争胜利，在漫长的艰苦环境中，始终在地下党的直接领导下，把话剧这门综合性的艺术作为教育群众、团结群众的武器。通过它的活动，宣传抗日救国，揭露社会黑暗，激发广大群众的爱国热情，密切联系一批保险界的青年职员。

1945年抗日战争胜利后，保险界职工举行庆祝大会，保联话剧组上演话剧《宁静的江南》，内容是江南民众艰苦抗日的剧情。徐慧英、程振魁、朱元仁、刘凤珠等参加了演出。演出结束时，全体演员在台上领唱抗日歌曲，所有观众群情激动，起立合唱，持续了20多分钟，久久不肯散去。

在话剧演出中，朱元仁结识了同乡的大家闺秀刘凤珠，她是扬州著名的刘氏经学世家的后代，气质非凡，又内敛含蓄。朱元仁和刘凤珠经常在话剧舞台上出演对手戏，在眉目传情中，自然碰出了爱的火花。

1945年，刚刚23岁的朱元仁，在保联内部秘密加入了共产党。随后，刘凤珠也成为共产党员。他们不仅成为并肩作战、出生入死的战友，而且也成为相知相爱的亲密情侣。而同在话剧组的地下党员徐天碧不仅是他俩的入党介绍人，也是他俩姻缘的牵线人。

二、在太平保险公司举起红色的旗帜

太平保险公司创办于1929年11月，原为金城银行独资开设，投资100万元。周作民任董事长兼总经理，丁雪农、王伯衡（王恩韶的父亲）任协理。1945年改由丁雪农任总经理，李祖模、李文杰任协理。

太平保险公司总部设在上海，先后在全国各大城市及香港、西贡、新加坡、雅加达、马尼拉等地设立分支公司，连同代理处共198处。1933年后，太平保险公司陆续收并安平、丰盛、中国天一等保险公司，成为集团公司。在上海共有职工400多人，成为全国规模最大、实力雄厚的华商保险集团公司。

1945年，国共合作面临破产，内战爆发在即。国民党上海政府执政涣散，通货膨胀，物价飞涨，上海各行业职工的经济斗争此起彼伏。太平保险公司的普通职工工资下降，收入水平悬殊，生活困难加剧。

在太平保险公司的共产党地下组织非常稳固，并设有支部。地下党根据上级的指示，分析了当时政治经济形势及群众情绪和要求，认为在太平保险公司发动经济斗争的条件已经具备，决定从维护职工经济利益出发，发动一次以改善工资待遇为目的的罢工运动，并达到树立共产党的威信、教育团结广大群众的效果。

朱元仁在其所作的《太平保险公司职工的经济斗争》回忆文章中介绍：当时，在太平保险公司工作的上海保险业地下党支部委员程振魁召集太平保险公司的地下党员和积极分子进行秘密商议。朱元仁和廖国英、姚乃廉（姚洁忱）、金家铨、杜伯儒、李锵、董仁民等共同参与了斗争策略的制定和战前动员。

1946年2月，太平保险公司各单位代表40余人召开了准备会议，对罢工斗争进行部署。第二天，在公司食堂召开全体职工大会，250余人到会。会议通过了三项要求：一、工资计算基础从按生活指数的50%提高到70%；二、一律发年奖三个月；三、传递生即行提升为职员。还推举程振魁、金家铨、张少渔为交涉代表，罢工委员会下设组织、宣传、纠察等小组。

太平保险公司总经理丁雪农面对罢工，非常懊恼，蛮横地拒绝了罢工要求。罢工职工集中在食堂，看守大门、封闭电话室，以及动员安平保险公司职工一致行动，以壮大声势。

太平保险公司资方代表丁雪农、李祖模不得不出面谈判，并派社会局处长顾炳元出面调解，还让太平保险公司本部职工陈瑛劝说自己的丈夫程振魁不要领导罢工。罢工持续了三天，声势浩大。

资方最终答应三项要求的第一条缓期考虑，第二条立即实现发放，第三条原则同意，但需经过考试。斗争取得了基本胜利。罢工委员会顺势成立了太平同仁联谊会，朱元仁、金家铨等13人为太平同仁联谊会理事，廖国英为联谊会理事主席。

1946年4月，因为太平保险公司资方一直敷衍推诿答应的罢工要求，对改善工资待遇要求不予兑现。部分员工要求第二次罢工，但参与人数明显下降，党支部分析罢工胜利的可能性不大，建议及时收兵，保存实力再战。

但太平保险公司资方对程振魁、姚乃廉、李锵、严秉中等罢工骨干进行了工作调动，引起广大职工的反对。朱元仁的堂叔稽核科科长朱懋仁为此还向管理层表达了反对意见。

程振魁转到民安保险公司后，廖国英担任了太平保险地下党书记。1948年端午节期间，因为停发奖金问题，引起职工反对。朱元仁、金家铨、李锵等代表向丁雪农表达诉求。丁雪农以公司面临财政困难为由，拒绝了职工的合理要求。职工以怠工形式展开罢工。地下党从政治军事的大局出发，认为斗争目标是打垮国民党政府，对民族资产阶级还要以团结为主，而且考虑到其遇到的实际困难，因此，此次罢工适可而止。

1948年秋，解放军需相继攻占济南、连云港等地，并大举南下，上海也四面楚歌。太平保险公司的资方惶惶不可终日，对共产党的政策采取观望态度，脚踩两只船，见机行事。他们一方面欲把资金转到香港，另一方面宣布解散公司。太平保险公司地下党组织职工斗争，安稳恢复保险市场，迎接共产党接管。

但国民党政府负隅顽抗，加紧实施报复。1948年11月21日，特务机关在太平保险公司门口将下班的廖国英逮捕。危急时刻，上海保险业地下党组织紧急组织撤离，朱元仁等人化妆隐蔽起来。

三、历经风雨　迎接曙光

朱元仁奉命化名朱国文，刘凤珠化名刘敏芬，他俩和汤铭志、姚洁忱等被分配在撤离的第二小组，奔赴苏北解放区。刘凤珠在《去华中党校学习和回上海参加接管工作的回忆》一文中介绍：那时的情景真是惊心动魄，在11月底的一天晚上，他们四人化装成回乡探亲的生意人，随身带着一些糕点杂货，从北站乘火车动身。

由于计划撤退的路线因战斗情况变化已不能使用，要另选新的安全路线。他们又都全部紧急下车，暂时住在亲戚的家里，每天焦急地等待组织的信息。直到12月下旬，他们才再次搭上开往镇江的夜车，换上渡轮，在瓜州上岸。

经过长途跋涉，他们终于到了仪征的一个共产党的交通站，他们十分兴奋，不仅因为这里曾是朱元仁、刘凤珠的家乡，更重要的是他们找到了组织，有了归属感。

由于战争情况不断变化，共产党在苏北的阵地不时向南迁移，而扬州、高邮等地还在国民党的控制下，他们只能绕道六合，曲线前进。一路上，他们在每个站点见到的少年交通员及渡河的老船工，都对他们这群来自敌区的地下党非常崇敬，使他们深受鼓舞。他们终于在12月28日抵达淮阴华中党校。

在党校里，他们与先行到达的徐天碧、唐凤喧及稍晚报到的徐慧英等人一同编入十四队所属的保险小组。大家欢聚一堂，犹如亲人重聚。大家在一起交流思想，接受党的基础理论教育，在革命的熔炉中，经受新的锻炼和考验。

在丹阳学习期间，上海军管会金融处副处长谢寿天与先行抵达的孙文敏、施哲明共同商讨，决定成立军管会保险组。朱元仁与刘凤珠、徐天碧、唐凤喧、汤铭志一同分配在保险组，筹划接管官僚

品行高尚、情趣高雅的保险专家——记中国人民保险公司海外保险业务开创者

1950年，朱元仁（左三举旗者）参加上海国庆活动中的中国人民保险公司工会游行

资本在上海设立的保险企业。他们反复学习军管会有关的方针政策和城市工作条例，拟订保险业接管方案，明确接管范围和对象。

解放军需开进上海后，他们也迅速地进入上海。朱元仁又见到了从监狱里被营救出来的太平保险公司地下党书记廖国英等战友，大家感慨万分。

保险组在金门饭店临时办公，林震峰任保险组组长，孙文敏任副组长，郭雨东协助保险组开展全面工作。朱元仁负责秘书工作，刘凤珠负责审查接管单位的财务账册报表工作，其余的人分工负责接管 24 家官僚资本保险机构。

似乎一切都是新的。伴随着欢庆新中国成立的锣鼓声和高亢的革命歌声，军管会保险组的同志们热火朝天地开展工作，废寝忘食地伏案清算。

1949 年 7 月，为增强复业的保险公司的承保能力，军管会金融处成立了民联分保交换处。1950 年 4 月，在中国人民保险公司华东区公司的引导和帮助下，民联改组，太平保险公司走上了公私合营的道路。

朱元仁和刘凤珠迎接着共和国的新天地，也开启了自己婚姻的新生活，他们一同在太平保险公司工作。朱元仁不仅为恢复涉外保险业务奔忙，也热情地投入公司的共青团、工会的组织建设工作中。

1956 年 8 月，太平、新丰两家合营保险公司合并，宣布成立公私合营太平保险公司，总部迁往北京，负责港澳等地的海外保险业务。

四、开启中国人保海外保险业务的航程

太平保险公司总部迁址北京，当时的天宁寺路 (现月坛北小街) 人保办公楼的大门旁，同时挂着"中国人民保险公司""中国保险公司""太平保险公司"三块牌子。朱元仁一家也奉命进京，在海

1958 年，朱元仁在香港考察涉外保险业务

1959 年，朱元仁（左五）与同事林震峰（左三）等在京合影

朱元仁

1951 年 3 月 18 日，朱元仁参加中国人民保险公司的团支部建立周年纪念大会

1963 年，朱元仁（左二）在雅加达的轮船上

1964 年，朱元仁在印度尼西亚

外保险业务部工作。

1957 年，中国保险公司和太平保险公司在雅加达、泗水有两家分公司，需要派业务干部过去，但印度尼西亚政府不批准。因此，通过驻印度尼西亚的黄镇大使疏通，人保干部以使馆工作人员的名义，在当地人保公司开展业务。

1959 年，中国人民保险公司首次派朱元仁、刘凤珠夫妇到印度尼西亚。朱元仁在我国驻印度尼西亚大使馆商务处工作，对外名义为中国人民保险公司驻印度尼西亚代表。刘凤珠在使馆办公室任会计。

中国保险公司和太平保险公司在印度尼西亚的分公司主要经营财险业务，服务对象为华侨和华裔工商业主。雅加达的保险市场竞争激烈，当地的保险公司经常用降低保费的方式排挤中国的保险公司，但华侨对中国保险公司非常信任。尽管中国保险公司的人员不多，但从没有拖延赔款的发放。

1964 年，朱元仁、刘凤珠在印度尼西亚使馆的任期届满，接替他们的是秦道夫、王淑梅夫妇。

在印度尼西亚工作期间，朱元仁先后接触过黄镇、姚仲明两位大使。作为新中国的第一代外交家，他们二人有着深厚的文化底蕴。因此，他们回国后，分别担任过文化部的部长和副部长。黄镇大使非常喜欢绘画，听说朱元仁也是美校毕业的，闲暇时经常与他在一起切磋绘画艺术，探讨中国画传统美学的趣味。而姚仲明大使擅长文学创作，特别是话剧创作，由于朱元仁夫妇早年在保联演出过话剧，因此，他们也志趣相投，经常在一起观摩话剧。朱元仁回国后，还曾带着子女，前往人艺剧场观看姚仲明大使创作的话剧《记忆犹新》。

朱元仁女儿朱建平向我介绍：在她的眼里，父亲可以称为美食家，不仅懂吃、会吃还会做。她多次听父亲说过他的手艺得益于到印度尼西亚工作。那时使馆的厨师擅长淮扬菜，每到周末休息，朱

守望

庚午初秋
朱元仁画

朱元仁绘画作品

品行高尚、情趣高雅的保险专家——记中国人民保险公司海外保险业务开创者

1964 年，朱元仁出访法国时在巴黎圣母院前

元仁都会进厨房跟厨师学手艺。像淮扬菜中的狮子头、煮干丝、冬瓜盅、蛋饺、全家福等朱元仁都做得有模有样，色香味俱全。回国后，这些菜谱，也成为他家待客或年节团聚时的经典"保留节目"。

五、拨亮人保涉外业务的羸弱火种

朱元仁从印度尼西亚回国后不久，就被派往沈阳，参加四清运动。

1969 年，朱元仁、刘凤珠去了河南淮滨五七干校。不久，朱元仁作为业务骨干，先期调回北京财政部，在保险组继续开展涉外保险业务。朱元仁凭借多年在涉外保险业务领域工作的经验，在那个人才饥荒的年代，成为人保的顶梁柱专家，与中国人民保险公司一同举步维艰地前行，延续着中国人民保险公司仅存的海外保险业务，呵护着羸弱的火种。

1979 年，中国人民保险公司恢复国内保险业务。朱元仁与昔日的战友先后归队，信心百倍地迎接中国人保海外保险业务的春天。他先后任海外保险业务部、再保险部的处长等职。

其间，朱元仁先后出访过日本、美国、法国、赞比亚、坦桑尼亚等国，考察保险业务事宜，为中国人保开办海外机构铺路搭桥。

随着改革开放，中国人保迎来了海外保险业务的勃勃生机。朱元仁为海外保险机构恢复设置和海外保险业务的铺展全身心地忘我工作。当时，海外机构有中国保险公司香港分公司、澳门分公司、新加坡分公司、太平保险公司澳门分公司、新加坡分公司，香港民安保险公司等。随后又成立了亚洲再保险公司、中美保险公司、民安保险公司海外公司、中国保险（英国）股份有限公司等。

在朱元仁积极推动下，自 1979 年以来，中国人保陆续接受了 8 家外国船东保赔协会为中国地区的保赔通讯总代理人，代表各协会

1974 年，朱元仁（左二）与杨企勤（左四）在雅温得与喀麦隆友人合影

处理入会船舶在中国境内发生的保险责任范围的案件。这既扩大了中国人保的国际影响，又维护了国内有关方面由于海外船舶责任遭受经济损失的赔偿权益。中国人保以其强大的经济实力和良好的资信作为保证条件，赢得了海外保险界和国内海运界的信赖。

当时再保险业务也是日益增多，朱元仁与保险专家一同设计开发再保险新险种，为中国对外经贸活动保驾护航。当时再保险经营的险种有船舶险（包括邮轮险、渔船险、船舶建造险）、海洋及航空货物运输险（包括展览品、贵重物品运送险）、国际航线机队保险（包括直升机险）、建筑工程保险（包括安装工程险、机器损坏险、锅炉爆炸险）、海洋石油勘探及开发保险、财产保险及有关责任保险、人造卫星发射保险、核电保险九大类。

如今回忆起来，那段时光见证了中国人保发展的奇迹，可以算是人保涉外保险业务、再保险业务发展的一段美好的时光。

1982 年，中国人保成立投资公司，开拓保险市场新领域，朱元仁任总经理，开始自己新的人生旅程。朱元仁面对陌生的投资行业，倾心观察、摸索，大胆探索实践。为投资常州中联大厦一事，他多次到常州出差，与当地保险公司接洽，这也是中国人保第一次尝试投资房地产业务。

1984 年，中国人保为配合迎接香港的回归，加快发展海外保险业务，朱元仁被任命为人保公司驻港澳办主任。

六、让高贵的爱呈现在日常生活中

1984 年，朱元仁的夫人刘凤珠检查出肝硬化，身体状况十分不好，只好提前办理了离休。朱元仁为了照顾患病的夫人，毅然决然地辞去了还没有上任的人保公司驻港澳办主任，也办理了离休手续，专职在家扶持、陪伴夫人，体现出夫妻恩爱的高尚情操，这或许在今天，都是不被人理解的行为。

说起朱元仁对夫人、对子女、对家庭的关爱，故事还有许多。朱元仁的女儿对我的讲述，让我感动得近乎落泪。

朱元仁与刘凤珠是相濡以沫的夫妻，他们早年在上海滩就是地下党，可以说，他们是从血雨腥风中走过来的战友，在开创中国人保事业的征程中，他们又是志同道合的同志。

朱元仁夫妇在工作中有默契也有争执，有时周末在家休息，他们也会讨论发生的特殊保险案例，纠结某件具体赔案的全险、附加险、海损的内在概念。在刘凤珠为大连海运学院和中央财金学院讲授保险课程期间，朱元仁协助刘凤珠在家备课，他总是第一个听众，仔细聆听刘凤珠的教学演练，并以"挑剔"的眼光找出毛病，提出改进意见，刘凤珠则虚心接受，不断充实、改进和完善教材和教程。

1985 年，朱元仁、刘凤珠夫妇合影

1964 年底，朱元仁的母亲因癌症扩散医治无效在家去世，朱元仁在沈阳参加四清运动，不能请假。刘凤珠代替丈夫为婆婆处理后事，她亲自为婆婆穿上寿衣，送上最后一程。

朱元仁喜欢吃香蕉，刘凤珠每次参加广交会回来，都会带上好几大把香蕉，足足有二三十斤重。他的女儿记忆深刻的是：那时候可没有轱辘旅行箱，都是刘凤珠下了火车，倒 103 路无轨电车拎回家的。

刘凤珠晚年患病后，做了食道静脉的硬化手术，进食常常困难，虽然家里有保姆，但朱元仁总是亲自料理夫人的饮食，单独给她做菜、煲汤、包馄饨，看着她吃踏实了，自己才用餐。

朱元仁一家从 1956 年搬入月坛北小街 5 号保险公司宿舍居住，一住就是 40 年。那时，他们也想搬家，改善住房条件，但是朱元仁首先考虑的是住在这里，夫人去人民医院就诊看病更方便，因此放弃了许多次调整住房的机会。

1991 年 11 月，朱元仁因胃部不适，被同仁医院诊断为心肌梗死，被立即收治住院。当时，子女不敢把这个消息告诉母亲，只是告诉她，父亲血化验指标有些异常，医院只是留父亲住院，做一下全面检查。

其实刘凤珠心里很明白，医院是不会轻易留人住院的，而且不是重病，怎么会需要家人陪住呢。为了让刘凤珠放心，朱元仁每天给夫人写一张纸条，表示自己一切都好，要她放心，刘凤珠也会回复一纸问候，并报自己平安。夫妻间你来我往的纸条，搭建起了一段多么奇特的两地书鹊桥！

过了一段时间，朱元仁仍未出院回家，此时刘凤珠的精神彻底崩溃了，住进了人民医院。子女三人轮班倒换照顾她，一人晚上在人民医院值班，一人晚上在同仁医院值班，一人晚上休息。

为了不让朱元仁操心，刘凤珠不让子女们把她再次住院的消息告诉父亲。他们两人依然彼此上演着这种互相善意隐瞒的"两院书"

式的互相问候。不久，朱元仁便从子女们陪住时的状态发现了端倪，他发现子女们每每从母亲处值夜归来，非常疲惫，而在自己这里值夜班时都会睡得很香，可见夫人的病症很重。

1992年1月，刘凤珠发生了肝昏迷，不能再给丈夫写纸条了，子女们也就无法再隐瞒真相。朱元仁知道夫人来日不多，更加惦念夫人的病痛。

刘凤珠从昏迷醒来后，时常向子女"抱怨"："这次住院你们老爸没来看望过我！"子女们从家里拿来了一张全家福的合影，放在她的枕头底下，告诉她："老爸也想你，等你好了就会来看你。"

1992年1月16日，刘凤珠永远摆脱了病痛的烦恼，带着没有见上朱元仁最后一面的遗憾去世了。医院不同意子女把刘凤珠病逝的消息告诉朱元仁，更不允许他出院去参加告别仪式。

1995年6月，朱元仁因心肌梗死去世，享年73岁。有人曾预言恩爱的老两口走了一个，另一个能挺过三年就算过了这道坎，朱元仁终究还是没能迈过这道坎。朱元仁生前为自己和夫人选择了香山附近的金山陵园，此时，他们终于可以再次团聚了，在天国一起相伴，相守永远。

朱元仁对子女同样有爱。1968年，大儿子朱卫平去山西插队，生活艰苦，经常吃不上白面。每次儿子回京探亲临走前，朱元仁都会辛辛苦苦地给他做几瓶子肉炸酱。

女儿朱建平在北京国棉一厂细纱车间当挡车工期间，经常三班倒，下了中班，乘车到家已是夜里11点多钟，在漆黑的深夜，一进月坛北小街5号的大院，远远就能望见朱元仁的房间总是亮着一束等候她的灯，那是一盏从心里散发出的温暖的光芒啊。

在工厂工作那段时间，女儿朱建平心血来潮想学拉手风琴。在当时计划经济的票证时代有些东西是有钱也未必能买到的。朱元仁为了满足女儿的爱好省吃俭用，想尽办法，托人买到了一架天津出的鹦鹉牌手风琴，这是当时他家最值钱的东西。朱元仁还请来王恩韶的大女儿王家燕教朱建平拉手风琴。20多年后，朱建平的儿子学手风琴，也是用的这架琴。

朱建平回忆起自己的父亲，非常倾慕。说朱元仁非常有气质，头发总是一丝不乱，穿着永远都是干干净净、整整齐齐。他经常说，人穿衣服关键在领、袖，因此他的衣服无论多旧，都要熨烫得服服帖帖，特别是领、袖的部位，裤线永远笔直。他非常在意自己的形象，即使是重病住院，每天胡子也绝对刮得干干净净。

朱元仁一生爱整洁，东西摆放有规律，连皮夹子里的钱都是按面值大小整齐放置。以致在他每次出差回来前，子女们都会在母亲的带领下，突击大搞卫生。

朱元仁喜欢打桥牌，他家经常是牌场，王恩韶、李锵、李嘉华等人是常客，朱元仁喜欢的是自然叫牌法。

从江南小镇到英伦三岛——记中国人民保险公司旗下中国保险（英国）有限公司第一任董事长

姚洁忱

1979年，中国人民保险公司沐浴着改革开放的春风，复苏成长。开始恢复国内保险业务，新中国保险业的历史翻开了新的篇章。姚洁忱积极地参与重建的工作。

在中国人保早期创建者的队伍中，许多人存在着姓名变更的现象，这是一个特殊的历史原因造成的。中国人保早期的创建者，大多也是革命的仁人志士。有的为了在战争年代隐藏地下党的身份，采取了隐姓埋名的手段；有的是家族遗传的名号，参加革命后的变更。比如，林震峰原名吴震峰，阎达寅曾用名阎燕军，孙继武原名为孙克强，胡景澐曾用名胡福湘、曾化名胡竹轩，程仁杰原名为程人杰，刘凤珠曾化名刘敏芬，朱元仁曾化名朱国文……我这里要记述的姚洁忱，原名为姚乃廉。

一、从私塾学堂到沪江大学

1921 年 11 月 24 日，姚洁忱生于浙江省湖州市南浔区双林镇。

双林镇历史悠久，是江南水乡著名的古镇。它深深根植于水乡环境和水网体系中，如今呈现出一种介于乡村和城市之间的人类聚集地和经济网络空间的特色。

昔日沿河而建的米行埭、港北埭、西荡埭、坝桥埭和木匠埭等依然保留着传统的街巷格局和建筑风貌，较完整地体现出江南水乡古镇"天人合一"的环境特色，散发着原汁原味的生活气息和各种历史文化信息。双林镇钟灵毓秀，名人荟萃，有着"九里三阁老，十里两尚书"之称。

在双林古镇区中，以"三桥"为代表的桥文化景观具有较高的历史价值和文化品位，成为"江南古桥留存集中区"的代表。而姚家祖居的地址，就与桥名有关。当年寄信写上"双林镇顾家桥榆树下"，就可收到。

姚洁忱的祖父姚子舫（名永培，18？？—19？？），父亲姚萍舟（名建锺，18？？—19？？），在他俩的姓名中含有"舫"和"舟"，

双林古镇区中，以"三桥"为代表的桥文化景观具有较高的历史价值和文化品位

似乎都和船有关。姚家祖居既不靠海也不靠江，哪能有船呢？经考证才发现，原来姚洁忱的祖父姚子舫是通过信件来往，经常与远在海边的船东、渔夫联系，包租渔船出海捕鱼，然后批发出去。客户离故居也很远，故一切经营活动均通过信件来往。这有点像现在的网店，坐在家里做生意。可那时没有网络，他只能手写书信了。据有老人回忆，他是用毛笔写的，而且是很工整的楷书。久而久之，姚子舫练就了一手好字。

可是，在姚萍舟 14 岁那年，姚子舫包租的渔船出事了，损失很大，造成家庭经济困难。为了减轻家庭负担，姚萍舟不得不放弃学业，外出当学徒。

姚萍舟先在嘉兴一家叫裕昌腌腊鱼行打工，后来到一家浙江地方银行做仓库保管员。他从最底层做起，逐步升至银行高级职员。

姚洁忱的母亲沈信之，出生于当地的农家。沈信之没有上过学，但善于苏式刺绣，并烧得一手好菜。

姚萍舟夫妇生有三个孩子，老大姚乃廉（后改为姚洁忱），老二姚乃孝，第三个是女儿，名为姚乃贤。三人名字中"廉""孝""贤"，体现出他们对传统品行的重视。

双林镇虽然水路纵横，但当时仍属于交通不便的乡下，讲究的家庭还是要把孩子送出去求学。当时，传统的私塾和新办的小学并列同存于广大乡村。姚洁忱7岁开始上学，小小的年纪，就在私塾和公学之间，在本乡和外地之间不断转学。不长的时间内，竟转学了五次，可见父母的用心良苦。

姚洁忱首先被送到本镇的丝绢小学学习。1930年，小学还没有毕业，他就被转学到本镇的一家私塾。

1933年，姚洁忱考上东吴大学附中小学补习班。东吴大学创立于1900年，是中国第一所西式大学。大学本部设在苏州，附中设在湖州，离双林镇数十公里。姚洁忱当时只有13岁，年龄较小，故读了一学期就退学了，并回本镇蓉湖小学继续学习。

1935年，姚洁忱再次回到私塾。同年，姚洁忱去嘉兴考中学，没有考上，就插入嘉兴中学附小补习。1936年，他终于考上嘉兴中学。嘉兴中学至今还是当地的名校。考入嘉兴中学的姚洁忱兴奋不已。

1937年，"八·一三"事件爆发，日军进攻上海，杭州、嘉兴、湖州一带相继沦陷。日军扔的炸弹就落在姚家祖居上，炸毁了一大半房屋。姚洁忱目睹了这一切，让他感悟了丧失家园之痛。

1938年，嘉兴中学向浙东撤退，姚洁忱没有随行，返回双林镇，辍学在家。不久，姚洁忱随父亲逃难到上海。一家人在天津路借住。天津路位于公共租界的中区。公共租界原有的北区和东区已由日军占领。公共租界的主体部分中区、西区及西部越界筑路区域分别由英国、美国等国军队防守，继续在战争中保持中立达四年之久。这

姚洁忱幼年（左四）与父母合影

从江南小镇到英伦三岛——记中国人民保险公司旗下中国保险（英国）有限公司第一任董事长

中学时期的姚洁忱

就是历史上有名的"孤岛"时期。此时的"孤岛"挤进了40万名中国难民，生活非常艰难。不久，姚洁忱患上了肺结核，最后用上进口针剂才治好。

天津路的东面就是黄浦江，江面上有日军的炮舰。天津路的北面是苏州河，有河南路桥、四川路桥通往北区，桥上往往有手拿刺刀的日本兵把守。姚洁忱没有惧怕敌人的炮舰和刺刀，继续奋发学习。1938年，他来到华东基督教中学上学。后又在中法国立工学院法文预备班上学。1939年，姚洁忱先后在来生股票公司、利济股票公司当实习生，但他依然没有放弃学业，在中华第二职业补习学校夜校学习。仅仅用了两年时间，他不但学完了中学课程，还学习了英语和法语。1940年，姚洁忱终于考入上海沪江大学城中区商学院上夜校。沪江大学距离天津路不远，姚洁忱每天工作结束，赶回家匆匆忙忙地吃上一口饭，便赶到学校上夜课，直到1945年毕业。

沪江大学是美国人办的教会大学，是在日伪统治下允许开办的少数大学。学校的英语课程是由外国神甫亲自授课。姚洁忱曾描述这样一个情景：几个学生围绕一个神甫，坐在草坪上一边聊天一边上课。这种西方的授课方式，看似轻松而浪漫，其实他们是出于无奈。因为沪江大学的大批校舍被日军占用了。学校当时开展的抗日救亡运动，姚洁忱深受影响。

二、从"保联"会员到地下党员

1941年6月，姚洁忱进入丰盛保险公司工作，从此，开始了毕生的保险生涯。1949年以前，在上海的私营保险公司均以经营火险为主。丰盛保险公司作为一家私营保险公司，当然也不例外。在丰盛保险公司工作期间，姚洁忱主要做一些如保单缮发、危险查勘、

从江南小镇到英伦三岛——记中国人民保险公司旗下中国保险（英国）有限公司第一任董事长

姚洁忱与倪唯珍的结婚照

地段限额管理和展业等具体工作。这些具体工作需熟悉火险费率的规定和条款的运用，姚洁忱由此获得了火险的基本知识和经验。

进公司后不久，姚洁忱就加入了上海保险业业余联谊会（以下简称保联）。保联是上海保险业地下党最早的外围组织。保联利用开展学术、读书、文体等活动，宣传共产党抗日主张和抗日民族统一战线政策，培养进步青年的爱国主义思想，发展共产党骨干分子。在上海沦陷时期，保联继续组织丰富多彩的文体等活动，振作广大职工的精神，冲淡部分群众的消沉情绪。

从姚洁忱留下的老照片中可以看到这种变化。刚逃难到上海时，照片中的姚洁忱蓬头垢面，穿的是一件旧长衫。进公司后，照片中的姚洁忱已换上西装、领带，精神面貌大有改观。这张穿西装的照片不久转到故乡双林镇，被一位叫倪唯珍的姑娘相中。倪唯珍1925年5月4日出生。父母都是绍兴人，来湖州经商，后定居双林镇。1943年3月8日，姚洁忱和倪唯珍在苏州举行婚礼，喜结良缘。倪唯珍在九十岁高龄时，在翻阅老照片时笑着说，她是通过照片相中姚洁忱做终身伴侣的。因为她当时注意到照片中的姚洁忱，衣领干净、挺括，凭这一点，她觉得姚洁忱一定是一个有修养有担当的男人。姚洁忱没有辜负新娘的期望，他白天上班，晚上去夜校读书，同时也开始关心政治，关心国家的命运。在他当时购买的书中，已经有政治方面的，甚至还有《资本论学习大纲》这类进步书籍。他还经常到保联阅览室借阅进步读物，参加思想讨论。他从阅读《西行漫记》《大众哲学》等书籍开始，得到共产党的启蒙教育。

1945年1月，姚洁忱进入太平保险公司工作。当时的太平保险公司是上海保险业地下党活动的重要阵地。上海保联的负责人朱懋仁、郭雨东、程振魁、朱元仁、王伯衡、丁雪农等都是来自太平保险公司的，可见太平保险公司在保联初创时期，有着举足轻重的作用。在这些人中有地下党员，也有进步青年。在他们的影响带动下，姚洁忱积极参加各项政治活动。

1945年8月15日，日本宣布无条件投降。饱经战争创伤的广大人民渴望和平，反对内战；要求民主，反对独裁；反对迫害，争取自由。在爱国人士陈巳生的推动下，保险业职工酝酿组建"上海保险界民主促进会"，并推举蔡同华、沈润璋、姚洁忱三人负责。于1946年3月，他们假南京路劝工银行大楼举行成立大会，出席会员80余人。马叙伦、陈巳生到会演讲。"上海保险界民主促进会"成立后，姚洁忱积极参加在保险界内开展的宣传教育活动，同时也参与社会各界的运动，支援学生界的反饥饿、反迫害的斗争。

1946年，国共合作面临破产，内战爆发在即。国民党上海政府执政涣散，通货膨胀严重，物价飞涨，上海各行业职工的经济斗争此起彼伏。太平保险公司的普通职工工资指数下降，工资悬殊加大，生活困难加剧。太平保险公司地下党根据上级的指示，分析了当时政治经济形势以及群众情绪和要求，认为在太平保险公司发动经济斗争的条件已经具备，决定从维护职工经济利益出发，发动一次以改善工资待遇为目标的罢工运动，并达到树立共产党的威信，教育团结广大群众的效果。

据朱元仁在其所作的《太平保险公司职工的经济斗争》回忆文章中介绍："当时，在太平保险公司工作的上海保险业地下党支部委员程振魁召集太平保险公司的地下党员和积极分子进行秘密商议。朱元仁和廖国英、姚乃廉（姚洁忱）、金家铨、杜伯儒、李锵、董仁民等共同参与了斗争策略的制定和战前动员。"在如火如荼的斗争中，姚洁忱得到了烈火一般的历练。

1946年3月，经济斗争胜利后，太平保险公司火线发展姚洁忱、金家铨为新党员。姚洁忱的入党介绍人是程振魁。当时任中国共产党上海保险业支部的支部书记林震峰亲自到姚洁忱的家里，与其进行了入党谈话。

1946 年 5 月，太平保险公司从外单位转入廖国英、杜伯儒 2 位党员，共有 8 名地下党员，党的力量得到了加强。于是，太平保险公司成立了地下党支部，书记由程振魁兼任，保险业支部上级联系人仍为杨世仪。

太平保险公司资方不甘心失败，对在罢工中暴露出来的骨干程振魁、姚洁忱、李锵、严秉中等人进行工作调动，以惩一儆百，瓦解职工队伍，引起广大职工的反对。党支部做了研究，为了鼓舞斗志，决定程振魁拒绝调动，其他人员做好保存实力的准备。

1946 年 6 月，姚洁忱被迫离开上海，转到太平保险公司汉口分公司工作。1947 年，姚洁忱调入在汉口的新丰保险公司工作。

三、从策反内线到接管要员

1947 年 10 月，姚洁忱回到上海，潜伏待业。在上海保险业地下党书记林震峰的领导下，姚洁忱再次回到了斗争前线。

在待业期间，姚洁忱参加了保联的舞蹈组。保联的文体活动非常丰富，曾开设话剧组、歌咏组、口琴组等，但是舞蹈组还是第一次，是在 1947 年 6 月刚开始的。舞蹈组学习的是民族舞，如《垦春泥》《山那边呀好地方》《走西口》等。这些舞蹈都是抗战时期大后方文艺工作者创作的。据舞蹈组的高斐、顾也文回忆，经常来参加学习的人中有刘凤珠、姚洁忱等。他们在回忆中写到，他们为舞者中有两名地下党员，而感到自豪。

1948 年 1 月，姚洁忱进中国工商联合保险公司工作，继续开展火险业务。为了便于中文打字，姚洁忱大胆地设计了火险保单新的格式，并得到推广，从而提高了工作效率。

1948 年 8 月开始，国民党反动政府发行金圆券，大肆搜刮民间财富。在保险业支部的推动下，1948 年 10 月 22 日在保联图书室举办了关于金圆券的座谈会。姚洁忱作为中国工商联合保险公司代表参会。另外有中国保险公司、大信保险公司等公司代表参加。参加人员虽不多，但他们所在的公司，既有外商企业，也有官僚资本和民族资本的企业，具有广泛的代表性。会上对国民党的金圆券政策进行了抨击。这次座谈会的内容后来在《保险知识》杂志上公开发表。

1948 年 11 月 21 日，国民党特务机关在太平保险公司门口，将下班的廖国英逮捕。危急时刻，上海保险业地下党组织紧急组织撤离。

姚洁忱、朱元仁、刘凤珠、汤铭志 4 人被分配在撤离的第二小组，奔赴苏北解放区。据刘凤珠在《去华中党校学习和回上海参加接管工作的回忆》一文中介绍：那时的情景真是惊心动魄，在 11 月底的一天晚上，他们 4 人化装成回乡探亲的生意人，随身带着一些糕点杂货，从上海北站乘火车动身。

由于计划撤退的路线因战斗情况存有危险，已不能使用，要另选新的安全路线。交通员指挥他们全部紧急返回，朱元仁、刘凤珠、汤铭志暂时住在汤铭志在上海的亲戚家里，姚洁忱另找地方居住，等待组织撤退的命令。

情急之下，姚洁忱找到了他的舅舅沈兆福家里。沈兆福是粮油店的店员，收入较低。他在打浦桥棚户区找了一处房子居住。上海人所说的棚户区就是贫民区，居住条件极差，人口密集。舅妈为了保护外甥，常常把姚洁忱反锁在家里。她自己在邻居家打麻将，实际为外甥望风。

姚洁忱因身份并没有暴露，最终被留在上海，而没有随第二小组奔赴苏北解放区。他与林震峰一起被调入共产党上海局策反小组，做争取国民党军队的起义投诚工作。

1948 年 11 月，上海局成立了策反工作委员会，书记张执一。1949 年 3 月，张执一离开上海，策反委由沙文汉领导。策反委的主要任务是争取挽留国民党政府文武官员和上层人士不去台湾，收集各种军事情报，在可能的条件下策动国民党军队官兵起义。

在调入策反局以后，林震峰和姚洁忱在打浦桥电车站见过一次面，商量如何开展工作。

不久，姚洁忱根据林震峰的指令，只身一人去虹口公园和国民党军官秘密接头。经商议，姚洁忱准备潜入该军官所在部队，然后去苏州策动一次起义。后因该军官突然被调离上海，起义计划被迫中止。

1948 年 12 月，经林震峰联系，姚洁忱化名姚骏，军衔为上士，潜入地处虹口的淞沪警备旅，实施策反工作。该警备旅后来又调防到浦东。国民党部队在上海周边构筑大量钢筋混凝土碉堡，这些碉堡与碉堡之间构成的交叉火力网固若金汤，阻挡了解放军进攻上海的步伐。姚洁忱随警备旅调防到浦东后，及时收集浦东地区的碉堡布置等军事情报向林震峰汇报。

1949 年 3 月，一位被策反的国民党军官暗中对姚洁忱说：你要尽快离开，不然就和我们一起去台湾了。经组织上同意，姚洁忱及时撤离该部队，回到家中。

回家后不久，经林震峰介绍，姚洁忱与招商局码头的一个把头联系上，不断刺探国民党部队撤退台湾的情况。

1949 年 5 月 12 日，中国人民解放军第三野战军主力发动了"上海战役"，对国民党重兵据守的上海市进行了城市攻坚战。1949 年 5 月 27 日，上海国民党守城部队投降，上海解放。

翌日，上海及时成立军管会，保险业地下党谢寿天任金融处副处长，他率领留守上海的保险业地下党人员与从苏区归来的地下党人员会合，成立军管会保险组。林震峰任保险组组长，孙文敏任副组长，郭雨东协助保险组全面工作。姚洁忱、施哲明、吴越、廖国英、朱元仁、刘凤珠、徐天碧、唐凤喧、汤铭志等纷纷穿上军装，一同分配在保险组，姚洁忱任联络员。

保险组要员一方面对上海金融、保险行业的资本家宋汉章、周作民、丁雪农等进行留在上海的劝解工作；另一方面，他们积极筹划接管官僚资本在上海设立的保险企业。他们反复学习军管会有关的方针政策和城市工作条例，拟定保险业接管方案，明确接管范围和对象，分工负责接管24家官僚资本保险机构。姚洁忱主要负责接管中央信托局产物保险处和人寿保险处。

四、从北京创业到香港扬帆

1949年8月，由陈云主持，在上海召开了由华东、华北、华中、东北、西北5个地区的财政、金融、贸易等部门领导参加的财经会议，会议正式提出创建中国人民保险公司的建议。

上海财经会议结束后，中国人民银行总行以原有储蓄处干部为基础，并从上海调两批有保险经验的干部北上开始筹备。

上海军管会保险组即兵分两路，留守上海和支援北京，郭雨东与陶增耀、姚洁忱、戈志高4位党员带领从接管单位挑选出的30多位思想进步、业务熟悉的中青年积极分子奉调先期赴京，参与筹建中国人民保险公司，奠定筹建的框架基础，参与准备保险成立大会。后来总公司各业务部门需要负责人，上海则动员各大公司的高管人才陶声汉（原中国人寿保险公司经理）、蔡致通（原保险事务所所长）、薛志章（原太平保险公司业务处副处长）、林正荣（原人保华东区分公司副经理）、陶笑舫等赴京出任。

1949 年 9 月 25 日，姚洁忱参加了为组建中国人民保险公司成立召开的第一次全国保险工作会议。

1949 年 10 月 1 日下午，首都 30 万军民齐集天安门广场隆重举行开国大典。因为中国人民保险公司是由中国人民银行总行负责筹建，故姚洁忱和上海来的两批同志有幸加入了中国人民银行总行的队伍，进入广场，聚集在天安门城楼下。他们所处的位置，相当于观礼台的位置。下午 3 时整，在国歌声中，毛泽东主席亲自升起第

1949 年，穿军装的姚洁忱

一面五星红旗，庄严宣告中华人民共和国中央人民政府正式成立。姚洁忱在日后的回忆中写道：亲自经历了这伟大的场面，万分激动、兴奋，终生难忘。

1949年10月20日，中国人民保险公司宣布正式成立。姚洁忱先是在总公司检查室工作，参加拟定了"经纪人管理办法"。以后，他被调入海外保险业务处工作，任副科长。在海外保险业务处工作时，姚洁忱主要管理水险业务。当时水险的基本条款是采用伦敦学会条款。但是有些附加险条款，如香港、九龙的存仓火险扩展条款和费率，应由公司自己拟定。姚洁忱当时参与了这些工作。他积极发挥自己的英语、法语知识，为涉外保险条款、合同、法规文献的制定和翻译作出了贡献。在开展合理化运动时，姚洁忱提出"水险保单"格式的合理化建议，被公司采纳。1952年，在公司开展工作竞赛中，姚洁忱被评为"二等模范"。他的夫人倪唯珍经过文化速成班学习，进步较快，不久也进入人保公司工作，成为又一对保险伉俪。

1954年6月，姚洁忱被派往香港，担任中国保险公司香港分公司副总经理。当时香港的国民党特务非常猖獗，台湾保密局在香港专门设立了情报站。为了适应新的斗争需要，姚洁忱在去香港之前，就将地下党身份的"姚乃廉"改成现在的姓名，并一直沿用至今。1955年，夫人倪唯珍也调到香港。根据外派人员纪律，他们的三个子女不能同往，故留在了上海。

1949年以前，中国保险公司在香港设有总驻港处，在伦敦设有办事处。此外，在香港和海外还设有9处分支机构和代理处，其分布地点为香港、西贡、曼谷、马尼拉、新加坡、雅加达、泗水、吉隆坡和槟城。1949年后，香港和海外的保险业务，在中国人民银行总行的统一领导下，逐步纳入了国家统一管理的轨道。

当时，中国保险公司香港分公司的经营业务主要以水险为主。

1949 年，穿军装的姚洁忱

其业务来往主要是依靠经纪人，以致造成保费拖欠、赔款严重的局面。姚洁忱上任之后，提出了两条改进措施：一是培训人员，发展直接业务；二是大力发展火险业务。经过努力，逐步改变了局面，公司的经营业绩有所上升。

　　1956 年，中国人保在北京召开海外保险公司经理会议，还邀请

姚洁忱和夫人倪唯珍合影

姚洁忱和夫人倪唯珍合影

海外公司经理及夫人回国观光。姚洁忱率领香港保险人员回到北京。会议代表在中南海受到毛泽东、周恩来的接见。廖承志主持会见，他的母亲何香凝坐着轮椅参加了会见，她送给了姚洁忱一幅画作。10月1日，全体代表登上天安门观礼台，出席国庆盛典。

1960年3月，姚洁忱调往澳门，在中国银行澳门南通银行任经理。该行以前是以国内出口贸易服务为主业，常有亏损发生。为了改变这种情况，姚洁忱通过调研，大胆提出改进方案。在为国家提供外汇资金、为社会主义建设服务的指导思想下，主要提出以下几点措施：

一是扩大宣传力度，增设办事机构，以大力发展储蓄业务，壮大资金力量。

二是发展放款和投资业务。

三是改进会计工作，草拟了"南通银行会计制度"。

四是将中国保险公司澳门代理处，改为澳门分公司，以发展保险业务。

通过以上措施的实施，银行增加了收入，改善了经营成果，扭亏为盈，为以后的发展创造了条件。

1964年6月，姚洁忱回北京参加海外中国银行经理会议。姚洁忱就澳门南通银行发展储蓄存款的经验，作了交流发言。周恩来总理在会议期间接见了全体代表。周总理听说姚洁忱来自澳门南通银行，略有所思地问道：南通银行和江苏的南通有关联吗？姚洁忱回答说：没有。这回答可能让总理有点失望。周恩来总理1898年出生于江苏淮安，在江苏这片土地上度过了12个春秋。南通邻近淮安，当总理听到"南通"两字后，引发了他的思乡情怀。

姚洁忱在香港、澳门期间，除了做好金融保险本职工作外，还配合统战部门，做了大量工作。

1967年11月，姚洁忱回到北京，在中国银行总行营业部任职。

廖承志的母亲何香凝送给姚洁忱的画作

1969 年，姚洁忱到淮滨五七干校劳动，像当时的广大保险干部一样，接受思想改造。当时姚洁忱夫妻和孩子，成为干校的一大家子。

1972 年 4 月，姚洁忱从农场回到北京，在中国人民保险公司再保处任副处长。

五、从北京复苏到伦敦远洋

1979 年，中国人民保险公司沐浴着改革开放的春风，复苏成长。开始恢复国内保险业务，新中国保险业的历史翻开了新的篇章。姚洁忱积极参与重建的工作。

1982 年，中国人民保险公司总公司决定与中国银行合资在伦敦筹建中国保险（英国）有限公司。

1983 年 3 月，姚洁忱赴伦敦任中国人民保险公司驻伦敦联络处首席代表，并负责筹建中国保险（英国）有限公司。在他之前的首席代表分别是于葆忠、潘履孚、郭德纯。

据姚洁忱在自己的回忆文章《在英国建保险公司三部曲》中介绍，筹建工作自 1984 年开始，大致可分为三个阶段。

第一是注册登记阶段：依据《英国公司法》，在伦敦筹设保险有限责任公司，须先向公司注册部门办理登记注册手续。

在向该部门申请时，应提供的文件有：公司章程，说明公司内部组织情况；公司备忘录，说明公司业务经营范围；资本申请表。实收资本为 250 万英镑，中国银行为 40%，中国人保为 60%；公司董事和秘书名单。

上述文件经由姚洁忱与律师协助起草，1983 年 5 月报送注册登记部门，同年 10 月获批准。

在伦敦时期的姚洁忱

第二是董事会的组成阶段：最初，中国人民保险公司与中国银行商定为 5 人，其中中国银行 2 人，中国人保 3 人。但在英国市场，有关新设保险公司的业务经管，必须经贸易工业部的批准才能开业。

该部下设保险科。有关董事会的组成，该科负责人表示，必须要由英国从事保险业务经营管理 5 年以上有经验的人员参加。后虽经律师与该科多次协商，希望能采取如聘请顾问等做法，但该科仍坚持原来的意见，并对"具有伦敦市场的经验"的含义做了进一步的说明。

于是，姚洁忱建议董事会由 3 人组成的方案，即中国银行 1 人，中国人保 1 人，"当地人" 1 人。报经总公司同意后，与保险经纪人威立斯联系，由其介绍韩恩德（Hand）为中国保险（英国）有限

姚洁忱在国外

庆祝新中国成立十五周年

姚洁忱在马克思墓前

姚洁忱在国外

公司的董事兼副总经理。1984 年 6 月，董事会的组成问题经过一年的时间，终于解决了。

第三是申请营业阶段：公司规划在创办初期以开展华侨的财产保险业务为主，例如家庭财产险、商店综合险、汽车险和水险等。但在伦敦市场上，有关这类财产险的保单、条文和费率无统一的规定，而是由各家保险公司自行制定。因此，在筹组董事会的同时，就对这方面的情况做些了解，并着手制定自己的有关主要险种的保单格式、条文和费率，为开业做准备。

1984 年 12 月 6 日，中国保险（英国）有限公司召开第一次董事会，中国银行和中国人保分别拨发部分资本金，申报材料准备就绪。

1985 年，中国人保总部派李良温和刘利民前往香港，见习香港保险市场，因为香港与英国保险相关规定基本一样。随后，他们从香港赴伦敦，协助姚洁忱筹建中国保险（英国）有限公司。

1985 年 10 月 1 日，中国保险（英国）有限公司签发了第一份财产保险单，标志着正式营业。公司以服务当地华侨为基础，主要承保商业保险、汽车保险等。

据人保寿险原总经理李良温回忆：他与姚洁忱共事一年左右，那时候姚洁忱已经是 60 多岁的老人了，既要负责人保伦敦联络处的工作，又要筹建中国保险（英国）有限公司，他的工作很忙，很有挑战性。

当时，他们的待遇很低，公司发的工资要上交党组织，每月仅有五六十英镑生活费，公司没有食堂，每到周末还要自己去市场买菜。天天自己做饭，同时准备第二天中午要带的午餐，午饭只是在办公室的微波炉加热一下，那时候显得很寒酸，很不容易。

他们同伦敦的中国银行是一个党支部，每个周末去伦敦的中国银行驻地参加组织活动，姚洁忱不会开车，很多时候是步行四五十分钟去参加活动，但他仍然风雨无阻。

那时候中国还没有对外资实行改革开放，到保险业最发达的伦敦市场去做保险，挑战性很强。他们为创新适合当地市场的保险产品，就要与当地保险代理、保险经纪公司建立良好的关系，想办法与当地保险公司和再保险公司建立再保险关系。一切都是从零开始，真正体会到了万事开头难。

在李良温眼里，姚洁忱对人和蔼可亲，非常耿直，办事一丝不苟，认真负责，工作兢兢业业。他是一位受人尊敬的老人。

1985 年，姚洁忱回到北京，王恩韶接替了他的工作。

1986 年 10 月，姚洁忱离休，享受局级待遇。

离休后，姚洁忱受聘于中国人保再保部，担任顾问，并成为中

晚年的姚洁忱

国保险学会理事。姚洁忱在再保业务上有着丰富的实践经验，他著书立说，先后出版《再保险介绍（保险参政资料之十一）》，翻译CII教材《财产保险与财务保险》。并有论文《泰国保险市场情况》《保险的作用和保险工作的体制改革》等在报刊上发表。

姚洁忱对自己的饮食起居十分简朴，但对公益慈善活动，却积极参加，从不落后。

2013年，姚洁忱在北京逝世，享年92岁。

在中国再保险公司的悼词中，姚洁忱被称为："如夏花之灿烂，如秋叶之静美的长者。"

走在保险创新浪潮的前头——记中国人民保险公司出口信用保险部首任副总经理

李锵

经过这个过程，人保公司基本上掌握了核电站保险的要点和操作。李锵为中国人保开创核电等重大保险项目，立下了汗马功劳。直至今日，中国人保在每一次制作宣传片时，都要展现人保大亚湾保险事例，那镜头里闪现的光芒，总会让我们铭记先辈的光芒。

2009 年 10 月，中国人保集团总部在北京京西宾馆举行隆重的建司 60 周年庆典。人保评选出的 10 位保险奠基者获得了"中国保险终身成就奖"。在灯火辉煌的舞台上，我见到了李镈老人。此时，他的退休关系在中国人寿，但他对中国人保公司颁给他的这个奖项，依然感到欣慰。在他心里，新中国保险史，承载着他毕生的眷恋，如同是他不可分割的生命。

一、古巷温婉有书香

悬桥巷是苏州市古城东部平江街的一条古街巷，巷内有很多名人故居。

明代高士徐波因国变弃家，入邓山读书，将巷内宅第送给外孙许眉叟，内有精雅宏敞的圆峤仙馆、来鹤亭、碧梧龛诸胜。明代复社成员、与杨廷枢齐名的郑敷教宅桐庵也在巷内。清嘉庆著名藏书家黄丕烈在此巷专门建屋，储藏宋刻善本书，于是，巷中就有了著名的藏书楼"百宋一廛"。道光举人朱绶世也曾居住此巷。道光州同丁锦心在此建成丁氏济阳义庄，知县丁士良在此设义塾。清代著名进士潘奕隽、潘奕藻，状元、大学士潘世恩，探花潘世璜等潘氏家族在此居住并设义庄。清末民初西医专家方嘉谟在此居住。而现代名中医钱伯煊在此悬壶济世。著名历史学家顾颉刚就诞生于此，顾氏祖业顾家花园是清代早期的建筑。著名教育家叶圣陶从小生活在巷中潘家祠堂之西，与顾颉刚一起在张氏塾中读书。悬桥巷 27 号、29 号是清代状元洪钧的宅第，他曾出使俄、奥、德、荷四国任公使。他当年在这里遇到了正在秦淮河花船上卖唱的赛金花，一见倾心，遂纳为妾。于是，在这里演绎了"梨花海棠"的一段佳话。

1924 年 10 月 16 日，李镈在悬桥巷出生。他的呱呱落地，又将会让这条名人荟萃的街巷，增添怎样的传奇？

李锵的祖上是浙江绍兴乡下的地主，属于传统的耕读文化家庭。李锵的祖父早年曾任泰州的知府，还到过北京、东北等地。李锵的父亲李荪石读过一些书，先后在烟酒专卖处、文物史馆、上海海关等处工作，并在苏州定居。

李荪石后来到上海太平保险公司担任办公室主任，成为一时显赫的职业。

李锵从小在小桥流水、闲情逸致的环境中，开始了舞文弄墨的私塾学习。

1930 年，李锵在苏州私立的潘松林小学幼雅园上学。

1933 年，李锵在苏州大儒中心小学学习，他那时喜欢作文和音乐。

1937 年，李锵小学毕业后，以优秀成绩考入了著名的苏州中学。苏州中学历史悠久。早在公元 1035 年，北宋政治家、文学家范仲淹在现苏州中学校址上创办了苏州府学。清康熙年间，理学家、江苏巡抚张伯行在府学中创设紫阳书院。1911 年，学校改名为江苏省立第一师范学校。1927 年 7 月，改为江苏省立苏州中学。

不久，由于遭到日寇进犯，李锵回苏州乡下避难，由于没有得到及时医治，患了耳疾。

1938 年，李锵回到上海，到上海光复中学读高中。

1941 年，太平洋战争爆发。李锵父亲李荪石失业，家里生活困难。嫡母病逝不久，父亲紧接着病逝。

二、太平保险公司里的动荡生涯

1942 年，李锵经在大陆银行工作的姨夫介绍，找到太平保险公司协理王伯衡，在太平保险公司谋得一职。李锵在太平保险公司火

父子合影（嬉笑者为 5 岁的李锵）

险科任实习生，从此，一家人的生计落在了他的身上。

太平保险公司创办于 1929 年 11 月，原为金城银行独资开设，投资 100 万元。周作民任董事长兼总经理，丁雪农、王伯衡（王恩韶的父亲）任协理。1945 年改由丁雪农任总经理，李祖模、李文杰任协理。

太平保险公司总部设在上海，先后在全国各大城市及香港、西贡、新加坡、雅加达、马尼拉等地设立分支公司，连同代理处共 198 处。1933 年后，太平保险公司陆续合并安平、丰盛、中国天一等保险公司，成为集团公司。在上海共有职工 400 多人，成为全国规模最大、实力雄厚的华商保险集团公司。

李锵在太平保险公司工作期间，十分努力，练就一身保险专业技能，为保险职业生涯打下了坚实的基础。

1943 年，李锵成为助员。1944 年，李锵成为正式职员。

李锵在工作之余参加了剑桥英语补习班及青年会夜校，补习英语。在业余时间里，他沉醉于音乐，广泛购置唱片。他学会了二胡、手风琴等乐器，还能当合唱指挥。李锵积极参加上海保险业业余联谊会的活动，在那里发挥自己的特长，并积极加入进步组织。

1937 年底，胡咏骐创导发起成立了上海保险业业余联谊会（以下简称保联），这是上海保险业地下党最早的外围组织。

保联利用开展学术、读书、文体等活动，宣传共产党抗日主张和抗日民族统一战线政策，培养进步青年的爱国主义思想，发展共产党骨干分子，举办学术活动，培养保险专家。因此，也可以说上海是中国人民保险公司的摇篮，也是新中国保险业的发源地。

1945 年，国共合作面临破产，内战爆发在即。国民党上海政府执政涣散，通货膨胀，物价飞涨，上海各行业职工的经济斗争此起彼伏。太平保险公司的普通职工工资指数下降，工资悬殊加大，生活困难加剧。

在太平保险公司的共产党地下组织非常坚固，并设有支部。地下党根据上级的指示，分析了当时政治经济形势以及群众情绪和要求，认为在太平保险公司发动经济斗争的条件已经具备，决定从维护职工经济利益出发，发动一次以改善工资待遇为目标的罢工运动，并达到树立共产党的威信，教育团结广大群众的效果。

据朱元仁在其所作的《太平保险公司职工的经济斗争》回忆文章中介绍：当时，在太平保险公司工作的上海保险业地下党支部委员程振魁召集太平保险公司的地下党员和积极分子进行秘密商议。参加秘密商议的人先后有廖国英、朱元仁、姚乃廉（姚洁忱）、金家铨、杜伯儒、董仁民等。李锵作为党的积极分子全程参与了斗争策略的制定和战前动员，李锵任纠察队队长。

1946年2月，太平保险公司各单位代表40余人召开了准备会议，对罢工斗争进行部署。第二天，在公司食堂召开全体职工大会，250余人到会。会议通过三项要求：一、工资计算基础从按生活指数的50%提高到70%；二、一律发年奖三个月；传递生即行提升为职员。并推举程振魁、金家铨、张少渔为交涉代表，罢工委员会下设组织、宣传、纠察等小组。

太平保险公司总经理丁雪农面对罢工，非常懊恼，蛮横地拒绝了罢工要求。罢工职工集中在食堂，分派部分职工看守大门、封闭电话室，以及动员安平保险公司职工一致行动，以壮大声势。

太平保险公司资方代表丁雪农、李祖模不得不出面谈判，并派社会局处长顾炳元出面调解。并让太平保险公司本部职工陈瑛劝说自己的丈夫程振魁不要领导罢工。罢工持续了三天，声势浩大。

资方最终答应三项要求的第一条缓期考虑，第二条立即实现发放，第三条原则同意，但需经过考试。斗争取得了基本胜利。罢工委员会顺势成立了太平同仁联谊会，朱元仁、金家铨等13人为太平同仁联谊会理事，廖国英任理事主席。

1946年4月，因为太平保险公司资方一直敷衍推诿答应的罢工要求，对改善工资待遇要求不予兑现。部分员工要求第二次罢工，但参与人数明显下降，党支部分析罢工胜利的可能性不大，建议及时收兵，保持实力再战。

但太平保险公司资方反守为攻，采取报复措施。宣布对李锵、姚乃廉、严秉中等罢工骨干进行工作调动，将他们调往太平保险公司汉口分公司。此举引起广大职工的反对，大家纷纷声援李锵等人。

1946年，李锵考取了上海沪江大学商学院城中区商学院银行专修科，但由于到汉口工作，他只好肄业。

1946年秋，李锵等人到汉口分公司工作不久，太平保险公司资方借口业务需要，又调李锵调到长沙分公司工作，以分散斗争势力。李锵在长沙接触了棉花保险。

1947年春，李锵又被调到九江分公司工作。半年后，李锵再次回到长沙。

1948年秋，李锵独自回到汉口。公司以擅离职守为由，调他回上海总部，接受处罚。

1948年端午节期间，太平保险公司因为停发奖金问题，再次引起职工反对。朱元仁、金家铨、李锵等代表向丁雪农表达诉求。丁雪农以公司面临财政困难为由，拒绝了职工的合理要求。职工以怠工形式展开罢工。地下党从政治军事的大局出发，认为斗争目标是打垮国民党政府，对民族资产阶级还要以团结为主，而且也考虑到其遇到的实际困难，因此，此次罢工适可而止地收兵了。

1948年秋，解放军相继攻占济南、连云港等地，解放军大举南下，上海也四面楚歌。太平保险公司的资方惶惶不可终日，对共产党的政策采取观望态度，脚踩两只船，打算见机行事。他们一方面欲把资金转到香港，另一方面宣布解散公司。太平保险公司地下党组织职工斗争，安稳恢复保险市场，迎接共产党接管。

但国民党政府负隅顽抗，加紧实施报复。1948 年 11 月 21 日，特务机关在太平保险公司门口，将下班的廖国英逮捕。危急时刻，上海保险业地下党组织紧急组织撤离，朱元仁等人化妆隐蔽起来。

但李锵、钟溶华、董仁民等代表不畏风险，主动勇敢地承担了谈判任务，继续领导职工向资方交涉和斗争。

最后，李锵被公司解雇，失业后的李锵与同事一起开过一家地下钱庄。

三、展开新中国保险的历史画卷

1949 年 11 月，李锵在军管会要员朱元仁的介绍下，来到中国人民保险公司华东区公司的训练班学习。

1950 年 2 月，培训班结束后，李锵经过朱元仁举荐，他和徐云斋等 10 余人被选派到北京，加入中国人民保险公司的早期创建队伍，开始为新中国保险事业的发展默默耕耘人生旅程。

李锵在中国人保国内保险业务处火险科任科员。在中国人保开创者中，李锵应算是年轻的保险专家，他朝气蓬勃，斗志昂扬。

李锵主管国营企业财产强制保险和火险管理工作，配合公司的号召，积极推广苏联强制保险模式。他负责拟定强制保险条款，组织贯彻国家颁布的企业财产强制保险条例的实施。

1951 年，李锵获总公司劳动竞赛二等奖。在中国人保的历练中，李锵得到了发展，他担任了国内保险业务处火险科副科长。

虽然强制保险不需要花大力气去展业，但对国家机关、企业事业单位、合作社，还是要进行保险宣传。李锵在工作中认识到，对单位的保险宣传落到实际，便是加大防灾防损的力度，他经常下到水利、公安、消防部门，与他们合作推出防灾宣传和开展防灾检查，让保护得到实惠。

在农村保险中，实行的也是强制定额保险。但考虑到农村的实际情况，李锵每次下乡前都要修改保险条款，尽量使保险条款通俗易懂，去掉那些从海外翻译过来的难懂的词句。

1954年11月，第四次全国保险会议在北京举行。会议实事求是地评价和总结了1953年以来整顿收缩工作的成效和不足。会议转发了《农村保险工作四年总结》，其中明确指出了农村保险工作在整个国家保险中的地位："农村保险是发展农业生产的重要环节之一，也是国家保险的主要业务。"提出了保险工作的基本方针：根据国民经济有计划按比例发展的需要，对地方国营企业、合作社企业、农业、手工业、国家资本主义工商业、资本主义工商业和一般公民开拓各种保险业务，以便吸收分散的社会资金，建立保险基金，充实国家财政的后备力量。这种后备力量主要是用作补偿国民经济因自然灾害和意外事故所造成的损失，保证生产的不断发展和劳动者的物质福利，并补助地方防灾费用，配合有关部门进行防灾工作，加强抵抗灾害的能力，减少社会财富的损失。

1956年2月19日，第五次全国保险工作会议确定保险工作的任务是：适应农业合作化社会改革和农业生产发展的需要，把业务的重点转向农村，积极地有计划、有步骤地开展农村保险业务，为逐步实行法定保险创造条件，争取在第一个五年计划期内，对农业生产合作社，担负起基本保险责任。同时还必须根据新的情况，积极地发展城市业务，把保险工作做得又多、又快、又好、又省，全面地适应客观需要。

1957年，李锵调到人保公司设计室条款研究组，参加制定火险自愿保险条款及费率规章的实施细则工作。他积极下农村开展调查研究，制定农作物保险及生猪保险等规章制度。

1958 年 5 月，党的八届一中全会正式提出了"鼓足干劲，力争上游，多快好省地建设社会主义"的总路线。国务院的指示及保险下放方案尚未实施，中国保险业即已登上了"大跃进"的快车。但好景不长，一度热闹的保险业在"大跃进"的浪潮中，逐步走到了停办的边缘。

1958 年，国内保险业务停办后，李锵和公司里的另外 9 人奉命撰写国内保险业务总结报告，说是给中国人保"作一个历史的交代"。

1959 年，总结报告完成后，人员分配到各地。李锵依然留在公司，任海外保险业务处副科长，主管出口保险业务展业、防灾防损、进口货运险等工作。他代表中国人保参加了首次广州出口商品交易会，为增加出口货运保险的比重，为国家出口创汇，积极提出策略。他负责编写了出口货物保险业务手册、出口费率章程等，因此，他获得了优秀工作者称号。

"文革"期间，李锵去了财政部河南五七干校，参加劳动锻炼。

"文革"后期，李锵回到保险公司，为海外保险业务看摊守业。作为国家援助项目，李锵曾为越南、阿尔巴尼亚等国提供出口货物保险手册的资料。

四、沐浴改革开放的春风化雨

1979 年，中国人民保险公司沐浴着改革开放的春风，复苏成长。随着国内保险业务的逐步恢复，新中国保险业的历史翻开了新的篇章。李锵积极参与保险业重建的工作。

1979 年 11 月，李锵任中国人保业务二处新险种科科长。

中国人民保险公司办理国际保险业务开始的初期，经营的险种主要是水险。最大一块是进出口货物运输保险，还有少量的远洋船舶以及相关的再保险，非水险业务很少，只在北京市承保了不多的外国驻华使馆的房屋、汽车等。

十一届三中全会后，随着改革开放的深入，外资开始进入，并提出了投保各种非水险的要求。为了配合对外开放，中国人民保险公司总公司迅速行动，成立了国际保险业务二处即非水险处，又叫新险处。

李锵带领处室人员出国考察，研究西方非水险业务发展情况和问题，回来后立即一个险种一个险种地设计制定各种保单条款、费率、实务和管理办法。与此同时，组织培训各省市公司业务骨干，建立非水险机构。

随着涉外保险项目越来越大，险种不断增加，业务迅猛增长，非水险保费收入超过了水险。一支专业水平极高、勤奋敬业的非水险干部队伍在全国范围内逐步形成。

李锵记得当时他经常对外商说："国际上通行的险种，我们都有。"这样的话，不仅提高了中国人保在国际保险市场上的声誉，更重要的是，这样的保险业务对中国改革开放作出了贡献。

改革开放初期，外国和港澳投资者对我国的政策是否改变、投资能不能收回，疑虑较多。中国人保有的放矢，开办了投资(政治风险)保险和履约保证保险。

1979年，首张投资保险保单签发后，新华社对外发布了消息，立刻引起国际舆论的极大反响。美、英、日等国媒体纷纷报道，英国路透社、加拿大《环球报》驻京记者和美国、瑞典驻华商务参赞等纷纷向中国人保询问这两项业务的保障内容。一时间，李锵忙于接待各种记者的采访。

英国《每日电讯》称："这一行动从北京获得保证，外国商人不必害怕像 60 年代'文化大革命'那样的另一个政治动乱时期了。"许多外商在与中国有关方面签署谈判合同条件时，都以中国能否提供这两个险种作为重要条件。

李铮在回忆录中写了香港《南华早报》当年的驻京记者秦家聪对他采访的情景，记者问：人保是中国政府办的，是共产党领导的，你们能保自己政府责任的风险？假如投资人的项目被中国政府没收或征用了，政府能让人保赔吗？李铮回答：我们是做保险业务的，我们重合同守信用，保险合同怎么订的，我们就怎么做。李铮肯定的回答，很快被传播很广。

尽管李铮早在 20 世纪 40 年代，就成为上海保险业地下党的积极分子，1949 年后，他为中国人保的发展作出了巨大贡献。但他的入党问题，直到 1980 年，才得到解决。面对所谓"觉悟不高"的误解，李铮始终以平常心对待。

李铮还曾经是中国人保乐队的主力，在丰富职工文化生活的同时，自己也获得了陶冶情操。李铮对年轻人既严格要求，又真诚提携，这使他赢得年轻同事的信任和尊重，成为真正的"忘年交"。

1981 年 7 月，李铮任中国人保业务二处副处长。

1984 年 1 月，李铮任中国人保海外保险业务部副总经理。

1985 年，李铮在朝鲜平壤召开的世界航空和工程保险研讨会上，代表中国保险代表团，做了有关中国工程和安装工程保险的报告。

20 世纪 80 年代中期，中国开始兴建深圳大亚湾核电站，需要多种保险项目。对中国人保来说，这些都是全新而又复杂的保险。能否提供这些险种，项目合同能否签订，成为服务中国核电建设的重要一环。

为完成该项目保险的谈判，李铮和有关同事去深圳不下 20 次。他们既要和中国人谈，又要和外国人谈。被保险人是广东电力公司

李锵在国际会议上发言

李锵（左三）程万铸（左二）、王真（左一）在朝鲜参加国际保险会议

海外保险业务部工作人员合影

和香港中华电力公司组成的合资公司，香港方面请了西方有名的核电站保险专家当顾问。他们与被保险人一方谈各个险种的保障条件及费用、手续等，与外国人主要谈再保险。许多家公司需要同时一家家谈，十分艰难。

核电站建造期间保的是建筑工程、安装工程、各类责任保险，以及核风险一揽子保险，总保额40亿美元，物质损失部分27亿美元，保费共约4000万美元，这是人保当时签发的保额、保费都是有史以来最大的一张保单。

经过这个过程，中国人保基本上掌握了核电站保险的要点和操作。李锵为中国人保开创核电等重大保险项目，立下了汗马功劳。直至今日，中国人保在每一次制作宣传片时，都要展现人保大亚湾保险事例，那镜头里闪现的光芒，总会让我们铭记先辈的光芒。

接着，李锵又准备了一张保单：卫星发射保险。

当时，中国长城工业公司组团去美国，为"长征三号"火箭的民用发射业务打进国际市场造势，首先争取美国休斯公司卫星的发射业务。能否如愿，保险又是十分重要的关口。

李锵作为该团负责保险事项的副团长，在华盛顿中国使馆大厅，向使馆邀请的美国国务院、运输部、NASA（太空署）、商务部等各方面官员、专家共100多人，介绍了中国人民保险公司和有关卫星发射业务的情况，并回答了有关问题。

李锵在回忆录中介绍，他当时讲道：中国人民保险公司的卫星发射条款是国际通用的，获得了国际再保险市场的充分支持，大家完全可以放心。

但最终因为卫星发射合同没有签下来，保险当然没有做成，但这一事件为以后的卫星发射保险业务的开展创造了条件。

1988年10月，中国人保首次成立出口信用保险部，李锵任副总经理。

似乎历史总是在创新时节，才向年岁已高的李锵频频招手，考验他敢为天下先，面对新课题的能力。

那年，中国人保在和外经贸、财政、机电办等部门在国务院共同开会，多次研究如何大力提高机电产品在我国出口贸易中的比重。

在一次有关会议上，李锵说道：开办出口信用保险是完全必要的，让人保起草一个出口信用保险条例或设计一张保单，做一些具体工作，也完全可以。但这是一项政策性业务，人保是商业性保险公司，不宜办理。主持会议的领导说：现在就你一家保险公司，你不办谁办？最后，人保才受命开办了出口信用保险业务。

这一切，就是今天的中国出口信用保险公司的前身。这是中国深化改革的产物，也是中国加入世界贸易组织（WTO）的必然结果。

1989年12月，李锵退休。但他继续担任出口信用保险部顾问。

1990年，中国人民保险公司聘任李锵为特约咨询专家。

走在保险创新浪潮的前头——记中国人民保险公司出口信用保险部首任副总经理

2009年，中国人保十大保险终身成就奖获得者（左十）李锵

同时，华泰保险公司聘任李锵担任高级顾问。

李锵还兼任中央财经大学保险专业的客座教授、人民银行干部培训班的讲师。担任中国保险学会的理事，有多篇保险论文及保险培训教材发表和出版。

2010年4月3日，李锵在北京逝世。

五、保险伉俪美名传送

20世纪40年代末，上海滩风雨飘摇。

李锵的爱情在茫茫的黑夜中，如羸弱的烛火，悄然绽放。

在一次好友举办的Party上，李锵见到了正在上海沪江大学大二上学的罗烈仙。李锵作为罗烈仙的校友，有着共同的音乐爱好，因此话题很多。随着时间的推移，两人坠入爱河。

李锵与夫人罗烈仙在上海合影

李锵

罗烈仙早年在上海

1950 年 7 月，罗烈仙大学毕业了。已经先期到北京参加创建中国人保的李锵专程回到上海，将未婚妻接到北京。同年 10 月，这对恋人终于走进了婚姻殿堂。

1926 年 12 月 20 日，罗烈仙在上海出生。

罗烈仙的祖上是浙江省上虞县西罗村的一个地主家庭。父亲罗季让先后在上海轮船公司、协恒庆报关行工作。母亲赵晓兰在家乡，负责田地收租。那时他家经济富裕，家里经常住着亲戚和朋友。

罗烈仙小时候在家，接受家庭教师的辅导。

1937 年，罗烈仙在私立上海允中读高小。

1940 年，罗烈仙在上海允中读初中。

1943 年，罗烈仙进入清心女中教会学校。她在这里完成了高中学业，并学会了弹钢琴，还成为教会唱诗班的一员。

1946 年 9 月，罗烈仙考入上海沪江大学英国文学及语言系学习。课余期间，她阅读了大量英国的古典小说，观看了许多美国好莱坞电影。

罗烈仙曾于 1956 年在一次"思想检讨"中写道："由于自己出生在没落阶级的家庭，受的是风花雪月的奴化教育，因此，小资产阶级思想感情浓厚。具体表现在，不能掌握批评的武器，不能和同志巩固在政治正确的战线上。"这时代的烙印，今日读来十分可笑。

1950 年 7 月，罗烈仙大学毕业时，适逢首度全国统一分配工作，因李锵在北京中国人保公司工作，罗烈仙便申请到北京工作。在新闻总署（现新华社）和外交部两个单位中，罗烈仙选择了外交部。罗烈仙在中国外交部外交政策委员会任见习生。新婚燕尔的两口子终于在北京安下了家。

不到一年，中国人保由于要开发海外保险业务，需要翻译人员。1951 年 6 月，罗烈仙调到中国人民保险公司海外保险业务处任科员。

罗烈仙参加外事活动翻译

　　到人保后，罗烈仙用了三年时间，在中苏友好协会夜校补习俄语。这样，在她原有的英语专业以及法语二外的基础上，又增加了俄语，这为她日后的翻译工作打下了坚实的基础。

　　罗烈仙虽然并没有直接参与保险业务，但却亲眼见证了人保海外保险业务发展的历程。她曾为许多保险专家翻译保险条款，与保险专家探讨相关的问题，王永明、王恩韶、周泰祚、薛志章等都和她有过密切合作。

　　1958年3月，随着国内保险业务停办，罗烈仙被下放到河北省永年县北望公社劳动锻炼一年。

　　1960年1月，罗烈仙在中国人民保险公司办公室任科员。

　　1969年，"文革"期间，中国人保机构精简，只留一个"9人小组"

李锵、罗烈仙晚年在国外合影

李锵、罗烈仙晚年在家中学习

在北京处理相关涉外事务。

当时罗烈仙属于下放人员，行装已打好，随时准备出发。但军代表要求罗烈仙"暂留三个月"，到期后又"续转三个月" …… 最后就一直没有下去。罗烈仙不在"9人小组"内，只是帮助"9人小组"搞翻译，主要负责处理海外函电。

罗烈仙的名字在"文革"中也曾遭到非议，说是"封资修"的东西，于是改为罗烈先。"文革"后，她将名字又改回"仙"字，但因为身份证和银行存折上都是"先"，弄得还挺麻烦。

1974年2月，罗烈仙任中国人民保险公司再保险处科员。

1978年，罗烈仙加入中国共产党。

1980年1月，罗烈仙任中国人民保险公司译电科科长。

1981年12月，罗烈仙任中国人民保险公司办公室副主任。

但罗烈仙主动辞掉了办公室副主任这个职务，仍然在译电处当她的副处长。她多次放弃高级职称的评选机会。最后还是在程万铸副总经理的督促下，以译审一次通过的成绩，获得了译审的高级职称。

罗烈仙对年轻人十分爱护。她手把手地带新来的大学生，帮助他们在工作中提高实战经验，提高翻译水平。

1989年12月，罗烈仙退休。退休后，她继续留任中国人民保险公司办公室文档译电处副处长，从事她做了一辈子的翻译审校工作。此外，她还被聘为再保险部的顾问。

如今，已经93岁的罗烈仙在我面前，还自豪地回忆起当年她曾协助公司培训准备选派到海外工作的年轻干部，并主持了对他们的外语考核。其中，就包括现在中国人保的董事长缪建民。

中国人保英语第一人——记中国人民保险公司海损业务专家

周泰祚

1984年，周泰祚被评为研究员，成为保险界最早享受国务院特殊津贴的5位专家之一。为此，他撰写了专业技术工作自传，他在其中谦虚地写道：『一生工作虽有收获，但还不能说已完全精通，尚待进一步努力，在目前的新形势下，如何进一步发挥保险作用，要加以研究，以期提出建议。』

前些时候，外聘的制作公司为拍摄公司宣传片撰写了脚本，我发现开头一句"PICC是中国保险业的缔造者"，我笑着告诉他们："中国"前面少了个"新"字。

当然，新中国的保险史和民国的保险史也不能决然分开，就像中国人民保险公司也是在民国时期的中国产物保险公司（中国保险公司）、中央信托局保险处等原有基础上组建的，民国时期的太平保险、民安保险等当时都被改制为人保的子公司一样。

作为中国人保的创建者，许多人与民国保险人物也有着千丝万缕的联系。甚至，有不少人和民国保险大咖有着亲戚关系：太平保险公司总经理丁雪农与人保设计室科长陶笑舫有家族联姻关系，太平保险公司协理王伯衡是人保再保险科科长王恩韶的父亲，太平保险公司稽核科科长朱懋仁是人保海外保险业务处朱元仁的堂叔，中国保险公司副总经理项馨吾是人保海损业务专家周泰祚的舅舅……

在我开始撰写人保历史人物时，公司的老领导秦道夫等极力向我推荐过海损专家周泰祚，说当年办理相关业务时，曾多次亲自请教过他；在接触人保月坛宿舍的老保险子弟时，他们指着五宿舍四楼的位置说：在那里住过的周泰祚，是人保英语最牛的；在采访海事专家叶伟膺时，他也向我介绍，周泰祚是公司最著名的专家。

当时，我苦于手里没有相关的资料，也没有联系上其子女，因此，迟迟没有动笔。但我在想，为何大家这样看重的专家，除了传说及口碑，竟没有留下什么文字资料，而且直到退休，他连个处长都不是。

其实，这和周泰祚老人生前在为人处世方面坚持内敛低调、与世无争的原则有关，这也体现出中国知识分子一贯坚守的淡泊名利的作风。而人保后人对周泰祚的敬重，说明中国人保作为国有公司，从创建的初始，就树立了专业领先的公司治理的传统，就养成了对专家尊敬甚至崇拜的企业文化的传承，无私奉献、爱岗敬业逐步成为公司特有的品质，这些也体现在了人保今天秉承的"政治过硬、本领高强、忠厚老实、敢于担当"的用人原则中。

公司发展壮大的轨迹与员工个人成长历练的舞台，在历史的长河中，历经无数次的碰撞与融合，创造出了中国人保生生不息的专业精神与工匠精神，演绎出一个个让人传颂的传奇与故事。在生命的旅途上，默默无闻，或许就是一种彰显的荣耀，这就是时间的味道。今天，我们的回望或者眺望，意味着再次的出发。

一、打开支撑家业的油纸伞

昆山位于上海与苏州之间，是"百戏之祖"昆曲的发源地，属吴越文化地区。昆山处于长江三角洲太湖平原，境内河网密布，地势平坦，是典型的南国水乡。

1910 年，周泰祚出生于昆山一家买办家庭，父亲在上海的一家洋行做雇员。在周泰祚很小的时候，父亲病故，母亲将他带大。因此形成了周泰祚自强自立的性格及伸张正义、锋芒毕露的脾气。

在中国传统社会与封建大家庭中，家中男人去世后，似乎标志着家庭的败落。周泰祚的母亲作为家庭妇女，在社会上的地位更加低下。作为长子的周泰祚，被母亲寄予厚望。他从小勤奋刻苦，立志成就一番事业，光耀门楣，孝敬母亲。周泰祚后来一直照顾弟弟、妹妹的学习、工作，逐步成为支撑家业的顶梁柱。

周泰祚自小就生活在英语环境中。父亲的英语相当不错；他上的小学是由教会办的；金陵中学也是英语制的中学。金陵中学前身是沪江大学附属中学，创办于 1906 年，是上海的著名中学。

1928 年，周泰祚毕业于上海雷明大学专科学校，这是一家英国人办的培训金融、保险及财务人员的大专学校，周泰祚读的是商务专科。周泰祚在学校时，中文笔力可以扛鼎，英语也可对答如流，成为学校的优等生。

刚满 18 岁的周泰祚，本想继承父业。他凭借英语和打字的高超水平，到上海一家英国人开的公司任职，负责英文速记及文秘工作。不久，由于工作出众，周泰祚担任了办公室负责人。英国老板特地送给了周泰祚一架铁艺的床具，其使用了很多年。

周泰祚母亲的哥哥项馨吾当时是上海保险界的大咖，促使周泰祚顺利进入了保险业。

项馨吾是上海嘉定人，紧邻周泰祚的老家昆山。项馨吾毕业于上海澄衷学堂，1915 年进入中国银行实习并拜总经理张嘉璈为师。1929 年他被派至伦敦中国银行办事处任秘书。1931 年，中国银行开设保险部，总行指命项馨吾在伦敦改学保险，研究保险学说，同时进入伦敦经济学院就读。1932 年，他加入伦敦太阳保险公司实习。1933 年，他回国出任中国保险公司副经理。

1935 年，中央信托局成立保险处。项馨吾出任经理。保险处后分为产物保险处及人寿保险处，项馨吾又改任产物保险处经理直至1948 年。他是上海滩保险业举足轻重的人物。

1937 年，周泰祚经过考试，进入成立不久的中央信托局成立保险处工作，从此开始了毕生的保险生涯。周泰祚从承保干起，逐步扩大到分保、理赔工作，同时还兼任英文文案、对外宣传工作。

中央信托局是 1935 年 10 月 1 日在上海成立的国有机构，理事长由孔祥熙兼任。成立时由中央银行拨给资本 1000 万元，开始只经营信托、储蓄、易货、运输等业务。1935 年 11 月，为保障资金来源、追求丰厚的保险盈利及保障自身资金的安全，由中央银行一次拨款500 万元增设保险部，办理火险、水险、兵盗险、汽车险、寿险、一切产物险及人身意外险，并经营分保业务。

中央信托局保险部开业后，业务飞速增长。1935年承保金额为3702.3万元（其中，火险为487.2万元，水险为3215.1万元），保费收入7.5万元。到1937年，承保金额（不包括兵险）猛增为100696.4万元（其中，火险为23509.9万元，水险为77186.5万元），共收入保费207万元。

中央信托局成为民国保险业的重要机构，名声显赫。周泰祚依仗自身高强的本领，在其中如鱼得水，发挥着举足轻重的作用。

二、在山城拨开云雾的生活

1937年，"七·七"事变爆发。11月，上海失守。26日，国民政府主席林森率部乘船抵达重庆，标志着国民政府迁都重庆。

重庆成为战时全国的政治经济中心，中国金融、保险中心也随着政府西迁而开始从上海向重庆的转移。而内陆沿海及华中的大量工商企业先后内迁至后方，这为大后方保险业的发展奠定了基础。

1937年，抗战升级后，中央信托局的业务重心转向西南、西北诸省。期初，业务重心一部分迁往香港，另一部分转移至昆明。周泰祚被调入中央信托局在香港的总部工作，开始接触远洋船舶保险业务。

为配合战时需要，中央信托局保险部创新承办运输兵险业务。1939年12月，又承保战时陆地兵险，其承保对象大多数是工厂与仓库，以及部分指定的商店和轮渡设施。承办战时运输兵险和战时陆地兵险，对保障农工矿产品的运输安全、充实战时资源、安定后方生产起了积极作用。

但由于缺乏国内外的参考数据，加上英美保险公司不愿接受分保，因此该项业务风险很大，只能由政府兜底。在既无分保、更无专业人才的条件下，开办该项业务难度很大。

1939年，中央信托局特地安排保险部经理项磐吾由昆明秘密潜伏上海，选聘富有保险理论和实践经验的保险人才。项磐吾会见了上海办事处主任姚达人，并通过上海保险同业公会秘书关可贵，在《保联》刊物上发布了一条招聘保险人才的广告。项磐吾通过面试，择优录取了十三人，组成一支办理陆地兵险的骨干队伍，后来被保险界称为"十三太保"。

在当时内地大片领土被日军占领的情况下，"十三太保"从上海出发，一路艰苦辗转，经中国香港、越南，最终由滇越铁路到达昆明。他们在大后方开展救亡运动，积极开展兵险业务。1940年，"十三太保"随总部一同到达重庆。

1940年，中央信托局保险部随总部正式迁入重庆，标志着重庆保险的中心地位正式确立。1941年，另一家国营保险公司邮政储金汇业局保险部也将总局迁入重庆。中国保险公司则于太平洋战争爆发后，在重庆设置总管理处。此外，民营保险公司中实力较强劲的太平、宝丰、四明等公司也将业务重心改放在重庆。保险公司与银行集中在重庆的陕西路、打铜街、新华路、小什字一带，牌匾林立，一派兴旺的景象。

在这支保险业界奔赴重庆的迁徙大军中，周泰祚也是其中一员。他从上海出发，长途跋涉，经香港、广西、贵州，到达重庆，几乎与"十三太保"的路径是一样的。而另一位叫郁蔚珍的女士，此时刚从上海复旦大学法律系毕业，到重庆寻找职业。她经中国香港、越南，由滇缅公路抵达重庆。这些情景画面，让我想起钱钟书的《围城》。虽然，周泰祚和郁蔚珍并没有一路并肩前行，但他们最终在重庆得以邂逅，并产生爱情，不能不说或许是上苍的安排。

1944年，周泰祚和郁蔚珍在重庆喜结良缘。他们的生活和事业

周泰祚和夫人郁蔚珍抗战时期在重庆合影

展开了新的一页。

情况总是瞬息万变的。1945 年，抗战胜利后，项馨吾应国营招商局邀请在上海筹办中国航联意外责任保险及中国航联产物保险两大保险公司。急需专业人才，周泰祚再次应征。他紧急从重庆飞往上海。4 天后，他夫人带着不满周岁的女儿乘船回到了上海。

周泰祚离开中央信托局保险处，同时在民生保险公司、中国航联产物保险等单位担任襄理，负责行政管理及保险技术工作，因此，收入丰厚，家境富裕。家里甚至雇着 3 个佣人，还包着黄包车。

1948 年初，项馨吾奉中央信托局委派前往美国纽约设立中央信托局纽约分局，经营财产保险业务，这是中国第一家于保险发达国家开设的保险公司。项馨吾动员周泰祚与他一同前往美国创业，但周泰祚满足于当前的生活，婉言谢绝了他的邀请，俩人就此别过。

1949 年，周泰祚在上海

三、"跃进"轮赔案中往返穿梭的译文电波

1949年5月，上海解放。上海成立军管会，林震峰担任上海军管会金融处保险组组长，负责接管民国时期的保险公司。在不到一个月的时间里，军管会接管了中央信托局产物保险处等24家保险公司。

1949年6月，经过整顿清理，中国产物保险公司、中国航联保险公司等部分保险公司登记复业。为增强华资保险公司承受保险责任的能力，由复业的中国保险公司支持和47家公司自愿参加，组织成立"民联分保交换处"，办理分保业务。林震峰担任副理事长。

1949年10月20日，中国人民保险公司在北京成立。同时，中国保险公司也在上海成立。中国保险公司的前身是中国产物保险公司，该公司在中国人民保险公司的领导下，重点承担涉外业务和海外机构管理。

1950年初，周泰祚来到上海财经学院保险系及国际贸易系担任讲师，讲授国际保险及国际运输，同时在上海中华工商专科学校讲授保险课程。

1951年6月，中国保险公司第一届董事会、监事会会议在北京召开。标志着中国保险公司经过调整改造，逐步完成了向国家专营外币业务的专业化公司的转变。当年9月，中国保险公司总管理处迁入北京办公，解决了该公司组织架构和人员配备的问题。

1952年，周泰祚随中国保险公司调入北京。1954年，周泰祚的夫人郁蔚珍及子女也迁入北京，夫人也加入中国人保工作。一家人住在西什库大街附近的四棵槐胡同4号院，那里曾是彭德怀的夫人浦安修祖上的房子。

林增余在《我的保险生涯》中回忆："当时中国保险公司在京

周泰祚全家合影

上无片瓦、下无立足之地，全靠购买民宅作为办公和居住之处，公司在天安门西侧南长街南口44号购买的一套旧王府的三进四合院办公，职工宿舍全城东南西北都有，留给我最深印象的是给每个四合院内都专门安装了冲水便池，这是南汉宸行长为了照顾上海来的同志的生活习惯专门嘱咐修建的。"

中国保险公司总部迁京后，公司设秘书室（张信甫任主任）、业务室（蒋炳麟、朱瑞堂、景吉森任正副主任）、会计室（廖国英任主任）、设计室（潘华典任主任，朱元仁继任，王恩韶任正副主任，李嘉华、周泰祚任研究员）、人事室（阎文康任主任）、业务室。业务室设运输险（王仲石任副科长）、火险（黄承宏任科长）、人寿险、意外险（沈才伯任科长）、分保（张伯勋任科长）和理赔（林增余任科长）6个科。

1954年9月，中国人保设立海外保险业务处，下设业务科、再保险科、海外科三个科。王恩韶担任再保险科科长，周泰祚在其手下。这是中国人保第一代涉外保险业务的专门机构，周泰祚负责英文对外材料及函电的撰写和翻译工作，他逐步成为中国人保专业英语的权威。

周泰祚的英语功底，源于从小英语学校的教育，及长期在英国人开办的公司工作的经历，更多与后来长期从事国际保险业务工作有关。

1958年，国内保险业务停办。但涉外保险业务继续开办。在筹建船舶保险业务时期，周泰祚负责保险条款的设计草拟工作，编写了船舶保险业务手册。船舶保险开办后，他指导该项业务的承保、理赔、审核等工作。

1962年，周泰祚开始在中央财金学院国际金融班担任客座教授，讲授海洋运输保险课程，很多保险业的专家都曾是他的学生。同年，周泰祥还参与《海商法》的起草工作，由交通部指定为《海商法》英文译稿小组成员。

1963年4月30日，我国自己建造的第一艘万吨级海轮"跃进"号首次出航，它装载1万多吨玉米，从青岛出发首航日本。第二天在经过韩国海域时，意外触礁沉没。

5月1日，放假在家的王恩韶几个人正在月坛北小街宿舍里打桥牌。突然，海外保险业务处的施哲明处长敲门进来，说："不得了了，'跃进'轮沉了！"顿时，空气紧张起来。施哲明马上召集有关人员，商量对策。当时周泰祥正在街上散步，被马上叫了回来，加入"跃进"轮的理赔工作组中。

"跃进"轮保额120万余英镑，中国人保自留20万英镑，其余100万英镑主要是通过Willis在伦敦市场分保。在"跃进"轮出航前的那个星期，王恩韶负责通知Willis办理分保。Willis接到分保电传后，就拿着分保书在劳合社开始安排分保，各个承保人（underwriter）接受了就写个数字签个名。由于这是中国第一条船，海外保险专家考虑的时间都较长，启航之前总共分保出80万英镑。

中国人保主要有两个顾虑：第一，虽然伦敦方面发来电传，告知已经安排了80万英镑的分保，但并没有出保单，会不会赖账。第二，我们要求分保100万英镑，才分出80万英镑，那20万英镑算不算数。

周泰祥负责翻译电传文件，查证海损相关条款。中国人保向Willis发电传说"关于'跃进'轮分保事宜，相信你方已全部安排完毕，请出具保单。"对方回电："我方收到分保申请后，即去劳合社安排，因时间所限，只分出80万英镑，并已通知你方，这80万英镑没有问题。本当继续安排所余20万英镑的分保，但日前我方一进劳合社，劳合社的"卢丁"钟就响了，报告了沉船的坏消息。所以非常抱歉，20

万英镑未能再行分保。"

由于这是中国自建的第一艘万吨级巨轮，也是中国人保出具的第一份海轮保险单，很多技术问题需要逐一核实，所以出单比较晚，但能分出 80 万英镑已是不幸中的万幸了。而且，120 万英镑保额是比较高的，一是因为此轮国内造价高，二是此轮按苏联巡洋舰的规格造的，钢板标准比普通商轮高。Willis 当时也说国际上都没这样高的价格，中国人保以水险保单是定值保单为由，阐述足额承保，并无不妥。其实，这个金额，当时可以在西方船舶市场买两艘同样的轮船，可见其政治意义之大。

当时意识形态非常紧张，人们第一反应是：要不就是被美帝潜水艇打沉，要不就是被台湾特务炸毁。其实是我们自身的原因，导致触礁沉没。船舶持有人中国远洋运输公司在工作安排上比较仓促忙乱，船长虽是老船长，可是没有开过这么新的船，对船的性能、途经海域情况比较生疏；选择路线也有问题，由于敌情观念太强，有意选择了一条难走的路线，躲避美帝的破坏；再加上轮船质量也有问题。这些情况虽不影响再保立案和承担赔偿责任，但也极易被分保接受人找茬赖赔。

周恩来总理在中南海主持开会，分析"跃进"轮出事原因。交通部在汇报工作时说到"跃进"轮有保险。周总理听说后，立刻叫办公室打电话给人保公司，让派人来国务院开会。

林震峰、王恩韶赶到中南海。周总理见面就问："'跃进'轮沉了，保险公司赔不赔？"他们答："赔"。周总理问："都什么情况下赔？"他们答："如果是触礁搁浅等海上风险。"周总理又问："如果是让美帝国主义打沉了呢？"他们答："也赔。"他们介绍："'跃进'轮保了两种险，一个是 MarineRisk（航运险），一个是 WarRisk（战争险），按保险责任，都会按合同办理。"周总理听后，暗暗

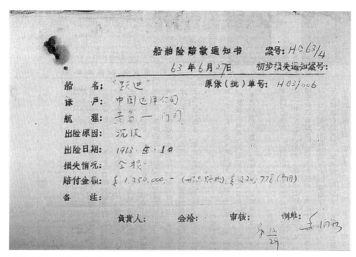

"跃进"轮赔款通知书

松了一口气，要求人保抓紧对外索赔，并请外交部条法司的专家配合，争取早日要回赔款。

1个月后，"跃进"轮赔款陆陆续续都摊回来了，总共104万英镑。人保得到了周恩来总理的表扬，当时海军的萧劲光、财政部的李先念、交通部的孙大光等也都对人保的专业能力给予了肯定。

现在美国的周泰祚的儿子周以匀回忆：那时他父亲天天往英国大使馆商务代办处跑，晚上在家也工作到很晚。他想看看案件情况，又怕打扰父亲，只好在父亲上洗手间时才顺便看了一眼放在桌上的文件，他还记得"跃进"轮的老船长姓徐。

四、用涛涛的海水书写人保航运保险

随着我国航运和国际经贸事业的不断发展，应交通部、外贸部、中远公司、中国外运公司和中国人民保险公司的要求，1966年4月，中国国际贸易促进委员会同意设立海损理算处，对外受理海损理算案件。理算处受中国船公司的委托，承办的第一起涉外共损理算案件是"海东"轮共同海损案。

1965年4月8日，"海东"轮装载杂货前往香港卸货，货物在该地再转运至南亚和中东。该轮在自厦门至香港的航行途中，于4月9日遇雾触礁，船舱大量进水，船、货濒于沉没，在此危急时刻，全体船员堵漏抢卸舱内货物。在海水淹至飞轮时，为了船、货的安全，"海东"轮迅速冲滩。当时气象预告称近期内风力将转强，鉴于搁浅、船、货面向敞开的大海，处境十分危险，故有关部门立即组织抢救。在"海东"轮机舱淹水熄灭不能使用动力吊货和缺乏照明设备的困难条件下，连夜强卸和过驳了大量货物。后又从油头和厦门调来拖船，经抢救，"海东"轮于4月10日终于起浮，经加固堵洞后于4月12日晚安全抵达厦门，避免了船、货的全损。"海东"轮抵达厦门后进行检验，发现损坏严重，需在当地进行修理，遂终止航程。船东宣布此次海损事故委请贸促会海损理算处理算。

为了办理该案，各单位选派专家和业务人员一起办公。其中有贸促会的高隼来、叶伟膺、邵循怡和黎东发，中国人民保险公司的周泰祚，交通部上海港务监督的陈晓明，外运公司的章丕瀛。他们有的人熟悉国际贸易和航运业务，有的人长期从事海上保险工作，有的人具有一些海损理算基本知识。大家在干中摸索，大量查阅外国的有关书籍，学习国际上通用的《1950年约克—安特卫普规则》，参考外国编制的共同海损理算书，经过近两年的艰苦工作，终于在1968年6月，编制并出版了"海东"轮共同海损理算书，成为我国第一部海损理算书。

1966年，"文革"爆发。周泰祚被冠名为资产阶级的学术权威，

周泰祚夫妇晚年合影

但造反派出于统战工作的需要，对周泰祚还算客气，使他躲过一劫。

1969年，周泰祚被下放到河南信阳五七干校劳动。他和魏润泉的父亲在一个单间居住，这属于老弱病残的待遇。

1971年，由于涉外保险业务不能停止，当时在人民银行和保险公司掌权的军代表，特批周泰祚的回京申请，他提前返回保险公司工作。

1971年，周泰祚光荣退休。但他受邀担任贸促会法律事务部的顾问，继续协助处理共同海损理算及海事仲裁、核审的工作。

1974年，邓小平主持国务院工作。周泰祚在中央财经大学讲授英语，成为"文革"后期最早恢复教学的专家之一。

1978年，项馨吾从美国回国，这是他们30年后的重逢。项馨吾对周泰祚说："如果当年听我的话，凭你的能力和英语水平，在美国一定会前途无量，日子过得要比现在强。"周泰祚不以为然，只是默默地低下头，他或许沉浸在自己与世无争的境界中。

1979年，中国人保恢复国内保险业务。周泰祚积极参与保险公司的重建工作。1980年，人保北京分公司成立，周泰祚受邀担任该公司的业务顾问，为他们举办业务讲习班，培训保险专业人才。他似乎比上班时还忙，为此，单位专门为他家里安装了座机电话，方便联系工作。

周泰祚晚年热衷于教学工作，对众多期刊发表的学术文章进行审校。周泰祚翻译了多种海洋法和海事保险专业书籍，并与北京外贸学院的诸葛霖教授一起著书立说，并还一起带研究生。他们1981年在对外贸易出版社出版了《外贸英语函电》；1982年在中国对外翻译出版公司出版了《对外贸易运输》。

1983年，周泰祚担任贸促会海事仲裁委员会委员，多次出席了相关诉讼的仲裁。

1984年10月，中国海事仲裁委员会就"金波利迪那摩斯"轮卸

1983 年，周泰祚（左三）在北京会见香港著名海损理算师王德超先生（左四）

港滞期费的争议作出裁决。这是中国海事仲裁的一件重要案例。

按照海事仲裁委员会仲裁程序的规则，船方指定孙瑞隆先生为仲裁员，租方委托海事仲裁委员会主席代为指定周泰祚先生为仲裁员。

"金波利迪那摩斯"轮 1979 年 4 月从加拿大温哥华装载 24199.19 公吨散装硫磺，在第一卸货港青岛港卸货后，于 1979 年 5 月 24 日抵达第二卸货港新港，5 月 25 日 8 时起算卸货时间，6 月 6 日 5 时开始卸货，6 月 27 日 18 时卸货完毕。租方在计算卸货时间时，扣除了该轮于 6 月 6 日 20 时至 23 时从锚地到卸货泊位的移泊时间 2 小时 40 分。

船方提出，这 2 小时 40 分的时间里，船舶从新港锚地移泊到卸货泊位。双方对 5 月 25 日 8 时在锚地起算卸货时间没有异议，租船合同中没有规定这段移泊时间不连续计算卸货时间，因此租方从滞期时间里扣除 2 小时 40 分是错误的，应当补付相应的滞期费 580.55

1978年，项馨吾回国探亲时与周泰祚在北京聚会

美元。

租方提出，从锚地移泊到卸货泊位的时间，是船方执行租船合同所必须使用的时间，否则船舶就到不了卸货泊位，也就无法卸货，因此应予扣除。

租船合同第十八条规定："在第二卸货港，如果船舶在中午之前到达港区，卸货时间自下午1时起算，如果船舶于下午到达港区，卸货时间自下一个工作日上午8时起算，不论靠泊与否。"

仲裁庭认为，按租船合同规定起算卸货时间以后，除租船合同明文规定除外的时间和由于船方责任延误的时间以外，卸货时间应连续计算。6月6日20时至23时从锚地移泊到卸货泊位，是在卸货时间起算以后，租船合同并无此项时间不计为卸货时间的规定，故不应扣除。

周泰祚的专业技术工作自传手稿

最终裁决租方应补付船方滞期费 580.55 美元，并加计自原来支付滞期费之日至实际赔付日年利率 7% 的利息。580 美元的官司打了 5 年，可见海事仲裁不可忽视。

1984 年，周泰祚被评为研究员，成为保险界最早享受国务院特殊津贴的 5 位专家之一。为此，他撰写了专业技术工作自传，他在其中谦虚地写道："一生工作虽有收获，但还不能说已完全精通，尚待进一步努力，在目前新形势下，如何进一步发挥保险作用，要加以研究，以期提出建议。"

1985 年，周泰祚参加了对外经贸大学外贸专业英语研究生的答辩工作。周泰祚可以说是中国保险界三朝元老，一生都在引领保险海损专业及英语专业的水平。在他 90 多岁高龄时，还有许多他的保险业学生到家中拜访。

2006 年，周泰祚在睡梦中安然去世，享年 96 岁。

周泰祚的老领导、老保险人王恩韶在送给他的花圈挽联上写着"中国保险英语第一人"。

周庆瑞

他很瘦，但他是一面旗帜——记中国人民保险公司再保险部第一任科长

其实，风刮走的只是时间表面的浮沉，周庆瑞作为人保再保险的专家，如一座丰硕的大山，一动不动地屹立在人保再保险发展的历史中，那个位置是撼不动的，也是绕不过去的。

一天，我和中国人保再保险公司总经理张青聊起我准备写人保再保险的创始人周庆瑞，作为人保再保险第四代传人的张青总鼓励我说：应该好好写一写这位老专家。张青总回忆：他在20世纪90年代来人保工作时，在阜成门办公大楼里多次见过周庆瑞老先生，记得周庆瑞老先生非常瘦，但很精干，给予他们这些人保再保险后来者很大提携。周庆瑞作为师长，一点架子都没有，当时年轻人有时开他的玩笑，说别让风把他刮跑了。

其实，风刮走的只是时间表面的浮沉，周庆瑞作为人保再保险的专家，如一座丰硕的大山，一动不动地屹立在人保再保险发展的历史中，那个位置是撼不动的，也是绕不过去的。

一、让涓涓细流汇聚未来的大海

1922年8月10日，周庆瑞出生在浙江宁波慈溪的一个小镇里。

慈溪，因治南有溪，东汉董黯"母慈子孝"而得名，地处东海之滨，杭州湾的南岸，是长江三角洲南翼环杭州湾地区沪、杭、甬三大都市经济金三角的中心。慈溪是中国瓷器的发源地之一，青瓷的烧制时间上始于汉，下终于宋。自晚唐至北宋的近两个世纪里，兴盛不衰，成为名副其实的唐宋瓷都。唐朝陆龟蒙赞曰"九秋风露越窑开，夺得千峰翠色来"。慈溪也是著名的"海上陶瓷之路"的重要起点。以上林湖青瓷为代表的越窑珍品，在唐代与金银器、宝器、丝绸并列为四大珍宝。

周庆瑞的祖父周渔生是一个小商人，曾做过百货店学徒、杂工、米厂管理员、酒坊东家。

周庆瑞的父亲周维岳在当地钱庄里做经理，同时还经营烟厂。母亲陈雅彩在家做家务，兼做点小卖部的生意。家庭虽不算大户人家，但可以说是小康之家。

1928年6月，周庆瑞在鸣鹤乡区立小学上学。

1931年，受军阀混战影响，周庆瑞父亲的钱庄破产倒闭，从此失业，家庭生活一下跌入低谷。家里只好靠他母亲经营的小商店的买卖，维持一家人的衣食所用。周庆瑞的父亲整日愁眉苦脸的样子，给周庆瑞留下了深刻的印象。

1933年，周庆瑞因家中没有钱支付中学的学费，他便在父亲当年的一位老同学叶德言的家里补习文化，叶先生是晚清进士，又是北洋大学的毕业生，才学很高。周庆瑞和他学了3年。课程有英语、数学、《孟子》《论语》等。

1936年1月，周庆瑞又在家里读了一年的私塾。

1938年6月，周庆瑞看见许多同学到城里上中学，便请求母亲凑足了一年的学费，到余姚同兴镇临时中学读初中。周庆瑞深知学费来之不易，学习非常用功。

"七·七"事变爆发后，抗日怒潮席卷全国。周庆瑞一方面因家里再拿不出学费的影响，另一方面受爱国热情所感染，他离开学校，回到县里参加了抗援会，开展抗日宣传。其间，他第一次阅读了来自苏联的小说，接触了许多进步青年。

二、宁波帮保险传人的波澜不惊

1939年春，父亲把周庆瑞送到上海，让他找个安稳的工作，安身立命。经父亲的朋友四明保险公司总经理谢瑞森介绍，周庆瑞来到四明保险公司任练习生。

四明是宁波的别称，四明商业银行行名取自宁波西南的四明山。四明银行的创办及投资者是袁鎏、朱葆三、吴传基、李厚垣、方舜年、严义彬、叶璋、周晋镳、虞洽卿、陈薰等旅沪的宁波籍工商业者。1906 年，虞洽卿等人倡议筹办四明商业银行。1908 年 9 月，在上海宁波路江西路口，四明商业银行诞生，以周晋镳为总董，陈薰为总理，虞洽卿为协理。四明商业银行快速发展，成为上海重要的 14 家银行之一。1911 年，受橡皮股票骗局的影响，四明商业银行股票大跌。该行董事会急请时任浙江银行上海分行经理孙衡甫垫款接办，孙衡甫出任董事长兼总经理。四明商业银行除了经营一般商业银行及储蓄等业务外，还涉及信托、仓库、房地产投资等业务，这些为创办四明保险公司奠定了基础。

四明保险公司创建于 1933 年 4 月，由孙衡甫、俞佐庭等人发起，四明商业银行为主投资，注册资本金 100 万元。孙衡甫任董事长，副董事长俞佐庭，董事范松夫、陈卿和、徐季威、胡锡安、谢瑞森，监察人葛昌政、徐仲麟。第一任总经理为谢瑞森，后为金瑞麟。总公司设立在上海，初在南京路 390 号，后来搬迁至北京路四明商业银行附楼内。其机构均设在四明商业银行内。主要经营水险、火险、汽车险、火车险、航空险、邮包险、船壳险、兵盗险、茧子险等业务。四明保险公司是旧中国官商合办的华资保险公司，为股份有限公司。四明保险公司在南京、汉口、重庆、天津、杭州、宁波、济南设立分公司。

1941 年 6 月，周庆瑞在繁忙的工作之余，在上海中国高级职业学校半工半读，学习工商管理专业。周庆瑞看到单位同仁的学历都是高中或大学，自己才是初中毕业，倍感压力。他为改变这一境地，尽一切努力读书。

太平洋战争爆发，学校停课，这让周庆瑞十分失落。

1942 年 12 月，周庆瑞进入上海沪江大学城中区商学院读选修课，坚持补习文化。

在公司里周庆瑞结识了进步青年徐天碧、方馥棠，经他们介绍，周庆瑞参加了上海地下党的外围组织——保联。他们一起观看话剧，阅读进步书籍，为《保联》杂志投稿。

周庆瑞还参加了上海金融业同仁组织的"益友社"，他与社友一同在浙江东部进行实地抗日状况调查，以"明化"为笔名在《慈溪日报》上发表长篇调查文章，鼓舞抗战民心。

1942年，周庆瑞与慈溪老乡陈吟春在上海结婚。夫人是典型的贤妻良母型的女人，在第二年他们有了孩子。

1944年7月，因华商保险公司经营不振，周庆瑞为改变生活困境，来到同和保险公司就职，任业务部副主任。

1945年，周庆瑞在家待业了一年。周庆瑞到华美无线电学校学习了4个月。

1948年，周庆瑞与夫人陈吟春在上海外滩公园合影

1946 年 3 月，周庆瑞参加了久联办事处任办事员，后任保险部主任。

三、在山城如火如荼地开展人保的新事业

1949 年 5 月 27 日，上海解放。

5 月 30 日，上海市军管会金融处成立保险组，负责接管保险公司。

用周庆瑞在"思想汇报"中自己的话说：他以兴奋的心情，迎接这一新时代的转变，因为此局面可以让生命不再遭受炮火的威胁。他要"为了澄清自己的认识，洗刷过去浓厚的个人主义意识"。

1949 年 8 月，周庆瑞参加了多个文化补习班，努力接受思想教育。

1950 年 1 月，上海保险业工会成立，周庆瑞在其中负责文教和青工工作。

1950 年 4 月，周庆瑞参加了沪中办事处工会干部学习班。经沪中区团工委批准，周庆瑞加入共青团。同时，他参加了上海私营保险业团工委筹建共青团的工作。

1950 年 5 月，久联改组，周庆瑞经上海金融工会考试录用，分配到中国人民保险公司华东区公司工作。

经过两个星期的集中培训，周庆瑞被分配到中国人民保险公司西南区工作。6 月 10 日，在周庆瑞离开上海的前一天，上海华东区公司团支部成立，周庆瑞举行了入团宣誓仪式。

据保险历史研究专家赵守兵在《赵同生：重庆保险业的活化石》一文中介绍：1949 年 11 月 30 日，重庆解放。重庆军管会金融部派人接管了原中国保险公司、中国农业保险公司等，组建中国人民保险公司西南区公司。1950 年 1 月 15 日，人保西南区公司在渝中区打

铜巷 38 号成立。随后所属川东支公司、重庆支公司相继成立。西南区公司管辖范围包括四川、云南、贵州、西康四省。重庆人民银行行长兼任负责人，赵同生先后担任业务股股长、防灾理赔科的副科长。

1950 年 6 月，周庆瑞来到重庆，任人保西南区分公司火险股副股长。

在 20 世纪 50 年代重庆人保老照片中，可以见到区公司有关防火防灾宣传及公司向当地消防局提供消防设备的情况。特别是在 50 年代重庆洪水泛滥期间，区公司开展长江航运的木船保险，在木船翻船，所载生铁沉入江底后，公司理赔员工参与施救，苦战一个月，打捞生铁 220 吨，公司向当地政府报喜的情景。

尽管到重庆之前，周庆瑞做了思想准备。但到了重庆后，还是感到了生活上的种种不适应，有时晚饭吃火锅，吃不顺口，半夜后饿了，还要到街上打牙祭。

周庆瑞作为从旧时代过来的人，在当时政治气候紧张的情况下，他努力做到处处严于律己，时时加紧思想改造。他于 1951 年 1 月的"思想汇报"中写道："碰到政治斗争，自己就避而远之，在斗争的大浪潮中，总想逃避自己，最好是不受一朵浪花的袭击。""总之，旧社会给了我许多污泥，希望在同志们的帮助下，在我自觉的改造下，逐步把它们洗刷干净。"不管内容怎么样，打动我的是周庆瑞的文笔，还有一种诗意。

周庆瑞在人保西南区分公司担任团工委支部委员。

1952 年 10 月，周庆瑞在重庆加入中国共产党，成为中国人保早期发展的党员之一。

1953 年，周庆瑞任人保西南区分公司火险股股长、秘书（科员）。

四、开启中国人保再保险的巨轮

1953 年 5 月，在重庆任西南军政委员会财政部第一副部长的贝仲选调到北京，担任中国人民保险公司总经理。

同时，经贝仲选举荐，人保西南局公司的高功福、周庆瑞也由重庆调入北京。周庆瑞在中国人民保险公司办公室先后任贝仲选、孙继武的秘书。

1954 年 9 月，人保设立海外保险业务处，下设业务科、再保险科、海外科三个科。王恩韶担任再保险科科长，成为中国人保第一代再保险的专职领导。

1955 年，周庆瑞（后排左二）与人保员工在北京前门合影

1955 年 12 月，周庆瑞担任中国人保公司总部第一党支部委员。

1956 年 2 月，周庆瑞调任海外保险业务处副科长。

中国人保成立初期，随着国家进出口贸易的恢复和发展，涉外保险业务也随之发展。进出口物资大部分装载轮船，通过海洋运输，由于运输过程比较长，海上情况又比较复杂，在运输过程中遭受风险损失的可能性很大，一旦发生意外事故，容易冲击国家外汇收支平衡。因此，进出口贸易的物资运输保险，成为涉外保险业务的重中之重。当时海外保险开办的险种有兵险、共同海损、平安险、水渍险、淡水险、潮湿险、偷窃险、渗漏险、碰损险、短少险、破碎险等。

中国人民保险公司开办的海外保险业务，最初是由其所属的专营外币业务的专业性公司——中国保险公司开办的。同时，通过香港民安保险公司和公私合营的太平保险公司的海外机构承做少部分进出口物资的保险业务。从 1950 年起，中国人民保险公司开始直接承做海外保险业务（主要是对东欧的业务），并集中办理公营企业进出口保险业务；中国保险公司办理私营企业进出口保险业务。

人保公司成立初期的海外保险业务，主要是由以下三个部分构成的：为了保障国家进出口贸易货物的运输安全开办的海洋物资运输保险及附加保险业务；为了分散责任，减少外汇支出而进行的国际分保业务；为了吸收外汇在东南亚地区我国海外保险经营的各种保险业务。其中，以进出口贸易的货物运输保险比重最大，是整个海外业务最重要的部分。但是，从保障贸易安全、分散责任、节约和吸收外汇资金这一总的要求来说，三项业务是相辅相成的。

中国人保海外保险业务的发展，充分发挥了在国际范围内分散危险、减轻国家外汇补偿的负担，平衡外汇收支的作用。比如，当时我国外贸部门曾租赁巴拿马船籍"海后"轮装运进口物资回国，途中遭国民党海军劫夺，货物损失巨大，这是当时震动整个国际保险界的一笔巨额赔款案件。由于中国保险公司配合外贸部门抢运货物进口时已经办理了货物运输战争险，并向伦敦保险市场办理了分保，因此在接到外贸部门的索赔要求后，中国保险公司迅速派员查明出险经过，审核了数以万计的物资单证，在核定了确切的损失后，向伦敦合约再保险人要求现金赔偿，并以令人信服的法理分析，两次驳回伦敦方面的拒赔理由，终于使这批货物损失从国际分保中得到补偿。

1956 年，周庆瑞在人民大学进修农业经济学两年。

1956 年，中国保险公司经营的国内、海外的保险业务，转到中国人民保险公司，工作人员也转到中国人民保险公司工作。周庆瑞与李嘉华、张鉴、韦向辰一同在海外保险业务处下设的再保险科工作。

1958 年，国内保险业务停办后，保留的海外保险业务并入中国银行，有 38 人调往中国银行，有 20 人留在财政部，其余人员被分配到北京、广西、贵州、青海、宁夏、新疆、陕西、福建、浙江、甘肃等地。

1959 年，周庆瑞在人民大学进修哲学一年。

1959 年，周庆瑞任再保部科长。中国人保再保部积极办理国际再保险业务，保障了国家保险事业外汇收支的稳定性。为了求得分保外汇收支的稳定，从 1961 年起，中国人保再保机构采用超额赔款方式将船舶和运输险另组成一个超额分合同，把自负的赔款责任控制在 5 万英镑以内，把多余的责任转嫁出去。

1961 年，中国人保再保机构接受从民主德国分入的分保合同，发生了 1 笔 9 万英镑的船舶险巨额赔款，通过超额赔款合同摊回了 4 万英镑。同时，根据形势的变化，再保机构对船舶险的限额、分保方式等都作了一些适当的调整。以往船舶险的限额仅为 25 万英镑，但是随着船运技术的进步，船只的吨位不断提高，一般 1 万吨左右的船，其保险总额在 50 万英镑以上。对此，再保机构增订了船舶险

20 世纪 50 年代，周庆瑞（第一排左四）与人保员工在北海公园合影

他很瘦，但他是一面旗帜——记中国人民保险公司再保部第一任科长

20 世纪 50 年代，人保员工的合影

1958 年，周庆瑞（第一排左二）与人保员工在中国人民大学合影

1959 年，人保员工在财政部门前合影（第一排左起：周庆瑞、秦道夫、孙广志、施哲明、王尔立、罗烈仙）

第二溢额分保合同，这样就减少了临时分保的麻烦，简化了手续，且分保条件又比临时分保优惠。

1961 年，中国人民保险公司即已同 27 个国家 61 家保险公司签订了 222 份分保合同。分出分保方面有进出口货物运输险、海外火险、船舶险、航空险 4 种类型；分入分保方面则有货物运输险、火险、船舶险、航空险、信用险、建筑工程险、意外险等 10 多种类型。到 1963 年，中国人民保险公司与 32 个国家 51 家保险公司签订了分保业务合同 267 份。通过国际再保险业务，不断扩大了中国对外的交往，扩大了国际经济事务的联系。

1963 年，在科长王恩韶的带领下，再保险科负责“跃进”轮保险的分保和理赔的业务。“跃进”轮保额 120 万余英镑，人保自留

20万英镑，其余100万英镑主要是通过Willis在伦敦市场分保。在"跃进"轮启航前，人保通知劳合社办理了分保。由于这是中国的第一条船，海外保险专家考虑的时间都较长，启航之前总共分出了80万英镑。通过"跃进"轮理赔，使中国人保名声大噪。

1964年9月，亚非保险再保险联合会筹备会正式在开罗举行，中国人民保险公司和中国保险公司皆派代表出席会议。亚非保险再保险联合会的出现，不仅为中国保险界增进与亚非国家同行的了解，扩大了我国保险对外业务的往来，而且也为对外经验交流和保险学术研究开辟了新天地。

中国再保险公司原副总经理刘恩正回忆：1964年我从山东财经学院毕业后分配到中国人民银行总行，安排具体工作为中国人民保险公司再保险处。当时中国人民保险公司是中国人民银行的一个司局级单位。局长是崔平，副局长是林震峰，下设办公室、业务处、海外机构管理处、会计处、再保险处等处室。当时再保险处的处长是苑骅、副处长朱元仁，后来，秦道夫从印度尼西亚回国后，也担任再保险处副处长。那时，周庆瑞是再保险处的一个科长。我们新分配来的大学毕业生都是办事员。在工作时间里，周庆瑞待我们像长辈一样，态度和蔼可亲，向他请教问题时，他总是耐心地给予教导，与我们的关系很融洽。当时主管涉外业务的中国人民银行副行长方皋提出，中国银行和保险公司要"走出去"，选派一部分干部到海外去工作，其中，郑剑风、梁如瑚、周庆瑞是准备派到法国去工作的人选。但不久，"文化大革命"开始了，此事便无声无息了。

"文革"前，周庆瑞担任海外保险业务处副处长。

"文革"期间，周庆瑞低调做人，未受到大的冲击。他曾被选入"继续革命战斗小组"成员。

1969年，周庆瑞本来要分配到河南淮滨五七干校参加劳动，但人保公司继续开办海外保险业务，急需专业人才，他被留在了北京。

1969 年，"文化大革命"进入斗批改阶段，决定停办仅有的进出口货物运输保险业务，中国人民银行总行和财政部合署办公，在业务方面下设财政业务组、银行业务组。银行业务组下设，国内业务组和海外业务组。海外业务组中又分设银行业务小组和保险业务小组。当时，保险业务小组的任务就是为停办保险业务做善后工作的，编制只有 9 个人，其成员有姜云亭（组长）、于葆忠（副组长）、徐文智（副组长）、王仲石、王淑梅、徐振彬、丛泽兹、刘薇、刘恩正。由于工作太忙，周庆瑞、罗烈仙也暂时留在小组里工作，后来又增加了李桂清。周恩来总理发现保险业务停办后，立即指示恢复保险业务，这样，周庆瑞、罗烈仙、李桂清同志也就留在小组里继续工作下去。当时，王仲石、李桂清、刘恩正都是主办再保险工作的。

20 世纪 70 年代，周庆瑞（左二）接待外宾

1975 年，人保公司干部轮训下放，周庆瑞到河北固安干校劳动一年。

据刘恩正回忆：在 20 世纪 70 年代初期，我和周庆瑞等在主办再保险业务期间，主要负责下述几项有益的工作：我们完成了香港民安保险公司船舶保险业务转分保工作，通过我们的转分保工作，有力地支持了香港民安保险公司发展船舶保险业务；接着，我们又完成了我国在香港保险机构的火险转分保工作，有力地支持了我国在当地保险机构的火险保险业务的发展。与此同时，我们还改组了我国进出口货物运输险的再保险合同，形成了货物运输险成数合同，第一溢额合同，第二溢额合同和第三溢额合同，分别代号为 MC—751，MC—752，MC—753，MC—754，既分散了危险，还少付了保费，同时又很好地贯彻了当时的对外政策。我们还办理了自中国人民保险公司成立以来航空保险的分保业务，这使中国保险史上从此有了航空保险和分出再保险业务，有力地支持了我国对外开展航空事业的发展。

五、大海的风扑面而来

1979 年，中国人保恢复国内保险业务。改革开放的大潮推波助澜。

中国人保恢复成立海外保险业务处，周庆瑞任副处长。我国实行改革开放以后，引进了一些海外企业在中国建厂，为适应这种历史的要求，周庆瑞力主开办了中国人保承保的建筑工程险分出的再保险业务，为我国改革开放发挥保驾护航的作用。

1979 年 11 月 25 日，石油部海洋石油勘探局"渤海 2 号"钻井船在渤海湾迁移井位拖航作业途中翻沉，死亡 72 人，直接经济损失达 3700 多万元。这是天津市、石油系统自新中国成立以来最重大的死亡事故，也是世界海洋石油勘探历史上少见的。当时国务院副总理康世恩被记大过处分，石油部长宋振明被解职，另外有五个局长追责逮捕。

"渤海2号"钻井船是1973年由海外引进的一艘自升式钻井平台，由沉垫、平台、桩脚三部分组成，为大型特殊非机动船，用于海洋石油钻井作业。但"勘探2号"并没有参加保险，这成为今后中国石油公司海上石油开发必须参加保险的原因之一。

1983年11月3日，"勘探2号"自升式钻井平台发生严重海事，中国人保赔付了450万美元。这成为中国再保险历史上的一大案例。

20世纪80年代的两伊战争期间，中国"嘉陵江""牡丹江""阳春""开平"四艘货轮，被围困在战区，因遭炮击全损，赔款多达2000多万美元，中国人保通过分保途径大部分都摊了回来。

周庆瑞在国外

周
庆
瑞

20 世纪 80 年代，周庆瑞与外宾交谈

　　1982 年 4 月，"亚非保险、再保险联合会"第 22 届执委会在北京召开，有 10 个国家的 25 名代表参加了这次会议。周庆瑞参加了会议。同年，周庆瑞在新加坡吉隆坡参加了联合国贸促会主办的再保险座谈会。

　　1983 年，周庆瑞在泰国曼谷参加亚太经济理事会主办的再保险大会。

　　1986 年 12 月，中国人民保险公司总公司迁入北京阜成门内大街 410 号新落成的大楼办公。到 1990 年，总公司的职能机构设有城市业务部、人身保险部、农业业务部、海外业务部、出口信用险部、再保险部、营业部、防灾防损部、财会部、计划部、办公室、电子计算中心、人事部、老干部办公室、保险研究所、职工教育部、监察室、稽核审计部、机关党委、工会工作委员会、总务部、

1990 年，广州白云机场发生的空难

思想政治工作办公室、资金运用部 23 个部门。周庆瑞担任再保险处副处长。

1989 年，周庆瑞退休。但他依然先后被人保再保险部、中国再保险公司聘为顾问。人保公司继续为他保留了原办公室，直到周庆瑞近 80 岁的高龄，他才完全退下来回家休息。他热爱中国人民保险公司，有人想聘请他去别的公司作再保险业务的顾问，他说他还是留在中国人保这儿，为中国人保服务更好。

1990 年 10 月 2 日，广州白云机场发生了我国有史以来最大的一起劫机案重大事故，造成厦门航空公司波音 737 飞机等三架飞机起火烧毁，广州民航局波音 737 飞机被撞毁，西南航空公司波音 707 飞机被撞坏，121 名旅客及 7 名机组人员死亡，90 余名旅客受伤，直接保险损失为 9000 多万美元。由于三架受损飞机都保了机身险和责任险，并且均向国际保险市场办理了分保。事故发生后，中国人保支付了9000多万美元的损失赔款，但由于其中1.2%的分保没有确认，使总部上下忙了许久，最终从海外保险市场摊回了7500万美元。此次案件，成为轰动一时的再保险案例。

1994年，中国南海四号勘探船发生海难。因为中海油船队之前脱保，改到太平洋保险投保。出事后，由于太平洋保险公司再保险安排有瑕疵，大概有400万美元赔款摊回出现困难。后来经纪公司赔了200万美元。后来中海油又把船队保险回归中国人保投保。

中国人民保险公司的再保险业务在改革开放的10余年中，随着国内经济活跃、市场繁荣、对外经贸活动日增，其经营范围日益扩大，开办险种越来越多，保险收入逐年增加。截至1990年，再保险所经营的险种有船舶险（包括游轮险、渔船险、船舶建造险），海洋及航空货物运输险（包括展览品、贵重物品运送保险），国际航线机队保险（包括直升机险），建筑工程保险（包括安装工程险、机器损坏险、锅炉爆炸险），海洋石油勘探及开发保险，财产保险及有关责任保险，人造卫星发射保险，核电站保险等9大类，有力地配合和促进中国对外经贸活动的开展。

人保总公司再保险业务，如远洋船舶险、国际航线机队险、海上石油钻井平台险、人造卫星发射险等，均较好地进行了分保，一旦发生巨额灾损，则可通过分保途径将损失赔款摊回。其间，中国人民保险公司与110多个国家和地区的1000多家保险公司、再保险公司和保险经纪公司建立了分保关系，参加了亚非保险和再保险联合会及所属的再保险集团，并在世界各主要港口委请了300多家货损和理赔代理人，把我国的保险和再保险业务伸向亚、非、欧、美。在国际保险市场上，中国人民保险公司备受重视，信誉较高，许多国家的保险公司乐意与我们交流经验与技术，建立了单边或双边的再保险业务关系。

这些成绩的取得，离不开周庆瑞等一大批再保险专家的无私奉献和开拓进取的顽强精神。

作为人保再保险的学者，周庆瑞在 1987 年获得了高级经济师职称，他还担任了中国保险学会理事、北京法学会咨询中心特邀顾问。

周庆瑞曾在中央财经大学、深圳大学、湖南长沙保险干校等院校讲授再保险课程。周庆瑞还多次担任保险专业研究生考试及毕业答辩的负责人，他认真教学，有时亲自动笔在学生的论文上给予修改和补充。周庆瑞桃李满天下，许多弟子如今已成为再保险的领军人物。

周庆瑞著有《再保险基础》《再保险概论》等著作。他和姚和真、姚洁忱等共同主编了《再保险业务与经济管理》《再保险》《再保险理论和实务》《再保险合同实务》等著作和高等院校教材。

周庆瑞在保险报刊上发表过《核能与保险》《日本邮政保险》《亚非非寿险再保险市场观察和瞭望》《分保的基础知识》《百慕大保险市场透视》《德国阿里昂兹集团的成功之路》等多篇论文，其中《当前国际形势和出口信用保险》一文，作为优秀文章入选《中国财政金融大典》一书。

周庆瑞的儿子周公存回忆：父亲一直保持着好学的习惯，记得父亲每天早上 5 点多就起床读外语，伏案读书。这种习惯，一直保持到父亲生命最后的时刻。

2007 年 1 月 27 日，周庆瑞在北京去世，享年 85 岁。

中国再保险公司原副总经理刘恩正自称是周庆瑞的生徒和挚友。他在给我的微信中说：周庆瑞是一位优秀的老党员，他工作兢兢业业，任劳任怨，甚至是忍辱负重。从我认识他时，他就是一个科长

他很瘦，但他是一面旗帜——记中国人民保险公司再保部第一任科长

周庆瑞出版的图书以及发表文章的杂志

周庆瑞著作封面

刘恩正题词

周庆瑞手记

周庆瑞手记

周
庆
瑞

367

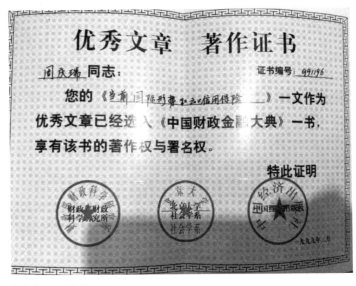

周庆瑞的获奖论文证书

级干部，直到20世纪80年代初期，才提拔为副处长，从未向组织要官，直到退休。他生活十分艰苦朴素，一件毛料大衣穿几十年。他诚恳待人，态度和蔼，作风正派，不卑不亢，实事求是，从不说假话，与所有同事都有着很好的关系。他爱护青年人，支持青年人，耐心教导青年人。秦道夫、周庆瑞是我的入党介绍人。1975年，我被任命为中国人民保险公司再保险处副处长后，他热情地积极地支持我的工作。

1989年4月27日，刘恩正在周庆瑞赠予他的《再保险概论》一书的扉页上题诗一首："满纸血汗泪铸成，浩茫神州得一名，都云宏楼石做底，功过只得问众生。"

刘恩正向我详细地解释了该诗的含义：第一句是说周庆瑞一生

368

的精神追求：周庆瑞生活清贫，爱人一直没有正式工作，他们又有六个子女，尽管他的收入较高，但生活并不富裕。但周庆瑞清欲寡欢，一心做学问，埋头苦干。在他退休之后，能写出这么一本书，可以说凝聚了他一生的汗水、心血。第二句是说周庆瑞的《再保险概论》在中国的地位：世界上从事保险的人比较少，有关保险的书籍就更少，有关再保险的书几乎没有。从事再保险的工作者都是手把手，师傅带徒弟，单兵教练学习的。20世纪60年代后期，王恩韶写了一本有关保险和再保险的书稿，但没有出版，所以周庆瑞的《再保险概论》算是中国大地上第一本用中文写成的再保险书籍。第三句是说这本书在中国再保险事业中的意义：随着中国保险业和中国保险市场的改革开放，中国再保险事业必然有一个健康稳定迅速的发展。构建成中国再保险事业的宏伟大厦，这本书在这座宏伟大厦中发挥了一个坚强的基石作用。第四句是说周庆瑞的历史功绩：凡是阅读并受到这本书有关再保险知识启蒙教育的人，必然会在中国再保险事业发展中发挥应有的才华，为中国的保险事业的发展显示巨大的能量。

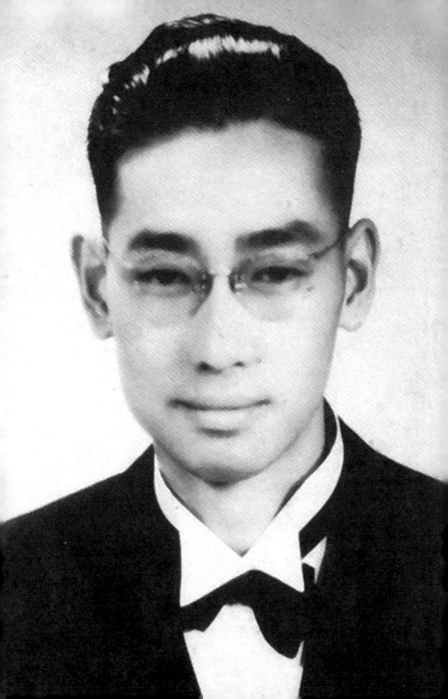

楼茂庆

1984年9月27日，楼茂庆终于实现了自己多年的夙愿，加入了中国共产党。此时，他已62岁，双鬓白发，映衬着他一颗如初的丹心。

他也成为了中国保险业的三朝元老，见证了中国保险业的发展。

其实，我接触楼茂庆的时间已经很晚了，应该是在 2000 年左右。那时，楼茂庆早已退休，而且退休关系被分配在中国人寿公司。每隔不长时间，他都要到访人保公司在前门西交民巷的办公地，在《中国保险》杂志社要一本新出的《中国保险》杂志。有时，杂志还没到出版日期，他就来了。

一开始，我还不以为然。楼茂庆老人那时已近 80 岁了，背有点驼，他每次都是从西直门内的桃园宿舍坐 44 路公共汽车来的。他提着一个朴素的布袋，总会带走许多相关的保险报刊资料。我劝他：别再亲自来了。到时，我把每期新出的杂志给您寄到家里。楼茂庆以为他给我带来了麻烦，面带羞涩的歉意，他说：不用寄，我自己来，还可以顺便看看其他的资料。

楼茂庆知道我喜欢收藏人保旧物，他把自己早年的老照片、工作证等无偿地送给了我，就像是要讨好我似的，我受宠若惊。后来

楼茂庆晚年

我明白了，他不辞辛苦地往西交民巷跑，不是单纯地为讨要一本杂志。退休后寂寞的他，渴望与人交流；他是想在这个曾经工作过的老地方找到些许回忆；他是要亲身感受一下保险时代变化的气息。

楼茂庆穿着灰色的风衣，迈着老态龙钟的步伐，消失在西交民巷冷清而又昏暗的楼道里，这一幕给我留下了深刻的记忆。楼茂庆总是小心翼翼的话语，一脸谦卑的神情。让我难以相信他是当年名扬上海滩的红帮裁缝第一代传人的后代，他是1941年就已加入保险业的保险专家！

我把收藏的老保单以及楼茂庆的工作证等人保文物一起装在玻璃镜框里，挂在办公室的墙上。

一、红帮裁缝的剪刀剪不开浓重的云彩

楼茂庆祖籍是浙江省宁波市鄞县。早在夏朝初，"鄞"已成为确定的地名，鄞由"堇"和"邑"（阝）两字合成。顾祖禹《读史方舆论纪要》称："夏时有堇子国，以赤堇山为名……加邑为鄞。"赤堇山或称堇山，在今奉化境内的白杜。

鄞县地处长江三角洲南翼，有"五山四地一分水"之称。鄞县东南部沿海地区多盐碱土，宜种棉花；中部平原地区属水稻土，适合种水稻、席草等；西部山区多黄壤，缺少有机质，宜种茶叶、竹木、果树、杂粮。

鸦片战争后，宁波辟为"五口通商"口岸，来了不少蓝眼睛、红头发的洋人。宁波人习惯上称他们为"红毛人"，于是为"红毛人"做衣服的那一帮裁缝，也就被称为"红帮裁缝"。

1921年出版的《上海总商会月刊》记载了这样一段历史：清嘉庆年间，鄞县姜山孙张漕人张尚义，学了裁缝手艺没法糊口，被迫

改行在渔船上帮厨烧火。一次，因遇海难，渔船漂至日本横滨，被当地水兵救起。在举目无亲的异国他乡，张尚义凭借裁缝手艺，寄居码头靠修补救生衣度日。他看到港区内有不少俄国渔民和荷兰客商都穿西装，就趁补衣之机，将洋人的西装拆开，做成样板，学习裁制，渐渐熟能生巧，成为制作西装的高手，于是回乡带儿子创立了"同义昌"西装店。

1843年11月，襟江带海、拥有开阔腹地的上海对外开埠，逐渐成为东方大都市。一方面，远隔重洋的欧洲人猛增；另一方面，国内的洋行买办、银行高级职员、富家子弟、社会名流等追随时尚，于是社会上出现了一股"西装热"。

据《鄞县通志》的记载："海通以外，商于沪上者日多，奢靡之习，由轮船运输而来……往往西式服装，甫流行于沪上，不数日，乡里之人即仿效之，有莫之能御矣。"

宁波地狭人稠，与上海近在咫尺，所以宁波人一向有到上海谋生的传统。"西装热"给聪明能干的宁波裁缝带来了千载难逢的机遇，纷纷涌入上海滩。一时间，开张的西装店如雨后春笋。从1896年奉化人江良通在钜鹿路开设上海第一家西装店"和昌号"起，到1950年的50余年间，上海的西装店最多时达710余家，而宁波人开的就有420多家。

因此，说红帮裁缝起源在日本，成名在上海，而鄞县又是红帮裁缝的发祥诞生之地。

在这支早期到上海滩闯荡的红帮裁缝大军中，就有楼茂庆的曾祖父、祖父。可以说，楼氏家族的西装业，一直传承有序。但到了楼茂庆的父亲楼恩普这一代，家业开始走下坡路了。楼恩普早年在虹口开了一家西装店，由于经营不善，店里的伙计与之分离，另立门户。

1922 年 1 月 29 日，楼茂庆出生在上海。他是家里的独生子，备受宠爱，尤其是祖母对他寄予厚望。尽管西装店的家境还算富裕，但毕竟还是地位不高。祖母经常教导他要好好读书，长大找个有出息的职业，不要再继承父亲的裁缝这个行当了。楼茂庆在 20 世纪 50 年代亲笔撰写的"思想汇报"中写道："因受家庭环境的影响，我从小就不喜欢做手艺，希望多念书，领到毕业文凭后，能够找到地位高、名气好、收入多的工作，我从小就沾染了资产阶级剥削思想，轻视劳动人民。"可以理解，他的语言似乎"深刻"得有些夸张。

1927 年，楼茂庆在上海培秀小学上学。

1930 年，楼茂庆转到正德小学上学。楼茂庆在小学的课堂里，异乡的感觉无处不在，他深知自己是一个乡下人子弟的身份。从小内敛的他，养成了勤勉好学的习惯。

1935 年，楼茂庆在圣方济中学上学。该校创办于 1874 年，由耶稣会主办。建校十周年时，迁入虹口区南浔路新址，由法国圣母小昆仲会全面接办。当时学生总人数达到 286 人，中国学生也与日俱增，因该校收费昂贵，早期入校的中国学生，大多数是家境比较富裕的官宦子弟。1905 年，学校首次派遣学生 4 人参加英国剑桥大学公开考试，即有 3 人获合格文凭。

1937 年，抗日战争爆发，父亲楼恩普的西装店关闭，家境急转直下。父亲先后转到福利运输公司、兴华印染厂打工，母亲林阑英也要在家打小工，维持生计。但为了栽培楼茂庆，父母尽一切力量支持其读书。最后是靠典当衣物，甚至是向亲友赊借，维持着楼茂庆的学业。

1941 年，楼茂庆在师承中学高中毕业。

二、在上海滩尝试银行保险业的江湖

由于家境困难，楼茂庆最终只好放弃了上大学的理想。

1941 年 7 月，楼茂庆报考了浙江兴业银行，录取后，被分配到上海泰山保险公司担任职员。

泰山保险公司是民国时期著名的中外合资保险公司，由浙江兴业银行与美商美亚保险公司共同发起，成立于 1932 年 8 月。董事长徐寄庼，董事徐新六、李馥荪、厉树雄、孙仲立、潘学安、胡孟嘉、史带、刘鸿生、陈启均、王启宇、施佩仁、沈叔玉、陈聘丞、竹垚生，常务董事孙仲立、潘学安，监察人周守良、施密斯，总经理徐新六（后为朱博泉），协理竹垚生，水火部经理任硕宝，人寿部经理薛维蕃，襄理谢伯恬、李德樵（林子和、徐嘉祥）。资本为 100 万元（股份额定 10 万股，实收 10 万股，每股 10 元，决算日期为 12 月底）。公司总部设在上海江西路 406 号。在广州、香港、天津、汉口、杭州等地设分公司。公司主要经营水火险、汽车险、航空险等险种。

1943 年，楼茂庆被调到杭州，在泰山保险分公司任职。

楼茂庆在泰山保险公司得到了最早的保险从业实践的锻炼，但因待遇太低，楼茂庆最终选择了辞职。

1944 年 9 月，楼茂庆来到上海一家工商银行任助理员。

这家工商银行是中法合资的银行，待遇不错。它是 1923 年由原中法实业银行改组而成的，为中法合资银行，在上海、天津、北京等地设有分行。中法工商银行主要业务范围包括存款、买卖外汇和股票、汇款、借贷、代销法国彩票、有奖债券、发行钞票、企业投资等。

1945 年，中法工商银行在上海关闭。楼茂庆不得不面临再次寻

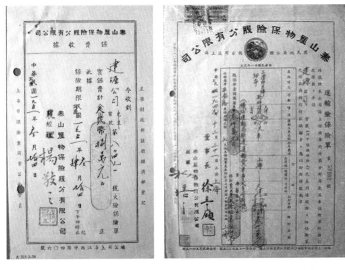

泰山保险公司的保单

泰山保险公司的股票

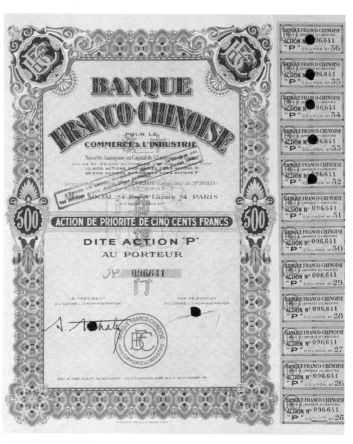

中法工商银行的钱票

找工作的情况。

1946 年 1 月，楼茂庆到上海市银行担任助理员。

上海市银行是上海特别市政府为集中全市的财力，统一全市的收支，调剂全市的金融，发展全市的营业而建立的。由上海市长张群亲自筹办，决定设立上海市银行筹备处，资本总额为国币 100 万元，由市财政局长徐桴出任主任。1929 年 8 月在《上海市银行筹备公函》发布，聘请时为上海市财政局秘书的朱镜宙和王震丰、陈柏、顾通光、朱豪、沙临渊 6 位富有银行经验的人员出任筹备。12 月，理事会聘任顾通光为上海市银行经理，陈柏为副经理。1930 年 2 月 17 日，上海市银行作为当时继南京之后的中国第二家市立银行，在上海天津路508 号开业。1932 年 1 月 28 日，日本在上海挑起战火，"一·二八"事变对中国金融中心的上海金融市场冲击巨大，上海市银行走入低谷。

1946 年，楼茂庆与来自同乡鄞县的佘伟民在上海结婚。夫人的家庭要比楼茂庆的家庭条件强一些，她家有多人在上海银行界或在黄埔军校任职。

1947 年 9 月，楼茂庆通过夫人的叔父佘方耀介绍，到上海中国农业保险公司担任办事员，再次开启保险生涯。

中国农业保险公司是由中国农民银行设立的。中国农民银行的前身是 1932 年 11 月设立的农村金融救济处。1933 年 4 月，在农村金融救济处的基础上，成立四省农民银行，总行设于汉口。1935 年6 月 4 日，国民政府公布了《中国农民银行条例》，将原四省农民银行正式改组为中国农民银行。

中国农民银行在投资保险业之前就代理中央信托局的保险业务，其基本业务除农业贷款保险外，主要是争取农本局的保险业务。1943 年 3 月，中国农民银行在重庆投资建立中国农业特种保险股份

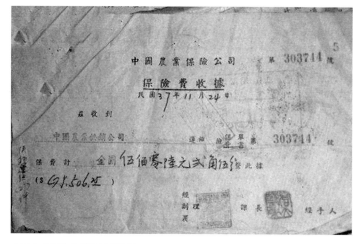

中国农业保险公司的保费收据

有限公司，总经理为顾愈群。1947年更名为中国农业保险股份有限公司。公司成立后，除独家承办农本局投保的业务之外，还承办了盐载保险和茧钞保险。对家畜保险进行了积极的探索，在重庆北碚小面积试办了一些耕牛和猪的保险。1945年，抗日战争胜利后，随中国农民银行迁沪，业务主要是独家经营的茧钞保险。

1948年，楼茂庆曾短期到中国农业保险公司青岛公司任职。但他像大多数上海人一样，不愿意离开上海，在外埠任职。不久，楼茂庆又回到了上海。

对于这个时期的频繁更换工作，按楼茂庆自己在"思想汇报"中所讲，是因为自己是"身在社会底层的小职员，没有背景，为改变待遇，谋求发展。"

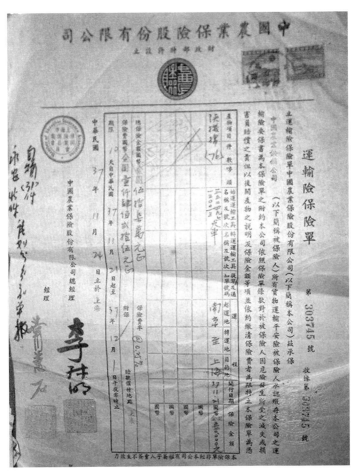

中国农业保险公司的保单

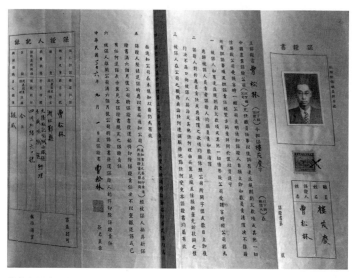

楼茂庆的农业保险公司工作介绍信

三、接受新时代保险阳光的降临

1949年5月3日，饶漱石、陈毅、粟裕等率部进驻丹阳，与先期到达的总前委、华东局机关部队和南下干部会合，部署接管上海的准备工作。6日，华东局在丹阳举行会议，讨论接管上海的问题。10日，陈毅在县城南门外大王庙对接管上海的干部作关于接管上海的报告。

1949年5月27日，上海解放，军管会开始接管上海各行各业。

军管会财政经济接管委员会金融处下设立了"保险组"。上海保险界地下党员脱下便服，穿上军装，成为上海市军管保险业接管大员。

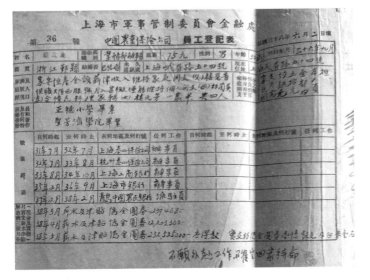

军管会登记表

　　谢寿天为金融处副处长,林震峰为保险组组长,孙文敏为副组长。郭雨东协助保险组的全面工作,朱元仁兼秘书,廖国英、刘凤珠负责审查各接管单位的财务账册报表,其余人员按分工负责接管24家官僚资本保险机构。其中,施哲明、陶增耀负责接管中国农业保险公司和国民保险公司。

　　负责接管中国农业保险公司的陶增耀早先就是农业保险公司的地下党,此时,他刚被从国民党监狱里营救出来不久。由于他对楼茂庆比较了解,认为他思想进步,业务突出,于是,楼茂庆被接收留用,参与筹建中国人民保险华东区公司工作。

　　1949年9月25日,在北京召开第一次全国保险工作会议,参加会议的有筹备中国人民保险公司的负责干部,有中国人民银行总行各处的代表,还有华东、华中、东北、西北、西南、京、津等地人民银行与保险公司的代表。

1949 年 10 月 20 日，中国人民保险公司成立，开始了中国保险事业新纪元。

胡景沄总经理在第一次全国保险工作会议上总结道：中国人民保险公司是新民主主义经济建设下的国家金融机构的一部分，属于国营企业的一种形式，其工作的基本方针是为生产服务。主要任务有下列三项：一、保障生产安全，扶助贸易发展，促进城乡物资交流；二、提高劳动人民的福利；三、保障国家财产。

1949 年 12 月，中国人民保险公司华东区公司召开全区保险公司会议，部署落实总公司的会议精神。中国人民银行华东区行副行长兼中国人民保险公司华东区公司经理谢寿天，在上海广播电台播讲了人民保险事业为保护国家财产安全和开展防火工作的业务方针。

据楼茂庆在回忆文章中介绍：当时，上海市工部局消防处队长王文涛听到广播后，深受触动，他写信给谢寿天，表示愿到中国人民保险公司参与防火工作。华东区保险公司成立了防火小组，楼茂庆和范燕生、张异卿、姚文奎等负责防火防灾的宣传和组织。中国保险公司的林增余、施开先等也参加了小组工作。

王文涛在上海市工部局消防处工作多年，对消防与预防火灾都有丰富的经验。他负责教导人保员工学习防火知识，使用的教材是美国的"防火手册"，教学内容是：火的原理及构成因素，火灾及发生的原因，火灾施救的方法，消防设备器具的种类及使用保养方法等。

楼茂庆开创性地开展工作，探索新型防灾措施。他们先后到工厂、仓库进行防火检查。在工厂方面，主要检查厂房建筑、机器设备、安全管理、消防组织、消防设施等；仓库方面，主要检查库房建筑、一般物资与危险品的储存、用火用电情况、管理制度、消防组织、消防设施等。

检查中，发现违反消防条例规定的，一般情况，当时提出改进意见；情况严重的，提出防火建议书，要求改进，并进行复查。被检查的单位都是国营企业，全部实行财产强制保险，都能按照防火建议进行改进。这不单是确定保险费率、计算保险费的消防检查，更是重在为企业所想的防灾服务。

1951年，华东区公司成立防灾理赔科，张仲良任科长，杨紫竹任副科长兼防灾股长，楼茂庆任副股长。由于防灾工作涉及面广，内容复杂，技术性强，全面开展难度较大，因此，上海公司先从防火工作开始，培养了专业干部，掌握了技术，积累了经验，并在全国得到逐步的推广。

四、北上的路风雨兼程

1953年，由于工作业绩突出，政审合格，楼茂庆被调到北京中国人民保险总公司工作，任国内保险业务处副科长。他是中国人民保险公司成立后，上海地区支援北京总部的第三批保险专业人员。

1954年11月，第四次全国保险会议在北京举行。会议实事求是地评价和总结了1953年以来整顿收缩工作的成效和不足。认为前一时期的整顿收缩工作取得了显著成绩，但在执行中对若干重大业务问题的处理还不够慎重妥当，过分强调了收缩和停办，在整顿收缩的步骤上也操之过急。

会议转发了《农村保险工作四年总结》，这个文件全面回顾了1949年到1953年的农村保险工作，肯定了成绩，也指出了问题。文件中明确指出了农村保险工作在整个国家保险中的地位："农村保险是发展农业生产的重要环节之一，也是国家保险的主要业务。"

提出了此后我国保险工作的基本方针：根据国民经济有计划按比例发展的需要，对地方国营企业、合作社企业、农业、手工业、国家资本主义工商业、资本主义工商业和一般公民开拓各种保险业务，以便吸收分散的社会资金，建立保险基金，充实国家财政的后备力量。这种后备力量主要是用做补偿国民经济因自然灾害和意外事故所造成的损失，保证生产的不断发展和劳动者的物质福利，并补助地方防灾费用，配合有关部门进行防灾工作，加强抵抗灾害的能力，减少社会财富的损失。

刚一上任的楼茂庆紧张地投入到落实保险会议精神上来，他利用多年从事农业保险业务的经验，为总部设计规划农业保险的发展方向。

在保险公司相关文件中，对各项业务进行了如下阐述：（一）关于农村保险。这是国家保险为促进农业社会主义改造的重要工作，也是国家保险今后的发展主要方向。但鉴于我国农业生产落后，自然灾害影响较大，保险赔偿力量有限，农村互助合作运动开展不久，农村工作任务繁重等现状，以后农村保险只能有计划地、有控制地采取稳当的步骤去进行。（二）关于国营经济的保险。会议认为随着国家财政后备力量的增强和国营企业经济核算制度的建立，可通过国家财政给予补偿，没有必要再办理保险，要逐步停办但不要过急。（三）关于合作社的保险。对手工业合作社和县以下供销合作社可以继续办理自愿保险，并在保险办法和费率上给予优待，以支持巩固合作经济。（四）关于各种形式的国家资本主义工商业的保险。可以通过与国家资本主义企业有联系的各个国营企业部门的协助，采取签订合同、协议等办法争取大部分或全部保险。对公私合营企业的保险费率可适当优待。（五）关于对资本主义工商业的保险。应继续办理自愿保险，组织起部分资金为国家的保险基金，通过保险促进其加强安全措施并保障其稳定经营。（六）关于个人财产保险和人身保险。随着劳动人民生活水平的提高，可以有计划地适当发展。

楼茂庆也把在上海创建的防灾防损的成功经验带到北京，经过综合各地的经验，汇总丰富后，面向全国推广。

1956年2月19日，第五次全国保险工作会议确定保险工作的任务是：适应农业合作化社会改革和农业生产发展的需要，把业务的重点转向农村，积极地有计划、有步骤地开展农村保险业务，为逐步实行法定保险创造条件，争取在第一个五年计划期内，对农业生产合作社，担负起基本保险责任。同时还必须根据新的情况，积极地发展城市业务，把保险工作做得又多、又快、又好、又省，全面地适应客观需要。

财政部领导向毛泽东主席汇报了第五次全国保险工作会议情况。毛泽东主席就农村法定保险指示："愿保就保，不愿保就不保。"财政部后来也在相关文件中指出：由于目前各地农民对保险的要求不平衡，不少农民不很了解保险，也缺乏保险习惯，因此实行法定保险的条件还不完全具备。应当先办好自愿保险，提高农民对于保险的认识，到第二个五年计划期间再进行法定保险的研究准备工作，以便条件成熟时再行试办。

1958年5月，党的八届一中全会正式提出了"鼓足干劲，力争上游，多快好省地建设社会主义"的总路线。国务院的指示及保险下放方案尚未实施，中国保险业即已登上了"大跃进"的快车。"大跃进"初期，在农村保险业务高速发展的同时，城市保险业务也有很大发展。团体人身保险作为社会福利的补充，到1958年全国有300万人参加此项保险；简易人身保险参保人数已发展到180万人。此外，各地城市业务在财产保险和人身保险领域中还有新的开拓，

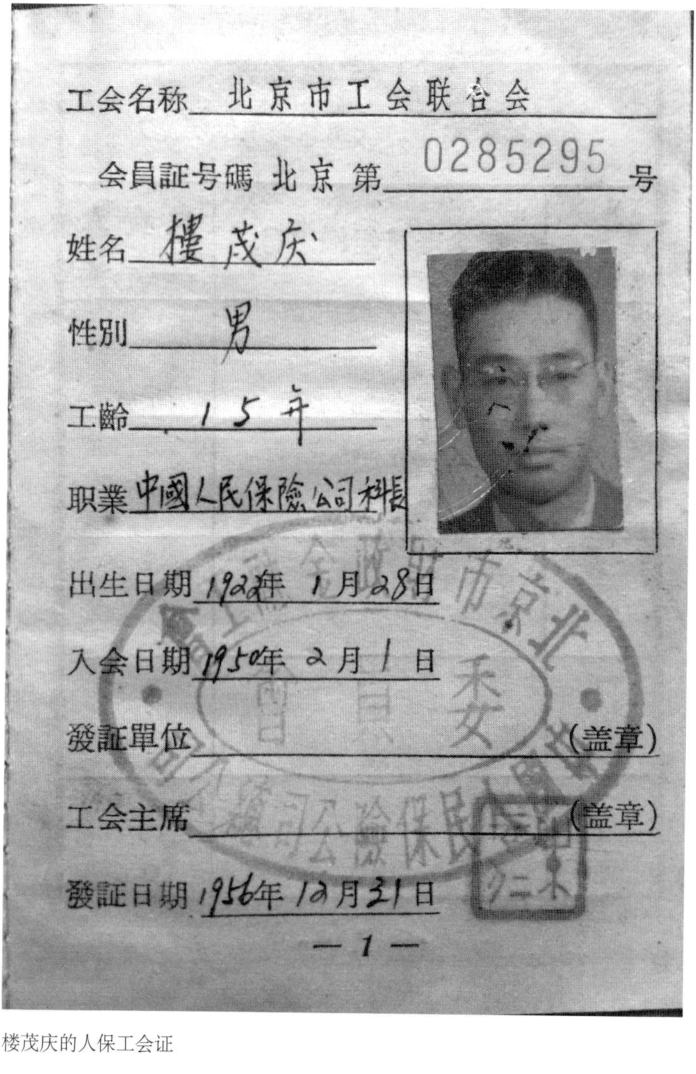

工会名称　北京市工会联合会

会员证号码　北京第　0285295　号

姓名　楼茂庆

性别　男

工龄　15年

职业　中国人民保险公司科长

出生日期　1922年1月28日

入会日期　1950年2月1日

發証單位　　　　　　　　　（盖章）

工会主席　　　　　　　　　（盖章）

發証日期　1956年12月31日

— 1 —

楼茂庆的人保工会证

比如部分地区开设了疾病治疗和保险相结合的"人身保健保险"以及不分年龄的"家庭人身保险"等新险种。

但好景不长,一度热闹的保险业在"大跃进"的浪潮中,终于演变成了偃旗息鼓的停办。

1959 年,中国人民保险公司停办国内业务,人员被分散到各种单位。楼茂庆到北京化工研究院,先后担任总务、行政、供应等科的副科长,工作涉猎很广,但都是一些边缘性的岗位。

楼茂庆一生小心谨慎,老实本分,从不激进。因此,在历次政治运动中,倒也没受过多大的冲击。但因为他当年为表达与旧制度决裂,自报资本家成分的出身,也引来了不少麻烦。后来,他为撇清这虚高的成分,颇费了一番周折。

楼茂庆本就低调做人,乐于参加劳动。"文革"期间,提倡干部参加劳动,开展与工农相结合,楼茂庆曾被安排到锅炉房烧了半年锅炉。由于家庭成分不好,影响了他的政治进步,尽管他身为民盟会员,但他一直积极要求加入共产党。

五、用晚霞书写保险的春天

1979 年 2 月,中国人民银行全国分行行长会议正式作出恢复国内保险业务的重大决策,老保险们奔走相告,群情激奋。

1979 年 6 月,楼茂庆成为首批被邀请归队的人员,在国内保险业务处任副科长。他也成为了中国保险业的三朝元老,见证了中国保险业的发展。

当时,人保还没有办公室,大家就在月坛北小街人保宿舍楼各自的家里办公,他们经常在叶奕德的家里集中讨论,楼茂庆、魏润泉、李嘉华、李锵、赵济年等筹建小组人员在一起讨论保险条款,研究海外保险最新动态。

1981 年，为了加强防灾工作，人保总公司专设了防灾处，各地分支公司也设立配备了专管防灾工作的机构与人员。楼茂庆任中国人民保险公司防灾理赔处副处长。

中国人民保险公司在发展业务的同时，一直重视防灾防损工作，把保障人民生命财产安全、尽力减少社会财富的损失，作为公司参与社会管理的一项责任。

楼茂庆首先是发挥自身的优势，利用在理赔实践和案情分析中所获得的经验，配合有关部门，有针对性地开展防灾宣传，普及防灾知识，提高安全意识，克服麻痹思想。据《中国保险史》统计，1980—1985 年，共有 174 万人次观看了防灾电影，77 万人次参观了防灾展览。

楼茂庆带领落实各公司开展检查保险标的不安全因素，并针对所存在的问题提出防灾建议，督促投保单位落实整改措施。

楼茂庆积极推动及时拨付防灾补助费、加强社会安全措施。防灾补助费主要用于以下三个方面：一是拨付给防灾、防汛、防台风以及交通管理、农牧渔业等有关部门，用于添置和改进防灾设备，进行防灾宣传和防灾科研工作，以及奖励防灾安全积极分子；二是为投保的企业添置消防设备；三是为地方修建防灾工程提供资助。

在楼茂庆辛劳的工作下，中国人保防灾工作硕果累累。据统计，从 1980 年到 1985 年，中国人民保险公司对 18.6 万多家企业进行了防灾检查，提出防灾建议 29.5 万多条，经过采取了有效措施，使 90% 的隐患得到消除。1980 年至 1988 年，共拨付防灾补助费 3.9 亿元。

1984 年，楼茂庆任中国人民保险公司国内保险业务部二处副处长。

国内保险业务的恢复，从无到有，从小到大，遍及全国城乡各地。

保险服务领域由城市推向广大农村和边远地区。国内保险的服务对象，包括了国营企事业经济、集体经济、个体经济以及广大城乡居民个人，延伸到社会生产生活的各个方面、各个经济部门、各种经济成分。经营的险种，1980年，仅有企业财产、货物运输、运输工具等20多个险种，发展到1990年，国内保险业务已有230多个险种。

"主动、迅速、准确、合理"则是人保公司一贯执行的理赔原则。1980年至1990年，国内业务支付赔款226.26亿元，使57.4万户企业、事业单位及时得到经济补偿，迅速恢复生产经营，使广大受灾群众，早日安定生活，重建家园，同时，也减少了国家财政支出，稳定了社会经济生活。

楼茂庆总是下基层开展调研，遇到发生大的灾难和理赔事件，他还要提起包就走，到现场指导查勘理赔，在许多当年的照片中，可以看见楼茂庆的身影。

1982年3月，全国保险工作会议决定，在国内非寿险业务积累了一定的准备金的基础上，开始恢复试办人身保险业务。首先在有条件的地区开办一年期的职工团体人身保险和人身意外伤害保险。对于简易人身保险、集体企业职工和个体户的养老年金保险，上半年先在上海试办，下半年各地区再视本地所具有的条件定点试办，暂不规定业务计划指标。

据人保总公司《全国保险业务统计资料》的记载，1982年全国人身保险的投保人数共计302474人，保险金额为16148万元，保险费159万元，全年出险人数为111人，给付保险金共21万元。其中，团体人身意外险一项承保人数为243754人，保险金额为14407万元，保险费127万元，当年出险人数为102人，给付保险金20万元；简易人身保险一项承保人数为55564人，保险金额为1583万元，保险费21万元，全年出险人数为9人。养老年金保险一项承保人数为

3156 人，保险金额为 158 万元，保险费 11 万元，当年没有出险人数，也没有发生保险金给付。

1983 年，楼茂庆随同中国人保代表团前往菲律宾，参加第三世界保险会议。该大会是由菲律宾前保险监督官阿南尔夫人和菲律宾亚洲太平洋保险学会发起组织的。其宗旨是促进第三世界国家独立自主地发展本国民族保险事业。在马尼拉参会期间的住宿经费由大会统一发放，代表自行安排酒店经费，结余归个人。楼茂庆与同事决定放弃单间待遇，两人拼住一个包间。会议结束后，楼茂庆将结余的数百美元，全部上交给了中国驻菲律宾大使馆，为国家创收了数百美元外汇。

1984 年，在人保公司人身险业务发展势头正猛的情况下，楼茂庆出任中国人民保险公司人身保险处副处长。

1984 年 11 月，国务院批转中国人民保险公司《关于加快发展我国保险事业的报告》，要求实施城镇集体企业职工的法定养老保险，使城镇集体企业职工的退休养老工作社会化。同时，中央财经领导小组决定集体所有制职工养老保险由中国人保经管，使中国 2000 多万集体企业职工老有所养，病有所医，晚年生活有良好的经济保障。这个决定极大地推动了人身险业务的发展。1984 年，中国人保的人身保险费收入就从 1983 年的 1000 万元增加到 7500 万元，被保险人数达到 300 万人。

为配合国家计划生育基本国策在农村地区的推行，中国人民保险公司在广大农村积极开办有关计划生育的一系列保险险种，比如独生子女保险、母婴安康保险、绝育手术保险等，较好地解除了农民对计划生育的后顾之忧，受到了广泛的欢迎。

1985 年下半年，中国人保在一些省、市陆续试办中小学生平安保险，各地分公司也纷纷因地制宜，在广泛开展简易人身保险、团

楼茂庆晚年与家人在月坛北小街宿舍前合影

高尚是高尚者的墓志铭——记中国人民保险公司国内保险业务早期创始人

楼茂庆晚年

体人身保险、团体人身意外伤害保险及附加医疗费保险等传统险种的同时，开发出多种满足当地群众需要的人身险险种，比如公路旅客意外伤害保险、轮船旅客意外伤害保险、飞机旅客意外伤害保险、旅游意外伤害保险、个人养老金保险、医疗保险和游艺意外伤害保险等。到 1985 年底，人身保险保费收入已达 4.41 亿元，占国内保费业务的比重上升至 16.9%。

1984 年 9 月 27 日，楼茂庆终于实现了自己多年的夙愿，加入了中国共产党。此时，他已 62 岁，双鬓白发，映衬着他一颗如初的丹心。

1986 年 6 月，楼茂庆在人身险这个岗位上退休。他可以说是在人保公司转换专业部门最多的人，因此，他不愧是功成名就的人保退休干部。但楼茂庆始终只是一名副处长，他毫无怨言，历史的光芒必将折射出他宽阔的胸襟。

2006 年 3 月 22 日，楼茂庆在北京 304 医院去世。家属根据老人生前的行事态度，只是举行了简单的告别仪式。他们并没有惊动单位，更没有发放有关个人生平的文字材料。只是后事料理完毕，家属去单位办了个手续。但是子女们没有忘记，为楼茂庆覆盖一面党旗。

楼茂庆生前也没有留给孩子们一份自己清晰的简历。他的个人身世，对孩子们来说，似乎始终是一个不解的谜。

楼
茂
庆

让东方明珠闪烁着 PICC 的光芒——记中国人民保险公司旗下香港民安保险公司首任总经理

沈日昌

沈日昌的一生，是充满创造和付出的一生。他在民安公司工作了整整半个世纪，他是香港保险业不可或缺的精英，他把全部的精力，献给了中国人保，献给了中国保险事业。

2011 年，回到人保的林帆监事长听说我在收集人保的历史老照片，特向我提供线索说，他当年在太平公司工作的时候，在沈日昌老先生的办公室里，见到墙上挂过许多老照片，那也是人保的老照片啊。我通过太平保险公司的朋友，果真找到了一些老照片，照片非常珍贵，填补了人保发展史上的一些空白。

在照片中，我见到了去世不久的沈日昌老先生。我想起当年我刚加入人保不久，在西交民巷的楼道里，见到来北京开会的沈日昌先生，他谦逊和微笑的脸庞，总是泛着微红，给我留下了深刻的记忆。

一、沈氏先祖锻造的是铮铮铁骨

浙江省嘉兴市的乌镇，如今可以算是非常有名的旅游胜地。乌镇地处江浙沪"金三角"之地，或许正是处于"三不管"的边缘地带，才留下了如今变得弥足珍贵的老房子。

乌镇地处杭嘉湖平原腹地，属太湖流域水系，河流纵横交织，京杭大运河依镇而过。乌镇这个典型的江南水乡，完整地保存着晚清和民国时期水乡古镇的风貌和格局。依河筑屋，深宅大院，重脊高檐，古色古香，石板小路，古旧木屋，还有清清的湖水，仿佛都在提示着一种情致，一种氛围。在西栅老街，有一处老院落，是创办于 1550 年的沈亦昌冶坊。院中供奉着一口大铁锅，号称"天下第一锅"。

早在明代嘉靖年间，就有许多外地商户来到乌镇开张营业，当时有一位湖州的铁匠沈济，带着一身熟练的冶炼技术来乌镇开坊经营，这也是乌镇冶业的开始，在当时它是浙西北唯一的一家，所以生意特别兴旺。明清时期，依靠京杭大运河的通达，沈亦昌冶坊名扬京城，被朝廷定为专门冶炼进贡朝廷"膳具"的"官家冶坊"，

沈亦昌冶坊的天下第一锅

成为沈氏家族冶炼业的鼎盛时期。

1866年，沈亦昌冶坊为了纪念为朝廷贡锅100周年，也是为了展示自家的冶炼技术和经济实力，特意冶炼了一口大锅。据传当时沈家用这口锅煮了3大锅粥，连续3天，施粥于当地贫民，普施善心。

沈氏世代业冶，先祖沈济（字绣川）于明中叶自吴兴县竹墩村（今湖州市菱湖镇）迁居桐乡柞溪（今龙翔街道）。五世沈东溪于明嘉靖年间因助桐乡凤鸣寺方丈抗倭，百姓尊为"飞火将军"。寇平后，浙江巡抚阮鹗手书"退寇全城"四字，制匾悬于其庐。

沈东溪子孙继承冶铸业，开设沈亦昌冶坊于柞溪，以铸造锅釜和龙凤烫斗闻名。沈氏致富之后，重视课读，不惜耗资培养子女成才，

沈日昌

故有多人出仕为官，光耀门第，如沈氏第九十八世（柞溪沈氏十三世）沈炳垣，嘉庆庚午举人，官至同知，襄助林则徐抗英；柞溪沈氏十四世沈宝樾，议叙知县，同知加知府衔；柞溪沈氏十五世沈善登，同治戊辰进士，为翰林院庶吉士；柞溪沈氏十六世沈承浚，毕业于上海广方言法文科，随孙宝琦使法，由随员荐升参赞，等等。1866年，沈宝樾与侄子沈善兼在青镇（今乌镇）分设沈亦昌冶坊。沈宝樾乐于善举，屡次捐资助饷，并对地方公益事业十分热心，以施药为最，历数十年。其他如桐乡重开育婴堂、青镇重开留婴堂等，都是他捐资首创；神墩（今湖州南浔区）保婴会、蒋家桥（今湖州南浔区）接婴堂、乌镇放生河、皂林秀溪桥和练市塔影浜义冢等，皆是他力主创办而成。

沈宝樾的长子沈和甫，沈氏第一百世（柞溪沈氏十五世），少小好学不倦，年轻时为"桐邑附贡生"，虽入科举，却拥护维新变法，目睹西学昌盛、清廷腐败，为之痛心疾首，焦虑万状。沈和甫自执掌沈亦昌冶坊之后，异于一般商人，仍以诗书为伴，藏书颇丰，以诗书会友，广交社会贤达和革命志士。

沈和甫曾与孙中山有过交往，孙中山的秘书长张典通是他的座上宾。沈和甫作为汤国梨的干爹，经他与张典通的介绍，汤国梨与国学大师章太炎喜结良缘。孙中山、黄兴、陈英士等名士参加了在哈同花园举行的婚礼，蔡元培为之证婚。

沈和甫与其父沈宝樾一样，胸襟开阔，匡危济贫，热心地方公益，尤其重视培育人才。1902年，沈和甫租东栅孔家祠堂为校舍，创办了乌青镇中西学堂，首创西学，得到镇上维新派人士卢学溥、徐冠南、吴肖桐、沈听蕉及徐晴梅等的大力支持。学堂聘吴肖桐为首任校长，众望所归，群贤毕集，革故鼎新，成绩斐然。茅盾、孔另境、木心、丁士源等先辈，曾在该校就读。

沈和甫与女儿沈承玫、女婿许季明合影

沈和甫的儿子沈家宏(沈氏第一百零二世),是著名的京剧票友。他从小就在苏州的大舞台上表演,一直是程砚秋的好友,培养了许多程派名家,他也是一位虔诚的佛教信徒。

沈和甫的另一个儿子便是沈日昌。

二、在太平保险公司里试水

1918 年,沈日昌出生在上海,从小在父亲的熏陶下,一方面接受传统的耕读文化传承,另一方面追逐现代的海派文化浸染。特别是沈氏家族的开明、进步、宽容、慈善的遗风都可以在沈日昌的身上找到踪迹。

沈日昌在上海的学堂里先后接受了中学和大学的教育,拥有了过人的知识储备,使他日后顺利进入了刚刚创建的太平保险公司。

1919 年,在沈日昌出生的第二年,五四运动爆发,国人的民族意识不断增强。正如沈雷春在《中国保险年鉴》中所言:"海通以来,我国的财产保险与生命保险为外商所垄断,金钱外溢与年俱增,不独有损利权,漏卮难塞,其影响我国民族工商业的发展尤为严重。"一些有识之士开始集资创办保险公司,力图与洋保险相抗衡。在此期间,中国保险业还出现了一个新形势,就是银行业投资办保险蔚然成风。

1929 年 11 月 20 日,私营的金城银行投资 100 万元(实收 50 万元)开设了太平水火保险公司(以下简称太平保险公司),设址于上海江西路 212 号金城银行大楼。公司董事长、总经理由金城银行总经理周作民兼任,丁雪农任第一协理,王伯衡任第二协理。太平保险公司以太极图形为商标,取"生生不息"之意,并打出了"太平保险,保险太平"的口号。

1933 年，金城银行拟将太平保险公司扩大经营，而其他尚未涉足保险业的银行也正跃跃欲试，于是，金城邀集交通、大陆、中南、国华等四家银行加入太平保险公司，资本额扩大为 500 万元（实收 300 万元）。一时声势浩大，金融界为之瞩目。太平保险公司从此步入大型华商保险公司的行列。

沈日昌伴随着太平保险公司的成长，他在保险业务发展中得到历练，也在太平保险公司进步人士的影响下，追逐新生活的梦想。

1934 年初，丰盛保险公司因经营不善，拟将大部分股份售予太平保险公司，改组公司，与太平保险公司合作营业。

1935 年 5 月，东莱银行成为太平保险公司的第六个股东。同时，东莱银行创办的安平保险公司经营上发生困难，也由太平保险公司接收合并。

1936 年，中国垦业银行投资开办的中国天一保险公司因无人管理，也以低微的价格转让给太平保险公司接办。

太平保险公司只须用一套管理人员来处理四个公司的业务，这种欧美托拉斯性质的管理形式，在当时中外保险公司中尚属独树一帜，为业界所瞩目。数年间，太平保险公司成为全国最大的华商保险公司之一。

沈日昌随着太平保险公司的变革重组，也逐步走上了参与企业管理的岗位，他在太平保险公司与安平保险及丰盛保险合署经营的"太安丰保险总公司"担任稽核。

1937 年，日本发动对华侵略战争。日本占领上海后，并未立即与英美等国形成公开对抗，上海英美公共租界和法租界乃成为日军占领区包围中的"孤岛"。1941 年底，太平洋战争爆发，日军开进上海租界，上海保险市场的英、美、法等国的保险公司，被勒令停业，其外籍人员被关进集中营。

1940 年，中央信托局保险部随总部迁入重庆，标志着重庆保险的中心地位正式确立。1941 年，另一家国营保险公司邮政储金汇业局保险部也将总局迁入重庆。中国保险公司则于太平洋战争爆发后，在重庆设置总管理处。此外，民营保险公司中实力较强劲的太平、宝丰、四明等公司也将业务重心改放在重庆。

1941 年，沈日昌随太平保险公司迁到重庆工作，他担任太平保险公司重庆市分公司副经理一职。他在重庆积极参与抗战时期的后方保险建设，并被选为重庆市保险工会委员。

1945 年，抗战胜利，沈日昌又随着太平保险公司总部回到上海。

1946 年，沈日昌升任太平保险公司总部稽核，成为上海保险界的显赫人物。

三、在香港的民安保险公司挂起五星红旗

1933 年，卢绪章在上海成立了广大华行，开展药品和医疗器械的邮购业务。所谓华行，旨在区别于上海滩上大批的外国洋行。

1938 年，随着包括卢绪章在内的五位创办人中有三位先后秘密加入了中国共产党，广大华行实际上已发展成为一家上海地下党的企业。

1943 年初，卢绪章为进一步提高广大华行的实力和社会地位，构想创办一家保险公司。这一拓展计划，得到重庆办事处周恩来的肯定。卢绪章以广大华行总经理的身份，在重庆开始筹建保险公司。卢绪章找来当时在重庆著名的保险业专家、重庆中兴保险公司总经理、太平保险公司重庆分公司副经理杨经才先生和民生轮船创办人、国民政府交通部部长卢作孚先生，共同推动创办保险公司的理念。

1943 年秋，民安产物保险股份有限公司（以下简称民安产物保险公司）在重庆成立。以卢绪章代表广大华行为一方，以卢作孚代表民生实业公司为另一方，双方各筹资一半，共同投资 1000 万元。当时民安产物保险公司由卢作孚任董事长，杨经才任总经理，卢绪章任副总经理。

民安产物保险公司的创立，标志着广大华行和民生实业公司跻身金融界，扩大了经营活动领域。民安产物保险公司开业后，保险业务发展蒸蒸日上。不久，内江、昆明及成都、贵阳、西安、自贡、盐都、泸州、宜宾等地均建立了分支代理机构，民安产物保险公司很快成为西南大后方保险界的一支新秀。

1944 年 12 月，总经理杨经才不幸病逝。1945 年 5 月，卢绪章接任民安产物保险公司总经理职务。随着广大华行迁回上海，民安产物保险公司也迁址上海，并进行了参股投资，进一步扩展业务，覆盖全国各地。

1947 年，上海经济和金融市场萧条，各行各业一片凄冷，一些企业纷纷把资金转移到香港。民安产物保险公司上海总公司也筹划在香港设立分公司，为日后开展地下斗争做资金方面的准备。

民安产物保险公司凭借与太平保险公司的老关系，也考虑到沈日昌的开明和进步，便游说沈日昌到香港负责筹设民安产物保险分公司。

1947 年，已近 30 岁的沈日昌，以民安产物保险公司上海分公司特派专员的身份，独自一人自上海一路南下，到香港考察第二次世界大战结束后的保险环境。

当时的香港经济萧条、百业待兴，目光独到的沈日昌敏锐地发现香港地理位置优越，乃天赋优良海港，有发展重要航运枢纽的大好前景，保险业务潜力丰厚，于是，当年 3 月即开办了民安产物保险公司香港分公司。

创业初期，公司职工只有两名，经营条件异常艰苦。沈日昌虽然任副经理，但同时身兼工作人员、承保员、出单员、记账员等多职于一身，事无巨细均亲力亲为，每天工作时间长达十几个小时。用广东话来说，沈日昌非同一般的"勤力"。

1949年9月，民安产物保险公司及其香港分公司的股权结构发生变动，已筹建好的公司只好决定停办。

但沈日昌并不甘心，他紧急策划由内地和香港保险界、银行界的人士另行筹集资金，用了不到一个月的时间，原民安产物保险公司香港分公司便在香港注册改组为独立法人的香港民安保险有限公司（以下简称民安保险公司），注册资本100万港元，实收资本50万港元。首任董事长为梁次鱼先生，石景彦先生任总经理，沈日昌先生任经理，并聘用原民安产物保险公司香港分公司职工接管有关的保险业务。民安保险公司成为中国在香港地区注册成立的第一家民族资本保险公司，也成为中国红色保险资本的摇篮。

当时香港仍处于英国的殖民统治之下，但为庆祝新中国的诞生和公司在同一天成立，怀着拳拳赤子心的沈日昌与同事们就在租用的华人行办公室里，挂出了鲜艳的五星红旗。他们为新中国的成立欢呼，为民安保险公司的开业志庆。从此，香港民安保险公司在香港的悠长历史正式展开。

四、中国人保海外市场的桥头堡

1949年10月1日成立的民安保险公司，比中国人民保险公司的成立还早20天。中国人民保险公司成立后，民安保险公司就成为第一家在中国人保旗下的子公司。

20 世纪 50 年代，太平保险公司、安平保险公司员工合影

20 世纪 50 年代，太平保险公司员工代表出席国庆观礼

民安保险公司成立之初，公司只有 5 位工作人员，沈日昌任经理。由于资金和人员匮乏，为打开公司经营发展局面，沈日昌积极活跃于香港保险业，经常参加华商保险公会同业活动，团结华商同业共同培育民族保险事业。

新中国成立初期，因大量进口物资需经香港转口，公司坚持积极而谨慎的发展理念，及时把握商机，大力发展货运险、火险和相关意外险业务，为国家外贸服务。即使在 20 世纪 50 年代西方对香港实行禁运期间，公司的货运保费依然保持了增长。同时，沈日昌领导公司充分运用香港的中西合璧优势，一方面担任中国人民保险公司的货运险香港理赔代理人，另一方面代理英国著名保险公司法通保险公司业务。沈日昌带领大家呕心沥血，公司的业务逐步走上正轨。

在中国人民保险公司的领导和支持下，中国保险公司、太平保险公司和香港民安保险公司的业务，在 1949 年后有了很大发展。在为进出口贸易服务、为当地华侨服务的业务方针指导下，上述 3 家公司在香港及海外的分支机构认真办理各项保险业务，并严格遵守当地政府法令和当地保险公会的各项规章，积极增加为当地华侨服务的保险业务种类，对保障当地华侨及促进当地工商业的发展起到一定的作用。

1953 年，中国人民保险公司派华东区公司副经理孙文敏担任香港民安保险公司董事长，沈日昌任总经理。后来董事长几经变化，先后由乔彬、苑骅、于葆忠担任，但总经理沈日昌一直没有变动。

海外保险业务，在中国人民银行总行的统一领导下，逐步纳入了国家统一管理的轨道。海外保险业务在政治形势十分复杂的情况下获得了稳步发展，为了支援国内建设，海外各地保险机构积极

20 世纪 60 年代，太平保险公司员工举行文艺宣传活动合影

1965 年，中国人民保险公司旗下的太平保险公司员工举行国庆庆祝活动

让东方明珠闪烁着 PICC 的光芒——记中国人民保险公司旗下香港民安保险公司首任总经理

1964 年 6 月 28 日，周恩来总理接见海外银行、保险公司经理会议代表合影

1979 年，中国人民保险公司旗下的香港民安保险公司员工合影

设法筹集资金汇回国内，自全国解放至 1953 年 11 月，仅中国保险公司从海外调回的资金便有 680 多万港元，为国民经济恢复作出了贡献。

为了配合祖国的贸易需要，在香港的中国保险公司、太平保险公司、民安保险公司为客户办理转单手续，以及为国内的转口商品提供保险方面的方便。此外，中国香港、新加坡、马来西亚等国家和地区的机构还代理国内出口商品保险的查勘理赔工作。

海外保险业务在为华侨服务、为国家对外贸易服务、为国家建设积累资金和争取长期存在的方针指导下也得到了很大的发展。当时中国保险公司和太平保险公司在香港、新加坡、马来西亚和印度尼西亚等地都设有分支机构。截至 1960 年，这些机构汇入国内的资金合计为 90854 万美元，有力地支援了国内社会主义建设事业。

五、迎接海外保险业务发展的春天

1966 年，"文化大革命"爆发，涉外保险业务遭到了严重的干扰和破坏，但香港的太平保险公司和民安保险公司一直坚持开办保险业务，成为中国人保传承的最后一条纽带。

1969 年上半年，外贸部门先后从海外进口的手表和白金在空运中发生丢失。周恩来总理指示："保险还是要办，保险是对外联系的一个渠道，敌人想孤立我们，我们不要自己孤立自己。"进口手表和白金丢失事件，成为中国人保在困境中恢复发展的契机。

1970 年 6 月，涉外保险业务和国际再保险业务重新开展。20 世纪 70 年代末期，国内经济建设速度加快，民安保险公司的业务因此受益，毛保费年收入达到 5000 万港元。

1975 年，中国人民保险公司总部派秦道夫到香港民安保险公司

沈日昌和夫人江黛茜合影

任副总经理。身为民安保险公司总经理的沈日昌，在工作和生活上，给予秦道夫很大的帮助，俩人结下了深厚的情意。

交通银行香港分行总经理程慕浩老先生是民安保险公司的老董事，他由于年纪渐高，不再出席民安保险公司的董事会议。但每到春节，沈日昌都买火腿、红酒等年货，登门拜访程慕浩，沈日昌每次拜年时，都要秦道夫陪同。沈日昌与老董事、老朋友之间的深情厚谊，让秦道夫很受感动。

1979 年 4 月，国务院决定"逐步恢复国内保险业务"，海外保险业务也迎来了扩大发展的机遇。

内地改革开放以后，香港的中国保险公司肩负起更多发展经济的责任。1980 年，中国人保研究准备创建"新世纪证券投资公司"。

20 世纪 80 年代，沈日昌出席国际保险会议

按照香港的法律，成立这样一个新公司必须有一位持牌人，承担无限责任。民安保险公司想到了沈日昌和他的夫人江黛茜，是持牌人的合适人选。

江黛茜是广东人，早年在卢绪章领导的公司里工作过，后来在香港结识了同道沈日昌，并与之结婚。沈日昌和夫人江黛茜非常支持成立投资公司，最终顺利地拿到了营业执照。

江黛茜本来一直在家操持家业，担任投资公司持牌人后，她坚持天天按时上班，全心全意地投入工作，她还一直谢绝领取工资。到年底时，人保向她开出的薪金支票，也被她退了回来。江黛茜表示，她投入工作，只是尽一种义务。其实，那也是她对沈日昌的一种支持和尊重。

1989 年 10 月 28 日，李鹏总理接见参加中国银行和中国人民保险公司海外机构总经理会议的代表，右四为沈日昌

1981 年，在港澳中国银行体制改革中，明确了港澳保险公司的领导体制。新设立保险驻港澳联办处，由中国银行的负责人兼任保险联办处主任，保险联办处设专职副主任一人，由中国人民保险总公司选派，负责日常工作。

此后，人保在香港的业务快速发展，又成立了中国再保险公司，秦道夫任第一任总经理。当时新成立的公司缺乏业务骨干，沈日昌给予了很大支持，他说，只要对国家有利，抽调再优秀的人才，他也愿意。

1983 年，已经 65 岁的沈日昌，在民安保险公司光荣退休。身为公司副董事长的沈日昌，退休后依然关心着公司的发展，为公司培养新的管理人才。他按时参加公司的董事会，经常参加人保举办的

1984年，中国人寿保险公司香港分公司开业酒会。左起：朱活强、胡志雄、秦道夫、王淑梅、江黛茜、周文箴、沈日昌、钟敏恒

海外保险交流学术会议。沈日昌还担任着香港基本法咨询委员会的委员。

1984年，中国人民保险公司于1月起从中国人民银行分设出来，成为国务院直属机构。同年10月7日，成立中国保险港澳管理处，管理处为中国人民保险公司派驻香港的行政管理机构，是与中国银行港澳管理处平行的机构，中国保险港澳管理处的正式独立成立，意义重大，当时香港的保险界和舆论界，把日益壮大的香港中国保险集团视为一支新崛起的力量。

截至1990年底，中国人保海外各类保险机构发展到60多家。

1992年，中国人民保险公司决定将非法人团体的中国保险港澳管理处改组为企业法人。同年10月20日，由中国人民保险公司、中国保险有限公司、太平保险有限公司和中国人寿保险有限公司合资组建的香港中国保险（集团）有限公司在香港注册成立，并取代中国保险港澳管理处，以法人身份行使对港澳地区各公司的管理职权和自行经营除保险业务之外的多项业务，集团经营领域进一步扩展。

当年，参加工作不久的缪建民在人保公司总部国际部，负责起草、会签有关改组香港中国保险（集团）有限公司的文件和手续，他多次骑着自行车，往来于阜成门办公大楼与港澳驻京办。这些经历，为他日后入主香港保险业，成为老一辈香港保险界前辈沈日昌、秦道夫等人的接班人，打下了坚实的基础。

香港中国保险（集团）有限公司秉承灵活坚毅的展业精神，紧密结合香港经济转型的机遇和内地改革开放的步伐，加强火险和意外险的展业力度，公司规模效益同步增长。20 世纪末，香港中国保险（集团）已然成为香港最大的一家保险公司。

2006 年 1 月，沈日昌在香港逝世，享年 88 岁。

2010 年 6 月 23 日，以中国太平保险集团名义设立和命名的第一个具有慈善性质的公益基金——中国太平民昌教育基金设立暨捐赠仪式在香港举行。

中国太平民昌教育基金的设立，旨在纪念对集团发展作出重要贡献的老一辈太平人的杰出代表——中国太平保险有限公司创始人沈日昌先生及其夫人江黛茜女士。基金初始本金来源于中国太平保险集团捐款及江黛茜遗产捐赠，共计 224 万港元。据了解，该基金肇始于太平香港创始人沈日昌遗孀江黛茜 2007 年设立的遗嘱，以资助中国太平集团员工参加在职进修和培训活动。

香港民安保险有限公司所在的香港中国保险（集团）公司，现已更名中国太平保险集团公司。沈日昌的名字，将会在中国太平保险的发展史中熠熠生辉。

六、斯人已去　涛声依旧

沈日昌逝世后，人保公司特意在公司总部召开了缅怀会，大家纷纷表达了对沈日昌的怀念之情。

原总经理秦道夫特别撰文《深深地怀念沈日昌先生》，表达敬意。秦道夫说，他曾在香港民安保险公司工作9年，和沈日昌朝夕相处了9年。沈日昌年长他12岁，但他和沈日昌相处，一点儿也感受不到年龄的隔阂。沈日昌有一种特殊的魅力，使人信赖、值得亲近。

秦道夫娓娓道来，沈日昌是一位保险专家、大公司的领导人，运筹资金数以千万计，调度很有魄力。但是在民安保险公司的运营中，他又总是从小处着眼，是一个非常注意节约的人。他有一辆专用车，本可以接送他上下班。他家住九龙，每天上班必须过海，但汽车过海，要付过海隧道费，来回要付20港元。沈日昌觉得这笔开支是可以节约的，他每天只要司机把车开到渡海码头，自己坐渡轮，往来香港中区上下班。

沈日昌在香港金融界和工商界的朋友很多，民安保险公司的对外交往和社会应酬也相当频繁，然而在每次晚上应酬之后，他总是首先为他人安排车辆，而他自己最后坐地铁回家，几十年来都是如此。

沈日昌对来自内地的公司管理层干部非常关心，经常请他们吃饭，叙叙家常。这笔餐费，他从来不要公司报销，都是自己掏腰包。

秦道夫介绍，在香港工作期间，他去过沈日昌家做客。那时沈日昌家住在九龙金马伦道一个单元房内，住房很普通，也就是两室一厅，厅的中间有一个屏风，一边会客，一边吃饭。

秦道夫对沈日昌在经营管理方面的业绩，分别作了评述：沈日昌担任总经理期间，制定了公司内部严格的管理制度。他对营业时间掌握得非常严格，公司职员在办公时间不允许看报纸、聊天。他总是利用每周一的晚上召开行政例会，安排工作。每次会议他都亲自主持，一方面充分发扬民主，鼓励同事们发言，请他们多谈对公司发展有益的创见；另一方面，他又很强调发言要紧扣主题，解决问题。

沈日昌很重视考勤，认为在对职工考核的诸多项目中，考勤是最基本最重要的。他有一个基本的理念，就是认为营业时间就是金钱，而且是重要的限制性资源。他总是说，人才不足还可以招聘，但时间是买不来的。

在企业管理上，沈日昌很重视组织开展对外活动。他认为公司效益要通过公司职员的共同努力，对外开拓。经过沈日昌多年的培养，民安保险公司有一支很强的外勤队伍，他们直接联系大批的保险客户和保险代理人，并且通过客户介绍客户和开拓新路的方式，开辟新的保险资源。

在严格管理的同时，沈日昌对公司职工非常关心。民安保险公司的职工下班之后马上回家的很少，大多数人坚持业余学习英文、财务管理和金融知识。沈日昌提倡和支持员工这样做，只要员工参加业余学习，考试及格，所学的内容对工作有好处，公司即给予报销学费的 80%。

曾在民安保险公司担任副总经理的关浣非回忆：沈日昌无数次受到外资高薪邀请，但他从不为所动，宁肯拿相对较少的薪资，服务中国人保，报效祖国。1991 年，沈日昌患病住院，他对前来探望的关浣非说，自己的病并不要紧，只要活过 1997 年，就心无遗憾了。可见其赤子之心。

　　曾在海外工作过的徐振彬对我说：沈日昌老先生非常节俭，家里的电视机一直是租用的，不计较生活的质量。但他对公司事业却兢兢业业，公司的公章一直放在他的身上，从不借外人保管。沈日昌没有儿女，公司成为了他毕生挚爱的孩子。

　　沈日昌的一生，是全身心奉献于保险事业的一生。他严于律己，宽厚待人。他辞世后，家中没有留下多少财产，但他留下了高尚的品德。

　　沈日昌的一生，是充满创造和付出的一生。他在民安保险公司工作了整整半个世纪，是香港保险业不可或缺的精英。他把全部的精力，献给了中国人保，献给了中国保险事业。

万里长征人未还——记中国人民保险公司东北区第一任总经理

罗高元

晚年的罗高元热衷于写格律诗，大多数的诗作是以讴歌时代为主，很少见到他对自我的剖析。其中，有一首诗，罕见地写到了他自己：『为国酬劳几十年，风雨历程苦和甜。忆往沧桑多少事，一生清白自我严。』

2016年10月21日，习近平在纪念红军长征胜利80周年大会上的讲话中讲道："80年来，世界范围内关于红军长征的报道和研究层出不穷，慕名前来寻访长征路的人络绎不绝。国际社会越来越多的人认为，红军长征是20世纪最能影响世界前途的重要事件之一，是充满理想和献身精神、用意志和勇气谱写的人类史诗。长征迸发出的激荡人心的强大力量，跨越时空，跨越民族，是人类为追求真理和光明而不懈努力的伟大史诗。"

"艰难困苦，玉汝于成。"伟大的长征精神，作为中国共产党人红色基因和精神族谱的重要组成部分，已经深深融入中华民族的血脉和灵魂。在中国人保早期的创业者中，也有一位从万里长征中走过来的勇士，他的名字在中国人保的红色族谱中闪烁着不朽的光芒，他就是人保东北区第一任总经理罗高元。

一、跟着走，就走到了延安

在四川省达州的凤凰山上，有一座高耸的红军纪念亭。红军亭从底层到避雷针顶端总高33米，暗喻红军1933年在川东北建立了根据地，并在达州宣汉县城组建了红四方面军第33军。红军亭修成四方形，总共四层，目的是纪念红四方面军。红军亭是达州人心中的英雄丰碑、精神灯塔，更是当年红军在达州英勇征战的历史见证。

1914年9月，罗高元出生在达州宣汉的一个农民家庭。宣汉位于大巴山南麓，山势逶迤，呈"七山一水两分田"的地貌，那里的人们自古就有着勤劳耕作、勤俭持家的传统。

罗高元作为家中唯一的男孩，自然成为日后支撑家庭的祈盼。罗高元自小特立独行，性格倔强。他在初小结业后，毅然离家出走，

红军长征途中

红军到达延安

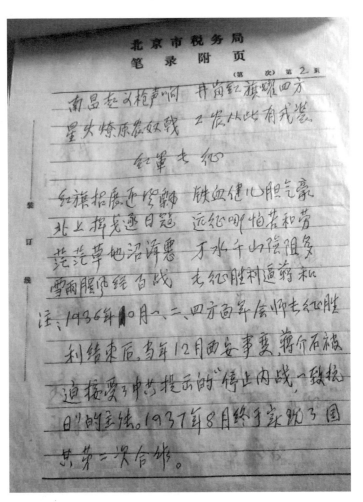

罗高元诗稿

参加了地方武装。

1929 年 4 月，共产党将一些松散的地方武装组织起来，组成川东游击军，发起组织的主要领导人为王维舟、李家俊。成立之初，游击军高举革命大旗，在宣汉、达县、开江、万源等县打土豪、除恶霸、斗军阀，但在斗争中，由于"左"倾路线的干扰，先后遭到三次失败。1931 年 5 月，四川省委决定重组川东游击军，正式任命王维舟为川东军委书记兼游击军总指挥。1932 年 5 月，省委在《创建川东苏维埃实施大纲》中决定，改川东游击军为"川东红军游击司令部"，下设大队、中队、分队。游击军迅速发展到了三个支队，由 1000 余人扩大到 2000 多人，策应红四军作战。1933 年 11 月，宣汉县建立苏维埃政权，川东游击军改编为红四方面军第 33 军，王维舟任军长，杨克明任政委，成为红四方面军的一支。

1933 年，罗高元告别家人，加入红四方面军第四军的长征队伍，同时成为了一名共产党员。19 岁的他比当时的"红小鬼"大不了多少，但他从此便跟定了共产党，跟定了红军长征路线。由于罗高元有文化和政治觉悟，并对当地环境和语言熟悉，他被委派为第四军的交通队的交通员，负责传达首长指示和督战任务。

但是由于张国焘的错误指挥，红四方面军变成了西路军，损失惨重。罗高元所在部队如果也过了黄河，那么可能也被马步芳给干掉了。罗高元为此爬过两次雪山，走过三次草地，这是一种多大的体能付出啊！甚至，在他的后背留下了一块枪伤的疤痕，还有常年肺结核的疾病。

延安就是北斗星指引的方向，就是心中的圣地，就是唯一的目的地。罗高元坚守信念，跟着走，从不掉队，获得了成功的喜悦。

"文革"期间，罗高元在讲述红军经历时，曾讲到他的交通队死了一匹马，大家分吃马肉，有一名饥饿的战士竟撑死了。造反派批斗他，说他污蔑红军，红军是吃草根、啃树皮过来的，怎么会有撑死的？

在 1996 年红军长征胜利 60 周年的时候，已经离休的罗高元曾写下《英烈赞》一诗："弃守苏区新运筹，红军转战半神州。长征谱写千秋史，无数英灵壮志酬。六十春秋瞬息过，长征战友已无多。雪山草地埋忠骨，吾辈幸存赋赞歌。"老红军的拳拳之心，跃然纸上。其实，万里长征的艰苦卓绝，是一种不可多得的人生经历。它更像一种雕刻的胸章，再远久的时光也不会把它淹没。

二、在宝塔山的熔炉中，领悟了革命爱情的真谛

罗高元在延安的抗大接受了再教育，得到了精神的洗礼和灵魂的升华。在抗大学习时，一个叫韩桂英的女战士走进了他的世界。

韩桂英是山西晋城高平人，1924 年出生。她从小就是孤儿，是被亲戚带大的。小时候，韩桂英意志坚定，渴望获取新知识，她经常趴着窗户听学校老师的讲课，被村里的进步组织所影响，积极参加妇救会的活动。14 岁时，韩桂英跟着村里的革命志士，一同奔赴延安，她也在抗大接受了革命教育。

在组织的介绍下，罗高元、韩桂英喜结良缘，延河水见证了他们的爱情。他们相差 10 岁，但两人互敬互爱，在宝塔山的熔炉中，领悟了革命爱情的真谛。

1939 年，在抗日战争中，罗高元任八路军一二九师特派员，与妻子韩桂英一同奔赴太行山。

罗高元参与肃反运动，出生入死，真刀真枪，免不了时有命案发生。

1942 年，罗高元回到延安，参加整风运动。在惊心动魄的运动中，

罗高元与夫人韩桂英合影

罗高元曾为当年的红军战友说情，证明清白，差点被保安处枪毙。

1944 年，罗高元的第一个女儿在延安出生，但由于患病，没有得到及时医治，仅仅几个月便夭折了。

1945 年，罗高元的二女儿出生。

但很快，罗高元被委派到东北接收银行，在陈云的领导下，开创财经建设领域。

由于要穿过敌占区，罗高元在部队的护送下，一路行军。罗高元的马上，驮着编筐。一边的筐里坐着幼小的女儿，一边的筐里装着行李。由于正赶上东北寒冷的季节，女儿一路睡着了，伸出筐外的小手指被冻坏了，致使肌肉坏死，落下残疾。

在黑龙江黑河的北安、佳木斯、合江等地，罗高元参与东北银

万里长征人未还——记中国人民保险公司东北区第一任总经理

罗高元与二女儿合影

行基层机构的建立，足迹遍及陌生的黑土地。为稳定当地政权、发展金融事业，进行了开拓性的探索。

1947年，大儿子、三女儿先后出生。罗高元一心扑在工作上，家里的孩子全交给警卫员和阿姨负责。三女儿不小心摔伤，没有得到及时医治，也落下残疾。

在战争年代，罗高元用一个女儿夭折、两个女儿伤残的巨大代价，完成了革命工作，但他无怨无悔，这就是老一辈革命者的高风亮节和无私奉献的精神体现。

罗高元、韩桂英在历经风雨的共同生活中，结下了深厚的情意。他们正直善良，留下了许多感人的故事。在人保宿舍，罗高元从不以老红军自居，逢年过节的时候，总会让夫人送钱送物给有困难的同事。

罗高元的小女儿罗颖对我讲，"文革"时，她和院中的小孩子一道起哄参加了对一位姓方的大夫家的冲击，父母知道后非常生气，教育她不能在人家落难时助纣为虐，要求她远离这些运动。父母拒绝落井下石、不在别人伤口上撒盐的为人品格，影响了子女的成长。

1958年，国内保险业务停办，韩桂英离开人保，先后到财经学院、财政部办公厅任职，还担任过财政部幼儿园园长。

2014年，韩桂英在北京逝世。她离休前是财政部老干局局长，她的人品和人缘，一直为财政部的老人们所称颂。

在罗高元与韩桂英金婚的1994年，罗高元曾为此写下诗篇两首："一世婚姻磐石坚，并肩前进永相连。知书陕北同窗勉，征战太行双剑寒。岁月无情人易老，回眸忆往思绪牵。金婚戏侃情人梦，皓首相依乐永年。""七轶生辰八十寿，终身伴侣不分流。今朝婚庆逢盛世，欢庆晚年到白头。"

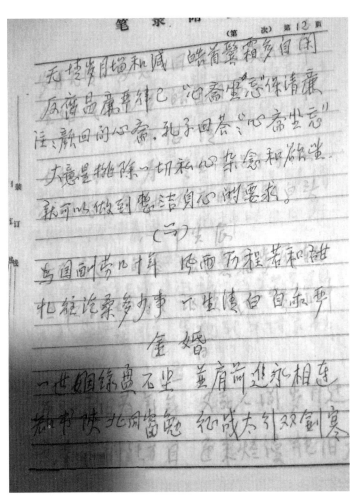

罗高元诗稿

三、在东北迎接中国人保的第一道曙光

1948 年 11 月，随着解放军攻占东北全境，为满足国民经济恢复、发展生产和保障安全的需要，东北银行总行决定筹建国营保险公司。

1949 年 5 月，由东北银行总行主导并拨黄金 2 万两，在沈阳组建东北保险公司，资本金为 5 万两黄金。同时任命东北银行业务处处长沈海清为东北保险公司经理。公司领导辽西、辽东、吉林、黑龙江、松江、热河、内蒙古等省、自治区的保险机构开展业务。

东北保险公司初创时期人员不足 20 人，以经营火险为主。随后，大连关东银行的保险部改组为大连保险公司，哈尔滨的新华保险公司改组为松江保险公司。

1949 年 11 月，在中国人民保险总公司领导下，东北地区各保险公司共同组成东北区保险公司，与人保系统华南区公司、华东区公司、西北区公司等区公司遥相呼应。12 月 16 日，东北银行总行以总字第 49 号文件任命罗高元为东北区公司第一任总经理。公司共有机构 78 处，员工 140 名。

1951 年 2 月，东北邮电总局、东北银行等单位联合发布通知，推行强制保险，东北区公司紧抓重点，首先选择了抚顺矿务局，只用了 20 天时间，就完成了 23 个矿产单位的财产承保签证工作，在统保办法的带动下，整个东北地区各大型国营单位财产强制保险工作很快开展起来。东北地区 60% 的私营工商户、20% 的城市居民和 15% 的乡村农户参加了小额简易火灾保险。

新中国成立后，基本取消了海外保险公司的在华业务，随后，外国的在华保险机构都陆续退出了中国保险市场。但苏联国外保险管理局设在大连的驻中国东北总代表办事处，直到 1952 年底才结束业务撤退回国。

1945年苏联红军占领旅大后，苏联国外保险管理局于1946年在大连建立驻东北总代表办事处。它当时主要承办苏联企业的火灾保险业务，也兼办中国企业的保险业务，比如中长铁路、大连港、大连造船厂、大连海洋渔业公司、远东电业局和秋林洋行等单位的财产保险。中国人民保险公司成立后，该办事处承办的企业财产保险已大部分移交中国人民保险公司代理。1952年苏联红军撤退回国，苏联国外保险管理局指令其驻中国东北总代表尹米里雅诺夫，将所有在我国东北境内的财产保险业务，无偿地移交我国。

1952年12月23日，中苏双方在大连进行交接的准备工作，中国人民保险公司东北区公司派3人前往大连接洽。双方商定："（一）苏联政府对外保险局决定无偿移交我方的保险业务为驻东北总代表所有在东北境内财产险之全部有效保单，由我方自一九五三年一月一日零时起，按照苏联政府对外保险局之章则条款继续负责，至到期日为止。（二）所有保险费均逐笔自一九五三年一月一日零时起按比例计算，扣除同一比例计算苏联对外保险局已支付之代理人佣金、营业税及附加税后，全部无偿交给我方。（三）全部有效保单之一切有关文件及保单副本无偿移交给我方。（四）于交接手续完成后，双方分别通知被保人。另有哈尔滨秋林洋行在一九五二年申请自一九五三年一月一日减低保额之退费由我方接收后退还给该公司。（五）原苏联对外保险局之苏联代理人在苏方征得本人意见后由我方确定留用。（六）接交日期待苏方代表去哈尔滨回大连后确定。"

1952年12月31日，在大连市苏联国外保险管理局驻东北代表办事处举行交接手续的签字仪式。参加仪式的共10人：我方代表为东北区公司经理罗高元、东北区公司副经理马学信、旅大分公司经理张信孚及旅大市政府外事处工作人员等；苏方代表尹米里雅诺夫、

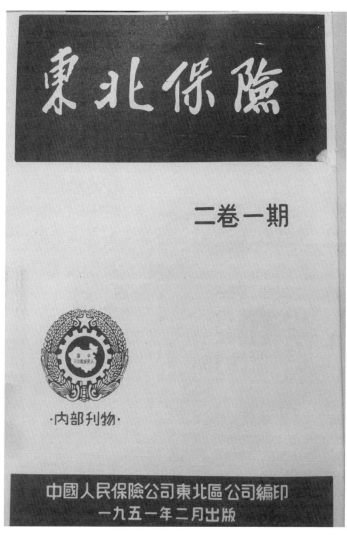

東北保險

二卷一期

·內部刊物·

中國人民保險公司東北區公司編印
一九五一年二月出版

罗高元书写的《东北保险》杂志刊名

会计巴尔苏洛夫、苏联商务代表处大连分处沙越星雅夫及拉丁等工作人员。双方代表在互致贺词与谢词之后，分别宣读了中文、俄文的交接凭证，并签字后互相交换凭证。这次移交的是苏联承保的秋林公司和苏联居民的财产火灾保险业务。交接凭证记载：有效保险单共 20 张，被保险财产之保险金额计人民币 128674721847 元（旧币，下同）；自 1953 年 1 月 1 日起由中国人民保险公司负责至到期日为止，应收部分之保险费总计人民币 1155285660 元。交接手续完成后，双方于 1953 年 1 月 3 日分别通知被保险人，哈尔滨秋林公司的退费也于同日退交，并向旅大人民日报社联系发布新闻消息。

至此，标志着外国保险公司完全退出了中国保险市场。苏联国外保险管理局驻东北总代表办事处设立 7 年来，曾经不断地介绍苏联保险业务理论和工作经验，对中国人民保险事业的创立和发展作出了有益的贡献。在移交工作中，他们以慎重细致的友好合作态度，认真贯彻无偿移交的原则。这是中国人保发展史上的一件大事，罗高元见证了这一重要时刻。

罗高元在后来的回忆录中，对当时中苏两国兄弟般的情谊，和中苏保险同业间的友谊与合作，表达了深深的怀念。可惜当年他和苏联保险专家的合影照片，在"文革"时期，为躲避"勾结苏修"的麻烦，全遗失了。

东北区公司在罗高元的领导下，得到迅猛发展。到 1953 年机构撤销前，保险机构共有省级分公司 6 个、市分公司 2 个、直属市支公司 3 个、省辖市县支公司 61 个、代理处 156 个。公司内部设有财产保险、农业保险、防理、计划、会计、人事、秘书、检查 8 个科，共有员工 3394 人。

据罗高元在东北工作时期的老同事程明星回忆，罗高元给人的印象是非常严厉的，但他从不压制任何人，总是创造条件帮助下属

罗高元与海外保险公司同仁合影

进步。在生活上，罗高元也十分关心同事，他在东北工作期间，组织上给他配有专门的厨师，他吃的是小灶。但他总会告诉他的厨师留一些肉分给大家，他从不独自享受，就连夫人也不能沾光。每到周末，他经常会请单身的同事到家里吃饭。

四、渐行渐远的晚年

1953 年，人保撤销各大区公司，组建各省分公司。罗高元来到北京，在人保总部任职。夫人韩桂英一同来到总部人事处任职。

罗高元来到北京，不仅满载着东北保险事业丰硕的成果，还从东北带回了一辆雪佛兰汽车，那可是财政部的第一辆高档汽车。人保公司原总经理秦道夫回忆说，在他的印象中，罗高元从东北到北京总部开会，随身有警卫员，挎着盒子炮。

1958 年，人保停办国内保险业务，罗高元到财政部工作，1960 年，罗高元又被分配到水产部工作，与人保的郭雨东分在同一个单位。

"文革"期间，罗高元的老红军身份，使他受到的冲击不大，但是大字报还是被贴到了家里。倔强的罗高元总是撤下大字报，痛斥抄家的造反派，即便他被关在单位，也坚持要吃家里做的饭，造反派也没有办法。

1969 年，罗高元被下放到农业部系统的河南漯河五七干校，参加劳动改造。罗高元在那里一边干农活，一边按家乡的方法，给大家做松花鸡蛋、腌咸鸡蛋。罗高元的小女儿罗颖清晰地记得，那年罗高元从干校回到北京，在打开家门的一瞬间，只见他像一个农民，挑着扁担，两边挂着手提包，包里装着各种土特产，一副很开心的样子。

罗高元一生中总是乐观地面对一切，无论是身居要职，还是被

1959 年，人保尚存员工在财政部大楼前合影，前排左起：罗高元、郭雨东、陈孝直、叶奕德、蔡致通，后排左起：杜民先、张北列、楼茂庆

罗高元晚年

下放使用，甚至是受到误解和不明之冤，他都看得很淡，他更喜欢低调的生活。

1974 年，罗高元离休。随着"文革"结束以及改革开放的开始，组织给罗高元落实了政策，安排他在水产部担任顾问，享受副部级待遇。但这一切似乎对于他，已没有什么意义。

晚年时，组织准备分配给罗高元条件好一些的住房，被他婉言拒绝。

1995 年，罗高元生病住医院，领导去医院看他，告诉他，政府给老红军每月增加了 100 元生活补助费，罗高元听后淡淡地说："我已不能再为党做什么事情了，对这样的照顾，受之有愧。"

罗高元离休后，与世无争的他，全身心地投入养花、养盆景、养金鱼的兴趣中。似乎只有这些花草鱼虫，才能理解他的内心世界。其实他最喜欢养绿植，犹如他拒绝艳丽的浮躁。有一年，他养的昙花开花了，引来院中很多人观赏。

晚年的罗高元热衷于写格律诗，大多数的诗作是以讴歌时代为主，很少见到他对自我的剖析。其中，有一首诗，罕见地写到了他自己："为国酬劳几十年，风雨历程苦和甜。忆往沧桑多少事，一生清白自我严。"

罗高元在 2001 年写下的一句诗"门前独坐望田野，遍地荞花白似雪"似乎让我读到了他的内心世界，晚年的孤独和凄凉，伴随着无奈和不解，使世界呈一片空白。

2002 年 1 月 6 日，罗高元在北京逝世。这一生，罗高元从四川长征到延安，从延安远征到东北，从东北分配到北京。遥远的路途，曲曲折折。这一生，罗高元走得太累了。

杨子久

遭遇三次欺辱 还得一生清白——记中国人民保险公司原察哈尔省分公司经理

杨子久在自传中写道：『人生一世，不可能一帆风顺，不要管别人怎么看你、对你，只有坚持正确的立场和信仰，才能问心无愧地过好自己的一生。』

在我的印象中，杨子久的外表一直朴素得像个农民，但我没想到他是人保公司最早派驻香港的干部，并多年主持海外保险业务部门。而且，杨子久总是给人谦逊、老实的印象，话不多，低着头，但我没想到在他一生中，竟经历了三次被人欺辱。

人总是矛盾的，命运也是充满曲折的，而历史总是公正的，尽管有时来得迟一些。

一、校长赶着马车送他去县城会考

1921年2月21日，杨子久出生在河北省衡水市安平县北满正村的一户农民家庭。

他出生那天，正是农历正月十四，村里的元宵节传统鼓会正在举行，十几杆三角形的彩龙旌旗，在村中麦场上飞舞，在小锣鼓、小镲的引导指挥下，引来阵阵的锣鼓喧天，十几套鼓曲轮番敲打，还有舞狮子、耍龙灯、踩高跷、划旱船等民间表演，非常热闹。谁能想到，杨子久长大以后，也成为村鼓会的一员。

安平地处河北省中部平原，也是华北大平原的中心地带。滹沱河横穿全境，土壤深厚，冲积层次明显。安平，因"官民安居乐业且地势平坦"而得名，又有称，安平，是因战国时赵公子为相，号安平君所得。安平成为县治所在地始于西汉汉高祖年间，是衡水地区建置最早的县。

北满正村位于滹沱河北岸，滹沱河经常闹水灾，殃及四方。杨子久四五岁时，爷爷带他到滹沱河边玩，杨子久不小心掉进河水里，被岸边停泊的船工救上了岸，算是捡了一条命，这成了他的第一次大难不死的经历。

杨子久的爷爷名叫杨本分，人如其名，一个本本分分的农民。

杨子久的爷爷虽然没读过书，但对农活和养牲畜非常内行，是个行家里手，尤其是挑选牲畜。十里八乡的农户凡要买牲畜的，大多慕名而来，请他爷爷一同去曲阳下河赶庙会，帮他们选购幼畜。杨子久记得很多农业谚语：白露早寒露迟，秋分种麦正当时；头伏萝卜二伏菜，三伏有雨种荞麦；惊蛰园子，春分地，等等，都是他爷爷教的。

由于家里人多地少，入不敷出，农闲时，杨子久的爷爷发动全家开展副业，用自家小麦磨面蒸了馒头到外面卖。卖馒头的面要反复磨四五遍，相当于现在的标准粉。过箩剩下的，他家还要再磨二三遍，这是留给他们家人自己吃的，那面已经很黑了。最后一遍磨面剩下的麸子（麦粒的皮），都已成粉状，就喂牲畜，遇到灾年，家人也将其当粮食吃，可以想象，是非常难吃的。杨子久小时候，也常跟父亲到磨房，为大人帮把手。

杨子久的父亲杨立安，上过私塾和小学，是家里唯一一个识字的文化人。父亲是村里的干部，管理村公所的账目和公粮。母亲靳凤菊，是长房长媳，聪明能干。奶奶去世早，就由母亲主持全家的内部事务。全家和睦相处，从没有因吃饭穿衣而闹矛盾、分家吵架。

1927年，杨子久六岁时，便早早进入了本村的小学上学。全校只有一位老师一位校长，两人轮流上课。那时县教育局经常组织各村学生到区、县会考，以检查各小学校的教学质量，杨子久曾考过六七次，每次都是前三名，为学校争得了荣誉。每次都是校长亲自套马车陪他去，中午还可以在县城的饭馆吃顿饭。母亲为此很高兴，特意为杨子久做了一件新长袍，但在饭馆吃饭时，被他不小心弄了很多油点子，母亲用漂白粉来洗，结果烧了很多小洞，长袍无法再穿了。

这期间，学校来了一位张老师，五十多岁，是清末的秀才。张老师精通四书五经、古文诗词，写得一笔好字，还会昆曲京戏。张老师思想比较开明，精通处世之道，社会经验也很丰富。老师器重杨子久，他深受其影响。杨子久记得在先生宿舍里住校时，他用先生的面做油烙饼、摊鸡蛋吃，有时还捉来麻雀炸着吃。后来有人向先生告发，先生只说了他几句，没打他。大家都说，是因为杨子久学习好，换了别人准挨揍。

杨子久初小毕业后，虽然连续三年都考上了县完小，但都因费用太高，一直没有上学。

1935年，杨子久以第二名的优异成绩，第四次考上了县完小，当时学校规定前三名学生免交学费，但每月要交生活费三四块大洋。母亲卖了娘家的房产，再加上平时纺棉花、织布挣下的钱，供他上了学。

1937年，杨子久以优异成绩完小毕业。他以第二名的好成绩考上博野地区的博五联立师范学校。开学没多久，"七·七"事变爆发，学校被迫宣布停课，师生们都被遣散回家。

杨子久回了家乡，从此结束了学校生活。他娶妻生子，似乎是在准备踏踏实实地当一辈子农民。

二、他背着账本、算盘行走在太行山下

1938年，日军沿平汉铁路南下，安平县国民党县长王风翔逃走了。共产党由地下转为地上，来自东北军的吕正操在安平县成立了冀中行政公署，安平成为了冀中抗日根据地的诞生地和发祥地。

1938年9月，晋察冀边区银行冀中分行在安平县招收员工，杨子久在村民的鼓动下，前去报考，考取了第三名。他被录取分配到冀中分行加印部检查科工作，负责在新钞票上盖章、编号。自此，

他走上了革命的道路。

晋察冀边区银行是 1937 年边区政府成立的抗战银行，吕正操的军需官关学文担任行长。随后成立的冀中分行，行长为陈尚孔。

1938 年 11 月下旬，日军对冀中发动围攻，占领了冀中一部分县城，冀中变成游击区，冀中银行开始跟随冀中行署和地方部队打游击，转战太行山区。

1939 年 4 月，冀中银行印刷厂到达杨家台村，开工印制钱币。杨子久大胆革新，创新计数方法，减少产品的浪费，他被提升为材料科科长兼加印组组长。

1940 年春节后，杨子久被调到冀中分行，随后被分配到冀中第一专区银行办事处任出纳组长。第一专区辖区为饶阳、武强、献县、深北、肃宁等县，辖区广大。为了躲避日军的扫荡和干扰，他们每隔三五天，就要转移一次，每次都要连续行军好几天。在行军的过程中，用骡马驮运钞票，既装卸费事，也行动不便。杨子久研究设计了一种用人背的装置，一种用土布缝制成多层、多个口袋，可反复折叠的背包，把各种货币、大小金额的钞票，分别装在粗布背包

晋察冀边区银行票样

447

的各个口袋里。以前的"马背银行",变成了"布袋银行"。

1941年,杨子久任冀中银行任河县(任丘、河间)营业所主任。

1942年5月,侵华日军对冀中军区发动了空前残酷的大扫荡。杨子久和同志们又开始转战,他们掩埋了边区票,带着枪和账本,历经千难万险,到达了阜平总行驻地。

杨子久把冒着生命危险保存下来的、完整无损的营业所的账目、报表、枪支等,一一上交。总行经理关学文特此接见了他。杨子久或许由于劳累,得了伤寒,昏迷了好几天,最终他吃了医院自制的中药丸,才清醒过来,这成为他的第二次大难不死。

1943年3月,杨子久被分配到边区银行冀西三分区办事处做出纳工作。

1944年,解放区经济困难,党中央号召精兵简政,银行各专区办事处撤销,总行也只留少数人。杨子久被分配到唐县的冀西第三专区利民总店任会计股长。

冀西第三专区利民总店是边区政府成立的贸易机构,主要经营布匹和粮食,负责从河北保定、唐山、完县等平原地区,收购老百姓手工纺织的土布,运到山西北部灵丘、繁峙、广灵等县的山区,换取小米、玉米等粮食,再运回来,以供冀中军需、民用,当时称为"东布西粮"的交易。

利民总店采用的是老式土法记账,账目混乱,且不规范。杨子久把在银行使用的一套完整的西式记账方法,传授给大家,提高了效率。

1945年3月,杨子久在利民总店被发展为正式党员。随后,杨子久被调到济民药店任会计科长。

济民药店的主要任务是收购中草药和土特产,通过商贩直接对外贸易。他们把加工和收购的中药成品,供应解放区各医院和药店,生意做得很大。

1946年2月，杨子久到阜平县边区银行冀西分行报到，任唐县银行办事处主任，重新回到银行系统。办事处设有主任室，一名秘书，一名办事员兼总务、食堂工作；出纳科三人；会计科两人；两名警卫员配两条三八大盖枪，三支手枪由干部佩戴；后来又增加了一辆马车、一匹马、一头骡子，还增加了一名马车夫和一名饲养员，可见当时的建制还很健全。

1947年11月12日，石家庄解放，晋察冀边区和冀南区合并，成立华北解放区，华北银行也随之成立。原冀西分行改建为北岳分行，所辖区域扩大到平西地区到察哈尔省南部，雁门关以北的地区后来也成为察哈尔省地域。

随着解放区的扩大，银行机构发展得很快，各县都要建立营业所，急需一批懂银行业务的人才。分行派杨子久在阜平县城组建会计培训班，由他担任主任兼教员。

1948年底，北岳分行进驻张家口市，改称中国人民银行察哈尔省分行。杨子久任察北专区银行办事处主任。

1950年初，杨子久调回省分行，任检查科科长。

三、因为爱情　怎么会有沧桑

1937年，杨子久退学回家。在爷爷的包办下，娶了同乡的媳妇，她比杨子久大六岁。1938年，杨子久有了一子。如今这个儿子在家乡已是四代同堂，要从这个儿子论，杨子久现已是五世同堂了。

杨子久的前妻与他母亲一直不合，经常吵架。他们俩又是家庭包办，原本就没有感情基础。况且杨子久离家多年，婚姻早已名存实亡。

杨子久家五代同堂合影

遭遇三次欺辱　还得一生清白——记中国人民保险公司原察哈尔省分公司经理

1947年，杨子久经再三思考，并征得母亲的同意，决定与其离婚。当时安平县已是解放区，办理离婚手续也很简单，只要本人提出离婚申请，不用亲自到场，只需把证明信派人送到安平县政府，县法院就可判决离婚。

此时，杨子久的家乡正在土改，他家被评为下中农，并分得了部分土地，前妻把她分得的那份土地和房子卖掉，就回娘家了。

正在唐县银行办事处工作的杨子久，成为单身。有人给他介绍了一位正在定县师范读书的姑娘，叫陈玉玲。

陈玉玲在抗战时期就在本村与共产党员张福华共同搞儿童团建设，为八路军站岗放哨，宣传抗战，15岁时，由张福华介绍加入了共产党。

陈玉玲性格开朗，又有文化，很合杨子久的心意。当时杨子久27岁，陈玉玲18岁，符合婚姻法的规定。

1947年10月，他们结婚了，杨子久似乎是第一次尝到了爱情的滋味。

1947年底，杨子久到易满徐支行工作不久，政府开展土改整党运动。冀西三分区地委宣传部的一名干事，来到支行协助整风工作，他独断专横，拿杨子久的妻子陈玉玲是富农家庭成分的问题大做文章，对杨子久进行批判，说他和富农的女儿结婚，是立场不稳，要他离婚。

杨子久据理力争，坚称陈玉玲是中共党员，已和家庭划清界限，不同意离婚。那个宣传干事对他说，不离婚就是对抗土改，只有离婚，才是改正错误的机会。

杨子久当时认为，党内的一些领导人还是地主、富农、资本家家庭出身呢，谁能说他们的革命立场不稳？于是，不管别人怎么看、怎么说，杨子久一直态度很明确：我们是在县政府登记的合法夫妻，

杨子久与夫人陈玉玲合影

要离婚，也必须经过双方同意、政府批准才能行。

　　这位宣传干部觉得受到了冒犯，气急败坏地说："不离婚，就处分你。"杨子久也很坚决地说："随便！"僵持之下，那个人拿起杨子久的整风检查材料，在上面武断地写下"与富农女儿结婚，留党察看三个月"几个字。就这几个字，既没有经过党小组讨论，也没有经过党组织批准，但在杨子久的档案里，形影相随了多年，如噩梦一般。

　　后来，杨子久在察哈尔党校学习期间，有的领导对这个处分表示了不同的意见。他说，此处分既无党组织盖章，又无署名签字，仅凭在检查本上写几个字，就算处分，是不符合组织程序的，是无效的，应予以取消。

但直到 1978 年时，中国人保机关党委对这段历史重新给予结论，认为处理得不合理，才正式予以否定。

其实，历史可以否定一个莫须有的处分，但人生中那宝贵的爱情邂逅，与心上人碰撞的火花，将永久地存在心中，不可更改。

1948 年春，陈玉玲从师范学校毕业后，参加晋察冀边区银行冀西分行在阜平开办的会计培训班，结业后，与杨子久一同到人民银行察哈尔省分行工作。后来，又与杨子久一同来到人保公司工作。

"文化大革命"期间，杨子久被造反派关进牛棚，陈玉玲也受到牵连，被造反派赶出办公室，坐在楼道里上班，受尽欺辱。杨子久从牛棚被放回家的时候，陈玉玲特意为他炖了鸡汤，此情此景，让杨子久终生难忘。只有患难夫妻，才能体会到这种感情的滋味。

杨子久和陈玉玲结婚 60 多年，他们相濡以沫，风雨同舟。

四、在开创保险的征程中举步维艰

1949 年 10 月 20 日，中国人民保险公司在北京成立，人民银行总行副行长胡景沄兼任总经理，孙继武任副总经理。随后各省市县均成立分支机构。察哈尔省分公司于 1950 年成立，杨泽生行长兼任经理。

1951 年，中国人民银行察哈尔省分行调杨子久到省人保公司任副经理，主持全面工作。从此，开始了他 30 多年的保险生涯。

察哈尔省保险公司设有秘书科、人事科、财务科、火险科、农险科、运输险科、理赔科等。张家口、大同、宣化、察南察北均设支公司，在较大的县如蔚县、多伦、怀来、朔县、阳高等设立营业所，其他县业务由银行办事处代办。

察哈尔省保险公司当时的主要业务是学习苏联的做法，对国营

杨子久全家合影

1952 年，中国人民保险公司察哈尔分公司员工合影（第一排左四为杨子久）

工厂、企事业单位的财产，施行强制保险；对火车、汽车运输乘客
的人身意外，也施行强制保险；开展了商店及住宅的火险及货运保险、
人身保险等；农业保险试办了猪、牛、马等牲畜保险；在怀来县试
办了向日葵种植保险。年保费收入有 60 多万元。

1953 年，察哈尔省行政区划撤销，省保险分公司也相继撤销。
公司员工除少数人分流到河北省外，大都分配到内蒙古、山西、热河，
杨子久被调到北京分公司任副经理（主持工作）。当时保险公司改
由财政部门领导，故北京分公司的经理由北京市财政局副局长兼任。

在察哈尔省分公司撤销时，有人因再分配待遇等问题，给华北
局写信告杨子久的状。华北局一位过去和杨子久结过梁子的领导，
便借此机会整了他一把。该领导竟跨越组织管理权限及属地，到北
京"调查"，并强行给了杨子久降职处分。

1953 年，杨子久调入人民保险总公司工作，公司领导对他的境

遇深表同情。

杨子久协助公司开展在职干部的轮训工作，他与保险老专家共同编写了保险概论和保险险种讲义，还在财经学院兼任教师，主讲运输险。

1954年，中央决定开展肃反运动，杨子久调任总公司肃反办公室，担任主任。当时总公司内部接收的旧职员很多，也有一部分是从社会上招收的人员，身份比较复杂。经过排查，有二十几人被作为重点审查的对象。

肃反工作持续了近三年，直到1957年3月才结束。在肃反运动中，杨子久记取自己曾被冤枉挨整时的心情和感受，仔细甄别案件，尽量以事实、证据说话，按政策处理，被审查过的人也无怨言，较圆满地完成了这项工作。

1957年4月，杨子久在新设立的人身险处，担任副处长。

1957年5月，杨子久被人保公司派驻香港，任民安保险公司的董事兼副总经理，还兼任太平保险总公司董事及董事会办公室主任。这样，香港的3家保险公司各配备了一名国内派出的党员副经理，太平保险公司是翁秉伟，中国保险公司是姚洁忱。

1958年，杨子久同时兼任太平保险公司的经理。

1964年，杨子久带领观光团到北京参加国庆典礼，但人民银行总行以他的安危为由，并没有安排杨子久随团回香港，而是把他留在了北京。其实是因为香港公司的保卫干部认为杨子久接触的当地一些保险人员，超出了工作范畴，并上报了组织。

1964年，人保公司恢复建制，公司任命杨子久为中国人民保险总公司海外保险业务处处长，管理中国保险、太平保险公司在香港、新加坡、马来西亚、印度尼西亚等地的业务，还兼管总公司的财务会计工作。虽然杨子久对调动内地的方式，很不愉快，但在工作上，

中国人民保险公司海外保险业务二处新险种科 1963 年度先进集体合影（第一排中间为杨子久）

1957 年，陈玉玲（第三排左四）参加学习时毕业师生合影

1964 年，北京市 20 世纪 50 年代老保险人第一届同仁联谊会合影

杨子久

他还是感觉到了公司和总行的领导对他充满信任。

1965年，杨子久被人民银行总行抽调到中央下派的"四清"工作组，派往辽宁铁岭地区。"四清"运动的对象是广大基层干部和地主、富农、反革命、坏分子及贪污腐化分子。方法是发动群众检举揭发，设检举信箱，个别谈话，调查家访等。上级要求工作组要和当地群众同吃、同住、同劳动。直到1966年5月，"四清"运动才宣告结束。

五、迎接晚霞和春风共舞的日子

"文革"期间，杨子久被关进过"牛棚"，并下放设在河南省信阳市淮滨县的人民银行五七干校，接受劳动教育。

1971年9月后，人保总公司机构也开始恢复组建。人民银行总行副行长耿道明回到北京，兼任中国人民保险公司总经理，宋国华任副总经理。在干校劳动的一些老保险干部，也回到北京参与组建机构，开展业务。杨子久也回到北京，主持海外保险业务处的工作兼任营业部经理。

杨子久首先从健全机构、充实人员、明确职责入手，在处内设立了业务管理科、理赔科、综合科。理赔科专门负责保险赔案，综合科负责开展对共同海损、海外代理、国际保险业务等方面的调研，科内的每一项保险业务都有专人负责。

杨子久带领大家在对大连、青岛等沿海城市的涉外业务调研的基础上，着手组成新险种开发设计小组，由李锵带领3个懂外文的专家，收集海外保险公司的保险材料，首先是将英国保险学会的保险条款和美、日等国的保险单，翻译成中文，进行研究使用。

"文革"后期，军代表进驻保险公司。军代表要求保险单上要印毛主席语录，否则不批准。杨子久等人与之交涉，提出涉外保险的对象是外国人，印上语录会引起歧义，最终才没有印。

20世纪70年代初，以色列、黎巴嫩、约旦爆发冲突，中东地区形势紧张，海外保险公司要求加价。杨子久、张崇福、王永明一同商量，出于国际惯例，要对出口到中东的货物提高保费。上海有关部门接到文件后质疑："都是中国人，为什么还要加价，自己赚自己的钱？"问题反映到保险公司，杨子久挨了批评。

当时，李先念副总理在一次听取保险工作汇报会议上提出"要平等互利，进口一般由人保，出口一般由外方保"，因此，"两个一般"推行开来。杨子久在工作中，主张要区别对待，应尊重货主选择保险人。

1976年，杨子久负责接待了朝鲜保险公司经理带领的代表团来中国学习保险业务。

1977年，杨子久负责接待了日本保险株式会社联合访华代表团的来访。

1978年10月，中国人保第三次访日代表团出访日本，冯天顺总经理为团长，杨子久为代表团成员。

1978年9月，联合国经济署在斯里兰卡首都科伦坡召开农业保险座谈会，杨子久作为中国代表参加了这次座谈会。同年，杨子久还参加了在阿根廷召开的第三世界保险监督官会议。会后，杨子久到美国美亚"AIG"、大陆、旧金山救国会3家保险公司进行了访问。通过这些对外交往，杨子久开阔了眼界，加快了中国人保涉外保险业务的创新发展。

1979年，中国人保恢复国内保险业务。保险业迎来了春天，杨子久也获得了新生。

1979年，胡耀邦领导开展冤假错案的平反昭雪工作。"文革"

中保险公司被批斗的除总经理胡景澐、耿道明外，还有杨子久、施哲明、人事处长任惠亭（被迫害自杀）、科级干部陶增耀等都得到了平反。杨子久面对在有关自己的处理结论上还有遗留的尾巴，他多次据理力争。最终，冯天顺书记批示"彻底平反，全部否定，不能留尾巴，档案销毁"，还指示公司当年造反派负责人亲自向他赔礼道歉。

杨子久一生中的三次冤屈的处理决定，终于化作了云烟。但历史留给他的伤痛，不可能烟消云散，因为，那不仅仅是他一个人的伤痛。

1983年，中国人民保险公司由局级单位升格为副部级单位，公司内部机构也进行了调整、改组。业务机构设有国内保险业务部、海外保险业务部、营业部、农险部、人身险部等；行政机构设有纪律检查组、监察办公室、人事部、总经理办公室、财务部等。

杨子久担任监察办公室主任，同时还担任公司监事会监事，进入了公司管理层。

监察办公室下设监察组和审计处。监察组那时的工作大多数是处理保险假赔款的案子，杨子久说，他当时处理有关案件掌握的原则是：批评从严，处罚从宽。

1986年，杨子久办理了离休手续，但他被返聘在公司体制改革办公室，协助开展工作，一直工作到1990年。

1987年，杨子久被评为高级经济师，被中国保险学会连续四届选为理事。

2005年，杨子久和夫人陈玉玲一同获得党中央、国务院、中央军委颁发的世界反法西斯战争胜利60周年金质纪念章。2015年，他俩又获得了世界反法西斯战争胜利70周年金质纪念章。

2011年，经中组部批准，杨子久享受中央副部级待遇。

中国人民保险公司董事会、监事会成立纪念合影（第二排左九为杨子久）

　　杨子久在自传中写道："人生一世，不可能一帆风顺，不要管别人怎么看你、对你，只有坚持正确的立场和信仰，才能问心无愧过好自己的一生。"

无法精算人生的每一步脚印——记中国人民保险公司海外机构首席精算师

乌通元

已90多岁的乌通元，被誉为中国保险的『活历史』，他对中国保险业一些事件的记忆，竟能精确到日。这是他生来对数字的敏感，也体现了他对保险事业的挚爱。

精算，目前在国内被畸形地追捧为所谓的"金领职业"，一些趋之若鹜的精英，纷纷落入"羊群效应"的重灾区，他们反思着自己的投入、时间、资源、机遇、成本的性价比。

其实，一切人算都不如天算。人生的不确定性，总不会像那些证书的含金量一样，闪烁着诱人的光芒。人生的长期收益期望，总会伴随着无法相比的孤独、枯燥、隐忍，甚至是不可更改的烦恼和痛苦。

乌通元在中国保险行业里整整工作了 60 个年头，他的经历，可以说是中国保险业的一个时代缩影。提起保险业的精算师，至今无人能出其右。但乌通元自身的人生轨迹，扑朔迷离，就连他自己也说不清楚。似乎健谈的他，也在有意无意之间，翻过了这沉重的一页。

一、在动荡中，他一直走在学业、职业的前列

1921 年 8 月 25 日，乌通元出生在浙江镇海。镇海地处东海之滨，属于中国大陆海岸线中段，长江三角洲南翼，宁绍平原东端，东濒舟山群岛，西连宁绍平原，南接北仑港，北濒杭州湾，与上海一衣带水。自古以来，镇海是中国对外交往的重要口岸之一，素有"浙东门户"之称。

在乌通元很小的时候，一家人来到上海。他的父亲在一家作坊里从事印刷行业工作，母亲在家打零工，日子还算殷实。

乌通元小学毕业之后，在著名的南洋中学读中学。上海市南洋中学创建于 1896 年，是国人自主创办的第一所新式中学，被民国著名教育家吴稚晖誉为"中国之伊顿"，有着悠久的历史渊源和深厚的人文底蕴。"民国第一外交家"顾维钧、"亚洲摄影之父"郎静山、文学泰斗巴金、著名学者钱玄同、爱国将领方莹等各界精英，均曾

镇海老照片

就读于南洋中学。

1900 年，王培孙奉叔父王维泰之命，接办育才书塾。王培孙曾赴日本考察教育，回国后即将育才书塾改名为南洋中学。王培孙忠诚于教育事业，淡泊功名。他满腔爱国热忱，积极参加一系列反帝爱国活动。"九·一八"事变后，他把陆游的《示儿》、文天祥的《正气歌》等爱国诗文，列为学生的必读教材，激励学生的抗日救亡意志。

乌通元在校深受王培孙校长的影响，承载着深厚的爱国情怀。同时，他的学习成绩一直优良，在班上名列前茅。

1939 年，乌通元高中毕业后，高等考试成绩斐然，最终考入国立上海商学院（现上海财经大学前身），学习工商管理专业。那时，乌通元的姐姐正在上海交大学习工科，乌通元认为学习工商管理专业，毕业后可以管理那些工科生，因此，数学功底极好的他选择了这个专业。

2015 年，乌通元面对上海财大的采访，曾深情地回忆道："1942 年 12 月 8 日，我清楚地记得这一天。那一天，我上的是沈奏廷老师的铁道管理学这门课，沈老师说，日本人的兵车已经进驻常德路了，离学校一步之遥而已，我上完这一堂课就决意不再来校了。听完课后，我自己也不想做日本人统治下的伪学生，于是决定也离开上海。"

1942 年底，乌通元因不满日寇入侵，离开学校，转入厦门大学会计学系就读。厦门大学的第一任国立校长萨本栋，是刚从美国归国的著名学者。为了兴学救国，他广招名师。因此，厦门大学拥有统计学大师万鸿凯、会计学教授萧政昌等重量级教师。

据乌通元回忆，厦门大学那个时候把大量的图书从原来的校址厦门搬到了长汀，得以让乌通元在长汀读了很多的书籍，开阔了视野。在这样的学习氛围中，乌通元不仅树立了报效祖国的思想，也获得了会计、统计及数学专业的技能。为日后成为业界精算大师打下了坚实的基础。

1943 年，乌通元从厦门大学毕业。为了实现实业救国的理想，他放弃了留校任教的机会。乌通元随后来到"陪都"重庆，寻找工作。

抗日战争期间，航空业和银行业备受关注，由于薪资最高，岗位竞争激烈。当时中国航空公司为打破日本对中国的交通封锁，要开发中国西南的航空航线，设立驻加尔各答分支机构，公开向社会招聘一名主办会计，要求大学本科以上学历，有几百人应聘。乌通元凭着扎实的知识功底考取了第一名，他成为委派会计师的唯一人选。但因身体原因，最终没有成行。

1943 年 8 月，乌通元进入重庆财政部直接税局，担任税务员。

1944 年 4 月，乌通元在重庆交通部担任科员。

1944 年 7 月，由于四川盐务税政合一，乌通元来到自流井大昌裕盐号，担任会计员。

1945 年 1 月，时年 24 岁的乌通元进入国民政府的资源委员会保险事务所，任业务课员，随后担任课长。

从这几年的履历中可以看出，乌通元频繁地变换工作，而且都是在政府的一些要害部门之间。由此可见乌通元的专业技能非常过硬，人脉关系也极为广泛。来到保险事务所，标志着乌通元开始了毕生的保险生涯。

资源委员会保险事务所于 1943 年 7 月在重庆成立。这是一家集团性封闭式的互助保险组织，它只为资源委员会所属单位提供保险服务。由于该会在抗日战争期间掌握了整个"国统区"的资源命脉，除一般的轻纺工业外，其他工矿等企业的财产物资均在保险范围。这种垄断性质的保险，有强制性质。比如，每当有大量的矿砂从产地运输出来，都装在一条一条的木船上，根据当时的规则，每条木船就能够直接保留多少保额。因此，在大后方保险市场内，该所实力雄厚，成为被官僚资本控制着的国内规模最大的保险机构。

抗日战争胜利后，乌通元随保险事务所搬到南京。南京道路两边的梧桐树，洒下巨大的绿荫，乌通元一心沉浸在自己的专业工作之中。

二、努力编织着上海滩保险业新生的梦想

1949 年 4 月后失去工作的乌通元回到了自己的出发地上海，试图重新寻找自己人生的坐标，在时代展开的蓝图中，分享其中一束阳光的照耀。

乌通元知道，上海是中国金融、保险的中心，这个地位不会因时代的改变而改变。就连中国人民保险公司的成立，也没有离开上

解放军进驻上海

海保险界原有的根基，似乎一切都可以让人大显身手。

1949 年 9 月，乌通元被吸纳到新中国保险事业的洪流中。他参加了中国人民保险公司华东区公司的筹建工作，负责在华东地区开展新旧业务的统筹规划。

1949 年 10 月 20 日，中国人民保险公司华东区公司与北京总部公司同一天成立。华东区公司管辖范围包括江苏、浙江、山东、安徽、福建、台湾（待解放）6 省的业务，公司本部设在上海。公司经理由中国人民银行华东区行副行长谢寿天兼任，副经理为林震峰、孙文敏，人事科科长为徐天碧，副科长为吴越，他们都是昔日上海

旧上海街景

保险业地下党的要员。

　　乌通元在华东区公司担任业务科科员。尽管职务不高，但他深知在这个新的时代，自己要低调做人，珍惜这个岗位，尽快找到自己的归属感。他凭着多年从事保险的丰富经验，协助公司的业务发展快速走上正轨。华东区公司成效显著，业绩名扬全国。

　　中国人民保险公司从保护国家财产、提高劳动人民福利的经营理念出发，确定经营创新的方针。公司立足把风险补偿和防灾防损结合起来，把实现风险补偿和增加财政积累统一起来，成为推动业务发展的崭新特点。

乌通元

20 世纪 50 年代，人保上海市分公司员工合影

　　华东区公司积极履行公司总部方针，创新经营策略，改变旧时代保险业务坐等上门的消极作风，开展对保户或非保户经常性的防灾检查，做好客户服务。在开业仅 8 个月的时间里，华东区公司检查工厂仓库 161 家，总公司营业部对 166 个公私企业进行了 287 次检查。许多单位接受了检查后的防灾建议，积极消除隐患，采取预防措施，减少了国家和人民财产的损失，同时大大提高了人们的保

险意识。

1953 年，根据形势需要，中国人民保险公司总部决定撤销各大区公司设置，华东区公司总部变成上海市分公司。乌通元先后担任上海市分公司的科员、副股长。

在改造私营保险业、与残存的外商保险公司竞争中，上海市分公司逐步显示出坚强的生命力，在全国居于举足轻重的地位。

自 1950 年到 1958 年，上海市分公司经营的业务范围已经非常广泛。公司办理了国营、公司合营企业的财产强制保险，国内外货物运输自愿保险。在农村中举办了养猪、耕牛保险，渔船、渔工保险和农业合作社财产自愿保险；在城市中开办了职工、居民人身保险和公民财产保险。其中，参加简易人身保险的已有 57 万人，共计 71 万份保单；参加公民财产保险的达 37 万余户。几年间，保险费收入共计 20700 万余元，支付赔款 2184 万元，拨付地方防灾费用 125 万元，积累保险基金和上缴利润 16100 万余元。

这些保险业务的经营成果，为增强国家财政后备力量，加强防灾减灾，保障生产建设的安全，补偿国家社会财富困难及意外灾害所受的经济损失，减轻人民因意外事故所带来的生活困难方面，起了积极的作用。

当然，这些成绩的取得，离不开以乌通元为代表的老一代创业者的辛勤耕耘和无私奉献，离不开他们一贯的专业才智和敬业精神。

保险公司划归人民银行管理后，乌通元先后担任保险办事处副主任、股长。

三、黄浦江成为没有阻断保险的命脉

当鼓足干劲的革命热情，变成席卷全国的"大跃进"时代，脆

中国人民保险公司上海市分公司 1958 年的老保单

弱的保险业，首当其冲，一次次被淹没在旋涡里。随着进入高度集中的计划经济时代，有一种观点认为，保险业没有存在的必要了。

1958年10月，西安财贸会议提出国内保险业务立即停办的意见。12月，武汉全国财政会议又正式作出停办国内保险业务的决定。

1959年1月15日，国务院第五办公室发文批转了财政部、中国人民银行关于国内保险业务停办的善后清理工作和海外保险业务由中国人民银行接办的报告。全国大多数保险分支机构被撤销，保险业走向低谷。

上海市银行保险系统对停办决定，采取了比较审慎的态度。在全国停办国内保险业务已成定局的情况下，上海有"停"与"办"两种观点的争论。

中共上海市财政局党组领导首先组织保险职工开展学习，寻找保险存在的理论依据。通过学习马克思《哥达纲领批判》有关建立保险基金必要性的理论，大家认为中国城市人民公社尚未建立，不能说保险作用已经消失。接着开展组织调查研究，通过两个多月的艰苦调查，取得了大量第一手的信息资料和数据。

在广大干部各抒己见的基础上，进行综合分析，初步形成了统一认识，并提请领导冷静、妥善地决策。

1959年6月1日，上海市财政局党组据此向上海市委作了《关于本市国内保险业务的处理意见》的报告。报告在回顾历史和成绩之后，阐述了保险事业是国家财政后备的一个组成部分，各种群众性的保险业务又具有类似社会福利的性质。因此，保险业务办与不办，必须从有利于发展生产和适合群众的需要出发，并结合财政后备的安排来考虑。分别各险种的不同情况，拟采取不同措施。乌通元参与其中的调查工作，提出科学理论依据，为保险公司的生存，站好最后一班岗。

上海市委批准了《关于本市国内保险业务的处理意见》，认为报告是符合客观实际情况的。在全国停办保险业务的大形势下，因为上海保险历史悠久和传统习惯，一时还不能彻底停下来，决定按照中央精神过渡一年，采取先"维持"，后"收缩"，最终停办的办法。

根据这个指导思想，自 1960 年 5 月起，在机构设置上，把原设立在中国人民银行上海市分行的保险处改组并入储蓄部门，为储蓄保险处。区县支行改为保险科、股，也相继并入储蓄部门。

1960 年 1 月，乌通元在中国人民银行上海市分行普陀区办事处担任副科长。

由于上海地区一直是保险业的中心，社会保险意识深厚，民众保险需求较为自觉。再加上上海人特有的讲究实际、追求实效的民风，使重视经济效应的保险意识得以普遍存在，才会产生由下到上的坚持。

因此，上海的国内保险业务一直没有完全停止，企业财产保险依然是主流产品，一些普及面较广的简易人身伤害保险也得以存在，成为了那个时代的一道独特的风景。

1966 年，史无前例的"文化大革命"开始。上海毕竟不是世外桃源，上海人民银行系统也展开对保险业的揭发批判，许多保险专家被戴了高帽，遭到迫害，上海分公司副经理被"靠边站"。而有着在国民政府保险机构从业经历的乌通元，其境遇可想而知。

上海国内保险业务陷入瘫痪状态。但庆幸的是，涉及海外的保险业务还在继续，苟延残喘。最终上海保险机构被压缩，变成了上海中国银行的一个部门，只是对外挂着中国人民保险公司的牌子。乌通元和一些原人保公司员工一同进入这个部门工作，呵护着中国保险业的星星之火。

尽管，海外保险业务举步维艰，但上海保险分公司本着认真负责的态度，通过中国海损代理人和海外机构，开展调查研究，对海外20余个重点港口的气候、港口设备、装卸情况及对我国出口商品的情况，汇编成册，提供给外贸运输等部门，针对海外港口的不同情况，提出对出口商品的包装运输等采取的安全措施及防止和减少损失的建议。

1968年6月，上海市的保险机构宣布撤销，在内部继续深入开展"斗批改"，并抓紧处理善后工作。11月，保险处除留1人外，统统下放"五七"财贸干校劳动。

四、惊心动魄的婚姻生活

乌通元的第一任夫人是王毓贤，她的父亲是国民党元老、交通银行的董事、太平洋保险公司的董事长王正廷。这个大名鼎鼎的岳父，似乎注定了这段婚姻的不平凡经历。

1882年，王正廷出生于浙江奉化金溪乡税务场村的一个基督教家庭。他7岁就读于三一书院，11岁去上海的一所英文学校读书，14岁即入天津北洋大学堂。1901年，毕业后在胶州海关报关处工作。1905年，赴日本留学，并加入同盟会。1908年，留学美国，入密歇根大学攻读法律，获耶鲁大学博士学位。1911年回国。

中华民国成立后，王正廷即为内阁成员，先后担任南京临时政府参议院副议长、代理议长、代理工商部长，北京政府工商部次长、外交总长、代理内阁总理，南京国民政府外交部长、驻美国大使等职。

由于与蒋介石的同乡关系，王正廷备受南京政府重用。1927年，蒋介石和宋美龄结婚时，王正廷做证婚人，王正廷的女儿是女傧相。

时势多次将王正廷推向外交斗争的风口浪尖。1919年，他任广东护法军政府全权代表，出席"巴黎和会"，响应国内五四运动，拒绝在《巴黎和约》上签字；1922年3月，他被北京政府任命为鲁案善后督办，主持接收山东权益；1922年3月，黎元洪派王正廷筹办中俄交涉事宜，谈判中苏建交事宜；1928年6月，王正廷主持南京政府的"改订新约运动"，收回了上海两租界的司法管辖权，建立了租界内的中国法院体制；1931年9月28日，千余名中央大学学生冒雨赴国民党中央党部请愿，因不获蒋介石接见，转而冲进外交部，痛殴王正廷，王正廷被墨水瓶掷伤，旋辞职，成为"不抵抗政策"的替罪羊。

王正廷还热心中国的体育事业，获"中国奥运之父"的荣誉。1922年，他被选为国际奥委会委员，成为中国历史上第一位国际奥委会委员；他是远东运动会的发起人之一，并担任多届远东运动会会长；他曾任中华全国体育协进会理事长，是第5届、第6届全国

王正廷与两个女儿合影

民国时期的太平洋保险公司董事长王正廷

运动会的筹备委员及竞赛委员会主任；他还以总领队的身份，率领中国体育代表团先后参加过第 11 届和第 14 届奥林匹克运动会。

王正廷是著名的银行保险家。他曾任交通银行的董事。交通银行始建于 1908 年，总行设在上海，是中国历史最悠久的国有商业银行之一，也是近代中国的发钞行之一。

王正廷在自传《顾往观来》一书中这样谈到了保险："另一种方式就是保险，投保人在一定时期内交纳一定数量的保险费。当保险总额被交满之后，如果投保人还健在，就会得到一大笔钱或者是按月分期支付的保险金，这些钱可以满足老人们的日常开销。"

1920 年，王正廷加入唐绍仪发起组建的金星人寿保险公司，并担任公司总董。

1942 年 4 月，王正廷做媒，促成名媛王映霞与其学生、时任重庆华中航运局经理、航运保险专家钟贤道结成连理，成为保险界的一段佳话。

1943 年 8 月 12 日，在重庆打铜街交通银行二楼举行太平洋保险公司创立会，王正廷担任了太平洋保险公司的董事长。定名称为"太平洋"，一是为铭记太平洋战争爆发，不忘国难；二是期盼公司由全国向南洋群岛拓展，希望业务范围像太平洋一样浩瀚博大。抗日战争胜利后，太平洋产物保险公司迁址上海，公司又在南京、香港等地增设分支机构 46 处，成为中国保险公司、中央信托局保险部、太平洋保险、中国农业保险公司四大官僚保险机构之一。1949 年后，太平洋产物保险公司被军管会保险组谢寿天、林震峰等人接管，宣告停业。

1952 年，王正廷定居香港，任太平洋保险公司董事长，1961 年去世。

1949 年 10 月，乌通元与夫人王毓贤一同加入中国人民保险公司华东区公司，夫人在统计股工作。

面对新的时代，对于以往的历史渊源，乌通元似乎有避之不及的尴尬。他一直被控制使用，因此，职务一直在底层。乌通元本来可以辉耀的生命和生活，竟要承受暗淡无光的结局。他一直是凭自己的本事生存的，却要受制于此婚姻的背景。

1953 年 5 月，王毓贤病故。

不久，乌通元和上海七一中学的总务主任李绍聪相识相爱。

身为党员的李绍聪，本想可以让乌通元过上政治可靠的安稳生活，但李绍聪所在学校通过对乌通元进行的政治审查，认定乌通元是控制使用人员，就荒诞地提出：反对李绍聪的婚姻选择，如果坚持和乌通元这样的人结合，建议李绍聪退党。

李绍聪是一位了不起的女人。她不惜一切代价，坚持和乌通元结婚，于是她办理了退党手续。在那个时代，这简直是不可思议的行为。为了爱情，为了一个男人，作出如此巨大的牺牲，就是在今天，也会让我们为之敬佩，为之动容，这是千古绝唱。

1984 年 4 月，乌通元终于被批准加入共产党。改革开放的春风惠及远方，随着拨乱反正，乌通元的夫人李绍聪，也被恢复了她本应该拥有的 30 多年的党龄。已经退休的李绍聪由退休待遇改成离休待遇，但这一切都已付出了他们青春的代价。

这不仅是对他们政治生命的肯定，也是对他们这么多年爱情厮守的肯定，是对人性的肯定。

五、让上海成为新中国寿险业的发源地

1979 年，中国进入改革开放的第二年，中国人民保险公司正式恢复国内保险业务。同年，上海分公司开始筹备复建工作，1980 年，

太平洋保险公司的老保单

上海正式恢复了国内保险业务。

多年后,乌通元感慨地回忆,虽然说是复建,其实和重建一样,几乎是白手起家。当时的状况是人才大量流失,资料所剩无几,差不多都在"文革"中遗失和被烧毁了,因为大家当年绝望地认为,保险业在中国再也不会有了。

1979年9月,乌通元任中国人保上海市分公司国内保险业务科副科长,不久任科长。

乌通元大胆地提出:要用三年时间,把上海保险业恢复到被停办时期的水平。负责筹建的人们,群情激奋,忘我工作。由于前期对组织建设、机构建设、人才培训等方面做了大量的前期准备,筹建工作进展顺利。

结果用了不到一年的时间,在1980年上半年时,上海保险业务就已经达到了预想的水平,上海保险业的发展成为全国的一个样板。因此,中国人保总部决定,恢复国内保险业务后的第一次全国性的保险业务会议在上海举行。那时候,乌通元的自豪感溢于言表。

就在那次全国保险会议上,上海市政府有关领导表示,保险目前只是在财产保险领域,希望也能在寿险领域有所研究。因为那时候,上海人口的老龄化问题已经开始出现了苗头;大量的自寻出路的返城知青,极易引发社会动荡;一些外资企业纷纷涌入上海,设立分支机构,在外资企业中的中方员工的劳保问题十分突出。因此,社会迫切需要养老保险来化解矛盾,建立商业寿险业务被提上了议事日程。事实证明,上海在这一方面又走在了前列。但当时在国际保险业,财险和寿险通常是"两条腿"走路的,中国人保面对这一切,也是处于探索的阶段。

1980年9月,乌通元单枪匹马从上海赶赴北京,开始筹建寿险业务的征程。在他的推动下,中国人保总部很快完成了寿险险种、生命表的研发和确定，并对寿险业务的专业人才队伍着手组建和培训。

在整个社会对商业人寿保险还比较陌生的时候，上海推出了医疗、养老等商业保险，为当时存在的各种养老问题，开辟了一条新的路径。

乌通元参与设计的养老保险、团体人身保险等险种业务，在国内产生了较大的影响，取得了较高的效益。仅上海的团体人寿保险的年收入就达三四千万元，积累资金数亿元。

那个时候，乌通元已经 59 岁，面临退休，他自己的养老还是个问题。但他一心扑在事业上，依然保持着旺盛的工作热情。

有一次，联合国在菲律宾组织召开太平洋发展中国家保险研讨

1981 年，人保参加国内保险师训班人员合影

会，联合国承担了此次会议的所有费用，并向每位与会者支付了一笔较大数额的津贴。作为会议代表的乌通元，并没有像许多与会代表一样到处去采购东西，他整天关在房间里研读会议材料，调研海外保险市场情况，思考中国保险发展路径。他把省下来的会议津贴，交给了中国驻菲律宾大使馆的商务参赞，并建议留作人保公司同事以后来菲律宾出差的经费。

1983 年，乌通元担任了中国人民保险公司上海分公司副总经济师，兼任中国人民保险公司总公司的海外机构精算师，他是新中国保险业第一批保险精算师。

乌通元没有向公司提任何报酬的要求，几乎是义务地处理海外机构的精算工作，为国家节省了大量的外汇。他每个月认真地准备各种报表，并向当地政府报送。

1987 年 7 月，乌通元任上海分公司高级经济师。

1990 年 1 月，乌通元退休，中国人保继续聘乌通元为精算师。

六、播撒保险精算人才队伍的种子

1982 年 9 月，中国人民保险公司在西安举办首期人身保险讲习班，乌通元应邀讲授了包括寿险精算在内的人身保险相关内容的课程。面对国内保险业恢复时间不长、培训教材奇缺的现状，他废寝忘食、通宵达旦地编写教材。

乌通元常年利用业余时间为员工举办讲座，有一次下课后，他匆匆忙忙地赶回公司，但仍错过了饭点，在漆黑的办公室里，不慎摔倒了，造成骨折。尽管不得不在家里休息，但他依然牵挂着教学任务。公司每天派人来跟他联系课件，由别的老师向学生转述。那个时候，他觉得整天睡在床上，就是没有创造价值，因此他内心很着急。

1992 年，对中国寿险业来说，应该是个重要的时间点，美资的友邦保险再次进入上海，上海成为保险业最早开放的城市。与此同时，代理人制度也开始被引入中国市场，给中国保险市场带来了不小的冲击。新的问题也随之而来，由于个别代理人的不诚信，使行业整体蒙羞。

1995 年，已经退休的乌通元觉察到这个情况，认为提升服务，必须提高人员准入门槛，加强管理。他借鉴上海保险历史的本土经验，参考海外保险业先进的管理理念，用了 2 个月的时间，组织编写了一批有关保险代理人的教材、参考书、考试试题。

1995 年底，上海第一次保险代理人资格考试顺利开考。并规定在 1996 年 4 月前，所有保险代理人要持证上岗。这在全国开了先河，此事在 1995 年被评为"上海十大经济新闻"。

1996 年下半年，全国保险代理人也开始了统考，使用的正是上海实行的考试模式。

晚年，乌通元担任了上海市保险学会副会长、上海市保险同业公会秘书长、《上海保险》杂志副主编、中国人民保险公司上海市分公司咨询员、上海市保险发展规划项目研究室顾问等职。

乌通元还受聘上海财大等院校保险学专业客座教授，讲授人身保险学，热心培养保险人才。他还为全国电大录制 30 余课时电视讲座，并为电大人身险教师做辅导讲课。

乌通元主编的《人身保险》大学教材，被多次再版发行，获得全国大学金融教材三等奖，并作为推荐教材被全国院校使用。此外，他还参与撰写出版了《保险法教程》《保险法知识》《中国金融百科全书》等书籍，是《中国保险词典》《中国保险百科全书》等书的副主编。

乌通元晚年

　　乌通元先后撰写了《上海保险业的现状及面临的问题》《大器晚成的中国寿险业》《半个世纪对寿险的亲身感受》《个人理财新途径》《积极开展养老年金和医疗保险》等文章，接连发表在各种金融保险报刊上。

　　2010 年，乌通元获得《中国保险报》和中保网共同评选的"新中国 60 年中国保险 60 人"的称号。

　　2013 年，乌通元被厦门大学校友会选为光荣会员，他也是最年长的会员。

　　2015 年，乌通元获得中国金融博物馆颁发的"中国金融启蒙终身成就奖"。

　　2015 年，乌通元获得上海财经大学颁发的"保险和精算教育突出贡献奖"。

　　已 90 多岁的乌通元，被誉为中国保险的"活历史"，他对中国

无法精算人生的每一步脚印——记中国人民保险公司海外机构首席精算师

乌通元受奖

488

保险业一些事件的记忆，竟能精确到日。这是他生来对数字的敏感，也体现了他对保险事业的挚爱。

但乌通元对自己的利益从不斤斤计较，对自己在历史上受到的不公待遇，从无怨言。他满足自己一辈子在保险公司的工作，满足于没有虚度的一生，满足于儿女的孝顺。

我在想，是什么原因让这些老一辈保险人，可以一直保持忘我无私的心态，可以一直保持气色矍铄的容颜？我认为：是与他们从少年时就勇敢追求进步，不忘初心的理想有关；是与他们在学校时就养成刻苦研读专业知识，争做工匠的精神有关；是与他们加入人保第一天起就树立了工作就是事业，爱是一种投入的理念有关；是与他们从不计较个人得失，超然大度，保持平和的心态有关。

李继明

浮云散尽　书香落地——记中国人民保险公司江苏省分公司第一任副经理

许兴铭说：李继明是江苏人保公司的创建人，万事开头的拓荒者。他为江苏人保发展奠定了坚实的基础，他培养了一大批保险干部，他为把江苏保险引领上正道，立下了不朽功绩，让后来者十分敬佩，丰碑高竖。

提起中国保险史，大家都会不约而同地想到上海。其实，南京一直也是保险的重镇。在新中国保险创建初期，以南京为基础，江苏省分公司的业绩水平一直名列前茅。在江苏，提到老保险人，人们都会提到一个叫李继明的老人。

一、在上海滩保险界的江水里畅游

1920 年 3 月，李继明出生在江苏省南通市观音山镇。南通位于长江三角洲北翼，是上海大都市圈北翼门户城市。东抵黄海，南望长江，与上海、苏州灯火相邀，西、北分别与泰州、盐城接壤，"据江海之会、扼南北之喉"，被誉为"北上海"。南通集"黄金海岸"与"黄金水道"优势于一身。

李继明的父亲李公临，在上海的中国银行任职，日军占领上海时期，曾被抓捕。李继明的母亲张和珍为家庭妇女，在家做点针线活，那时观音镇流行着"家家纺车响，户户织布忙"的说法。

李继明可以说从小衣食无忧，但他还是勤奋好学，在观音镇小学，他似乎开启了畅游万里长江的征程。

李继明随父亲来到上海，他在这里上了中学，学习成绩名列前茅，他似乎是在这里要游向大海一样，奋力击水。

1936 年，李继明就读于上海沪江大学。

沪江大学创办于 1906 年，是 20 世纪上半叶上海一所有浸信会背景的综合性大学，校址位于黄浦江畔的杨树浦军工路。初名浸会神学院，1909 年开设浸会大学堂，1911 年两部分合并为上海浸会大学，1914 年中文校名定为沪江大学。作为教会名校，沪江大学学风淳朴，较少教会气息，以文理商著称于世。

1937 年 8 月，淞沪会战期间，沪江大学因地处战区，校区遭严

上海沪江大学

重破坏，学校被迫撤离，把位于公共租界内的城中区商学院作为全校的临时校舍。由于校舍紧张，大多数学生不得不停课。

李继明大三学期未结束，不得不就此肄业。随后，李继明流亡到香港、重庆等地，寻找工作。

1937年底，李继明回到上海，被刚刚成立的中央信托局保险部雇用。

中央信托局是国民政府非常得力的国家机器，因此被誉为"百事公司""金融百货商店""经济百货公司"。早在1934年8月，为了抗日战争的紧急需要，国民政府训令中央银行（央行）设立"中央信托局筹备处"负责筹备创立中央信托局，同时命令央行全部拨充中央信托局成立所需资本总额国币1000万元。1935年7月29日，央行理事会第88次会议通过《中央信托局章程》，并呈奉国民政府令准备案。1935 年 10 月 1 日，中央信托局在上海正式成立，孔祥熙被委任中央信托局理事长。定位为中央银行之附设机构，当时的中央信托局与央行关系密切，被合称为"行局一家"。经营信托、储蓄、易货、运输、保险等业务。

随后，为扩大资金来源，追求丰厚的保险盈利及保障自身财产的安全，由中央银行一次拨款 500 万元，中央信托局增设保险部，办理火险、水险、兵盗险、汽车险、寿险、一切产物及人身意外险，并经营分保业务。保险部的成立，使之成为民国政府最大的保险公司。

当时上海、武汉等地相继沦陷，许多工商企业将沦陷区的企业迁往内地，这就需要将物资主要通过长江运到后方。为此，中央信托局开办了运输兵险，主要承保工商企业内迁物资的水上运输保险，其中包括战争险责任。后来，日军开始对后方狂轰滥炸，中央信托局又开办了陆地兵险，就是在企业投保的火险中加战争险责任。

这两项保险，由中央信托局专门办理，不进行分保。这在当时十分符合工商企业的需求，很受业界欢迎，对抗日战争时期鼓起人们的生产勇气起到一定积极的作用。李继明在这里得到了最初的保险专业的培养和历练。

1937 年 8 月，民国政府财政部急令中央银行、中国银行、交通银行、农民银行四行在上海成立联合办事处，简称四联总处，是战时国民政府的最高金融机构。随后，四联总处改组，四行"联合机关"经历了一个相当复杂的演变过程。在内外军事紧张、财政困穷的背景下，金融体制必然需要适应抗战局势而实施统制。这正好给予蒋介石实践其金融统制思想的恰当契机。蒋介石与金融界人士共商"联合机关"事宜，从四行体制、机构、职能、人事、规章等逐步实施其金融管制理念，集聚四行力量，推动国民政府金融体制向战时体制的转型。

四联总处创建及运作初期,总处、分处之间的关系有所演变,职权和地位有所提升,确实起到指导金融、调剂工商、稳定金融市场、有效掌控重要金融力量的作用。

1938 年,李继明在四联总处任文书,依然负责有关保险的业务。

中央信托局的保险部十分重视再保险对业务的稳定作用。当时,各保险公司根据自己的资本、资产确定自保额,其余的进行分保。在抗日战争时期,许多保险公司已经同海外保险公司隔绝,分保业务只好在各个保险公司之间相互组织再保险集团,进行分保。这对抗日战争时期保险业务的稳定,起到了重要作用。

1940 年,李继明任中国农民银行信托处保险科组长。

中国农民银行在投资保险业之前就代理中央信托局的保险业务,其基本业务除农业贷款保险外,主要是争取农本局的保险业务。1943 年 3 月,中国农民银行在重庆投资建立中国农业特种保险股份有限公司,总经理为顾愈群。1947 年更名为中国农业保险股份有限公司。公司成立后,除独家承办农本局投保的业务之外,还承办了盐载保险和茧钞保险。

1947 年,李继明在中国农业保险公司任营业课课长。

农业保险公司在四川的合川、自贡等地进行了牲畜保险的试点。当地盐井产盐,农民银行放款给从事盐井生产者使用牲畜(主要是牛)进行盐的开采拉磨等事项。为了保证放款利益,农民银行责成农业保险公司办理牲畜保险,主要保的是役用牲畜伤残和死亡的风险。此外,还配合了农民银行的养猪贷款,试办了养猪保险,承保时在猪耳朵上烙上印记,以明确保险标的,这让我想到如今养猪保险的猪耳朵钉上二维码及互联网猪脸识别的现代手段。

当时农业保险公司的主要业务来源是农民银行信贷对象的物资、

粮食部的粮食、棉花纱布公司的货物等在库存、运输中的火灾保险和运输保险。至于农业保险，仅是试办性质的，这是我国最早开办的农业保险。

1948年，李继明来到南京，到中国农民银行南京分行任襄理。

随后，李继明回到上海，任中国农民银行驻沪记账处负责人。

二、让苏北农业保险遍地开花

1949年5月27日，上海解放，军管会开始接管上海的各行各业。

军管会财政经济接管委员会金融处下设立了"保险组"。上海保险界地下党员脱下便服，穿上军装，成为上海市军管会保险业的接管大员。

谢寿天为金融处副处长，林震峰为保险组组长，孙文敏为副组长。郭雨东协助保险组的全面工作，朱元仁兼秘书，廖国英、刘凤珠负责审查各接管单位的财务账册报表，其余人员按分工负责接管24家官僚资本保险机构。其中，施哲明、陶增耀负责接管中国农业保险公司和国民保险公司。

李继明所在的中国农民银行，同时由中国人民银行华东区行接管。李继明经过在中国人民银行华东区行组织的学习培训，随即被派往苏北行政区。李继明先后在中国人民银行泰州分行和南通支行任职员。

1949年10月20日，中国人民保险公司在北京成立，开始了中国保险事业纪元。

中国人民银行苏北分行命令正在南通支公司工作的李继明，到刚刚组建的人保公司苏北分公司报到，担任副经理。

1949年12月，李继明被任命为中国人民保险公司南通支公司副经理。

在对国民党"四大家族"经营的保险公司的资产进行接管的工作中，李继明依据多年的保险工作经验，对其中人身保险兼具储蓄性的险种，进行甄别处理。认真履行保险条款中的有关规定：储蓄性的资金在保险期限中，投保人要求退保，应按不同时间计算储金的额度给予返还。因此，李继明带领专业人员对这类险种进行了清理，遵循原条款的规定对外公布予以执行。除汉奸外，都给予偿还。既保障了投保人的利益，也体现了保险条款的严肃性。就此，他的专业形象也得到了树立。

1950年8月，李继明到北京参加中国人民保险公司第二次全国保险工作会议。中国人民银行行长南汉宸出席会议并做报告，南汉宸在报告中说："保险是一门科学，它是以概率论作为经营业务基础的。"这一段话给李继明留下了深刻的印象，让他明白可以把保险提高到一门科学的高度，可见从事保险的地位。南汉宸的这番话也坚定了李继明下决心做好保险的信念。

1951年，李继明任中国人民保险公司苏北分公司副经理。苏北分公司起初人员很少，连半脱产的乡保险员计算在内，也不到1000人。

苏北分公司在开创初期，主要开展了两个方面的保险：一是根据中国人民保险公司华东区公司的安排，开展了农业保险；二是按照国家要求，开展强制保险。

苏北是革命老区，当地领导对保险相当重视。那时，苏北的生猪要不断地运往上海，保证大城市的肉食供应，但运输过程中死亡很多，要求保险公司提供保险。

在这种情况下，他们就开办了"猪仔运输死亡保险"。这个险种对保护苏北农民养猪的积极性、保证上海的肉食供应起到了积极

1950 年，人保业务培训班的同学合影

1955 年，人保南通县支公司全体同志合影

浮云散尽　书香落地——记中国人民保险公司江苏省分公司第一任副经理

498

作用，但生猪在运输过程中死亡实在太多，保险公司亏损严重。

苏北沿海是一个老棉区，长期以来使用的棉花种子已退化，产量非常低。苏北政府要求保险公司配合农村推广优良种子的种植保险。

1951年，苏北政府在本地区大力推广"岱字棉"这一优良棉花品种，但农民对这个新品种又不太相信。为了解除农民对风险的顾虑，李继明带领专家研发开办了"棉花收获保险"，该保险很受欢迎，开办的第一年，就承保了46.5万亩。

苏北有一个著名的渔港——吕四港，渔民入海捕鱼的风险很大，但保险公司一直没有开办相关承保。考虑到渔民的利益，人保苏北分公司在当地政府的支持下，很快开办了渔业保险新险种。

1952年，《人民日报》社发表了社论《必须实行强制保险》。社论说："没有参加保险的企业的成本，是一个不完整的成本。"强制保险主要是针对企业财产保险和旅客意外保险的，可以说，社论对在全国范围内开展强制保险，起了进一步推动作用。这也是当时向苏联学习，实行计划经济的结果。

强制保险席卷全国，苏北地区也不例外。当时，苏北区保险公司发布实行强制保险的公告，在全区范围内张贴。但企业财产强制保险推行得并不顺利，有些单位不愿意投保。比如，铁道、交通、粮食等部门的财产分散在全国各地，完全有自我调剂能力，没有必要参加保险。

李继明曾在回忆录中说：那时的保险工作可以说是既难做，又好做。说它难做，是因为当时新中国成立不久，大多数地方的人们在旧社会没有形成保险习惯，所以要动员人们参加保险需要做很多宣传动员工作。大家风里来、雨里去，与工人、农民同吃、同住、同劳动，到田间地头、工矿车间宣传保险。大家想的就是为人民服

1952 年，人保苏北分公司的同仁合影

务，绝没有用公家的钱吃吃喝喝的事。说它好做，是因为那时做保险，讲求依靠党政结合中心工作来开展业务，只要得到党政领导的支持，红头文件发下去，业务就上来了。怎样才能取得支持呢？就是多请示、多汇报，要口勤脚勤。在苏北的时候，党政领导的工作非常忙，为了能向领导请示汇报工作，他们有时候为见个面，要等好几天。

三、与江苏保险砥砺前行

1953 年 1 月，江苏省成立后，中国人保苏南分公司、苏北分公司合并成立江苏省分公司。李继明担任中国人民保险公司江苏省分公司副总经理。

1953 年，随着中央下达在农村实行简政，给农民以休养生息的

20 世纪 50 年代，李继明（右一）到乡下展业

20 世纪 50 年代，李继明在乡下宣传保险

机会，集中力量搞好农业生产的指示。苏北地区把已开办的各种农业保险，保到期满后停办。但停办后，有的地方农民希望继续办理一些险种，少数农民还自发组织了互助性的"小保险"。

1956 年，江苏省分公司再次慎重地推广了牲畜保险。那个时期，江苏省的农业保险，如果不计费用，仅从该险种的保费收入和赔款支出，历年以丰补歉核算，两者间的数字相对持平。

李继明在回忆录中总结当时"依靠党政开展业务"的做法时指出：在农业保险方面，多多少少造成了强迫命令的现象。但后来，有人将保险的强迫命令怪罪在基层人员身上，是不无偏颇的。

他认为：应该从两个方面对待这个问题。一方面，不少基层干部思想和工作作风比较简单，的确存在强迫命令的现象。但根子应该在于保险公司系统内各级领导层。由于在业务上有"重数量、轻质量、压任务、欠求实"的情况，基层保险干部难以应付。就当时江苏省来说，基层发生的问题，省公司的领导要承担责任；另一方面，当时农民不知道保险是什么，而保险工作和其他农村工作一样，都要依靠基层党政结合中心工作进行统一部署。加之保险是一项新的工作，基层党政对之也很陌生，经常的情况是这样：乡党委负责同志将一项项工作布置了，最后会说："还有一个问题，就是保险问题，保险是件好事，参加了对国家和大家都有好处，你们应该向在座的保险干部办理。"农民相信党组织，这样几句笼统的话就促使农民参加了保险。事实上，乡的党政领导也不可能把保险说得清楚。在这里，有个问题很重要，就是宣传服务。如果宣传服务不到位，红头文件下去了，自然会产生强迫命令；反过来，如果宣传服务做得好，就算有红头文件，但农民愿意投保，也不能算强迫命令。

李继明这些晚年的回忆，思维还是保持着敏锐的看法。

1956 年，第五次全国保险工作会议结束后，财政部领导向毛泽

1958 年，人保停办时江苏省分公司全体同仁合影

东主席汇报了第五次全国保险工作会议情况。毛主席就农村法定保险指示："愿保就保，不愿保就不保。"

1958 年，随着"大跃进"的高潮铺天盖地，国内保险业务迎来了纷纷停办的结局。人保上上下下的人员被分散到各种单位。

1959 年 1 月，李继明被分配到江苏省财政厅经济建设财务处工作。

后来，李继明来到江苏省财政学校任教，并担任副校长。

"文革"期间，李继明遭到抄家、批斗，进了牛棚。

1968 年，李继明到南通县东沙公社下放劳动。

"文革"后期，由于夫人舒慧君所在的江苏医院作为干部老爷医院被整建制下放搬迁到苏北盱眙县城。此后，李继明大部分时间是在盱眙与夫人共渡"文革"难关。

20 世纪 80 年代，人保江苏省分公司同仁合影

20 世纪 80 年代，人保江苏省分公司同仁合影

"文革"结束，李继明夫妇回到南京，李继明到中国银行南京分行工作。

四、把江苏保险打造成一面旗帜

1979 年 2 月，中国人民银行全国分行行长会议正式作出恢复国内保险的重大决策。老保险们奔走相告，群情激奋。各地保险公司也纷纷开始组建。

1979 年 10 月，中国人民保险公司江苏省分公司恢复成立。李继明再次回到保险公司，任副总经理，主持工作。

1980 年，在中国人保恢复国内保险的第一年，江苏省分公司便以保费收入名居首位的业绩，受到总公司的嘉奖。

江苏人保在恢复业务之初，李继明就考虑到了资金运用的问题。他认为保险资金运用是国际上保险业谋求获取保险经济效益最大化的一项工作。

1980 年，经报请总公司同意，江苏省分公司成为了资金运用的首家试点单位。

公司策划的具体办法是委托银行信托部出面代为投放，对象是信誉好的乡镇企业、来料加工企业，以及有利于发展当地经济效益较快的企业。通过三年试办，未发生呆账，既增加了收入，还在社会上扩大了保险的知名度。

1980 年 10 月，李继明加入了中国共产党。

1984 年 6 月，李继明退居二线，涂英担任总经理。

1989 年 5 月，李继明退休。李继明的晚年，一直得到夫人舒慧君和孩子们的精心呵护。

尽管李继明长期主持江苏省分公司的工作，业绩斐然，但他直

浮云散尽　书香落地——记中国人民保险公司江苏省分公司第一任副经理

1981 年，人保江苏省分公司培训班同学合影

李继明与夫人舒慧君晚年合影

李继明与夫人舒慧君晚年合影

到退休，还仅是一名处级干部。对此，李继明却想得开明，他谦卑地认为：作为一个从旧社会过来的党外人士，自己没有被另眼看待，而是得到党和领导的充分信任，并被委以重任，能够放手开展工作，自己已很欣慰。

退休后，李继明长期从事教学及学术活动。他是人民银行金融研究所首批保险专业研究生导师之一，也是南开大学保险硕士研究生学位评审委员，还被南京农学院、武汉大学、东南大学等数所高校聘为兼职教授，被江苏省政府经济研究中心和人保公司保险研究所聘为特约研究员。此外，他还历任中国保险学会上海国际金融学会理事和保险学术委员会委员。

1982年，在李继明的倡导下，江苏人保创办了一本刊物，名为《江苏保险》，李继明亲自担任主编。

杂志开始时内容比较简单，随着以后逐年加强，取得江苏出版局的同意，从试办改为正式公开发行。内容不断充实，探讨的问题比较深入。《江苏保险》在当时人保各省公司的省级保险杂志中，让人刮目相看。中国图书馆曾对所有保险刊物组织了一次评选，评出了四本保险核心刊物，《江苏保险》也名列其中。

1980年，国家号召各省以及省内各行业都要修志。省政府组成的地方志编纂委员会，责成省内各行各业编纂专业志，经过汇总后编纂成省志出版，它是记述江苏省的一部大型文献。

李继明担任保险志的总编辑，他根据上述要求，带领30多位人保员工，经过8个年头，反复修改篇目，补充资料，专心编写，经过数度评审，最终得以定稿完成。江苏省保险志成为江苏省第一部保险志，开创了江苏省保险业以史资政的先河。

2017年6月22日，李继明在南京逝世。江苏保险一个时代的见证者，告别了这个历史舞台。

人保江苏省分公司从李继明开始，历经涂英、许兴铭、刘政焕、张家庆、贾海茂、华山，到夏玉扬，一路走来。如今，"南京模式"在中国人保向高质量转型发展中，闪烁着耀眼的光芒，广大人保人为之精神振奋，也让后来者更加缅怀那些先驱者的足迹。

人保江苏省分公司原总经理许兴铭在微信中对我讲：李老是我的老师。1979年初，我在人民银行当驻厂信贷员，被人民银行党组派遣去培训从插队青年中招收到银行的学员。当时李老担任培训班的主任，我担任人民银行班级的班主任老师。从此我们建立起了亲密的师生关系，上下级的领导与被领导关系。1979年底，学习班结束后，李老就被江苏人民银行党组任命为筹建江苏人保分公司的主要负责人。

20 世纪 80 年代，人保江苏省分公司同仁合影

许兴铭说：李继明是江苏人保的创建人，万事开头的拓荒者。他为江苏人保发展奠定了坚实的基础，他培养了一大批保险干部，他为把江苏保险引领上正道，立下了不朽功绩，让后来者十分敬佩，丰碑高竖。

李
继
明

把保险的诗写在上海的蓝天上——记中国人民保险公司上海分公司副总经理

徐天碧

在中国人民保险公司华东区公司成立后，谢寿天任总经理，徐天碧担任副总经理。2006年10月4日，徐天碧在北京逝世，享年86岁。一位人保系统最早的诗人，就这样悄无声息地离开了世界。

上海是中国共产党的诞生地，也是保险业红色基因的发源地。同时，上海是新中国保险业的出发地，也是中国人民保险公司的摇篮。

1937年11月，上海金融业地下党书记张承宗先后发展了宁绍水火保险公司的程恩树、中国保险公司的林震峰两人入党，他们成为上海保险业最早加入中国共产党的人。

从此，上海保险业的一批又一批共产党人，冒着生命危险，战斗在白色恐怖中，开辟了第二条战线。他们坚定地执行中央有关地下党的"隐蔽精干，长期埋伏，积蓄力量，以待时机"的16字方针。

这些战斗在保险业的地下党，平日里穿着长袍马褂，在上海车水马龙的街市中穿行，俨然一副账房先生的模样。或者是西装革履的职员，叫着黄包车，出入洋楼。他们一般是在咖啡馆，或在"星二聚餐会""星五聚餐会"中联络同志，在家里秘密开会、印制材料。

在他们隐藏身份的背后，是敢于抛头颅、洒热血的铮铮铁骨，时刻都有为共产党捐躯的危险。他们每天都在出演着一个又一个惊心动魄、有声有色的戏剧。徐天碧就是其中一位优秀的代表。

一、一贫如洗的家让日子更加苍白

夜上海，夜上海，你是个不夜城

华灯起，车声声，歌舞升平

只见她，笑脸迎，谁知她内心苦闷

夜生活，都为了，衣食住行

酒不醉人人自醉

胡天胡地蹉跎了青春

晓色朦胧，倦眼惺忪

大家归去，心灵儿随着转动的车轮

换一换新天地，别有一个新环境

回味着，夜生活，如梦初醒

这是 20 世纪 30 年代周璇演唱的上海流行歌曲《夜上海》。

但在有的人为夜生活沉醉的时候，有的人在为养家糊口而艰难度日。

1920 年，徐天碧出生在上海郊区，一家人住在简易的农房里，似乎那张破旧的木床就是家里唯一的家具。他的父亲以贩菜为职业，每天一大早，便挑着一担新鲜的蔬菜到市区里沿街叫卖。他的母亲勤恳善良，在家务农。徐天碧只有一个妹妹，但也一直没有念过书。后来他的母亲和妹妹寄居在城里的亲戚家，实际上是做帮佣。徐天碧的家一直家境贫苦，寄人篱下。

徐天碧 8 岁时，靠一位房东太太的资助，进私塾念了 4 年旧书。12 岁时，直接进入一所小学，从二年级读起。

徐天碧因自知家庭卑微，会被同学们看不起，非常内向孤僻。他很少和同学来往，放学也是独自回家，一人在家里发奋读书。而学习成绩的出众，又使他自命清高。徐天碧从小就养成了自卑而又自负的双重性格。

1936 年，徐天碧小学毕业。家里实在没有财力供他继续读中学。只好提前步入社会，为家里减轻经济负担。

经亲戚介绍，徐天碧来到北美洲保险公司，从最底层干起，做勤杂和实习生。

1941 年，太平洋战争爆发，外商保险公司纷纷关门。徐天碧就此失业，心情极为沮丧。

徐天碧

二、在保联里大显身手

在家游荡的徐天碧，有次问表兄：什么是叫朱毛？表兄有点紧张，责怪他不要瞎说，最好远离政治。可见那时的他，对政治多么无知。

这时，经同仁蔡同华介绍，徐天碧参加了上海保险业联谊会。在保联里，他很快就结识了孙文敏，经他介绍，1941年，徐天碧进入了四明保险公司工作。

在保联里，徐天碧成为了积极分子。参加歌咏比赛，出演话剧、评剧，演唱弹词，打乒乓球，给会刊写文章，几乎样样都大显身手。

徐天碧在保联里还担任联络员，参与组织活动。保联里的许多人，都对他产生了影响。他在自己的回忆中指出：蔡同华的开朗性格；程振魁、周繁瑚的热情向上；陈瑛老大姐的风度；施哲明的勤奋好学；孙文敏的乐于助人等都给他留下深刻印象。他们和他以往接触的那些社会上的人不一样，有着理想和追求。

徐天碧一直以为共产党非常神秘，高不可攀。他发现平日接触的一些人，后来不见了，原来是到苏北解放区了。他逐步认识到，保联并不是玩玩乐乐凑热闹的地方，是怀抱志愿干事业的团体，通过开展新的生活，可以使人生的意义变得重大。

程振魁是他革命的启蒙人，尽管他比他大不了几岁。

抗日战争爆发后，保联受到影响，活动被收缩，基本处于停顿状态。保联会员们改到家里聚会，有时偷偷地观看苏联卫国电影，讨论苏北地区的情况，传递小册子《联共党史》。

1944年9月的一天，程振魁约徐天碧到一个公园谈心。程振魁煞有介事地向徐天碧说，自己有一个朋友，征求他参加共产党的意见。他问徐天碧该怎么回答？徐天碧一听就明白了，他又惊又喜，想不到共产党地下组织就在自己的身边，想不到自己的人生老师程振魁就是共产党员！

徐天碧当即表示：自己也愿意加入共产党。他回去以后，马上就写了一份自传，交给程振魁。10月初，一位叫王林的人来找他，这个人穿着西装，骑着自行车。就在徐天碧的家里，他被发展入了党。后来徐天碧才知道，这位叫王林的人就是林震峰。

徐天碧入党后，革命干劲冲天，激情澎湃，甚至有些急于求成。他有两个要好的同事，平日接触很多，他自认为对他们已进行了"教育"，就打算发展他们入党。当他公开谈到这个话题时，他们表现很惊愕，结果弄得双方都很僵持，他险些暴露了自己的身份。

对自己的冲动和幼稚，徐天碧在回忆文章《党引导我走上革命道路》中也有反思："我参加保联后，结识了一些后来才知道已是共产党员的青年同志。特别是由于程振魁同志的耐心帮助、教育，使我这个倒是在政治上完全茫然无知、思想作风上有不少小资产阶级毛病、在人生道路上彷徨的青年，走上了革命道路，保联就是我的家，我每当一想起这段经历，总是对保联充满十分亲切的感情和感激。"

三、把《保联会报》办得充满文艺腔

保联成立后不久，就出版了《保联月刊》，它除了登载保险学术方面的文章外，也登载关于保联各项会务活动的报道和消息。《保联月刊》后来改名《保险月刊》，成为研究讨论和交流保险学术业务的专业性刊物。同时，另行出版了《保险会报》，它是全面报道保联的各种会务活动，并保留原《保联月刊》的"原野"副刊，登载一些健康、有益的文艺作品。《保险会报》在保联与保险业职工

把保险的诗写在上海的蓝天上——记中国人民保险公司上海分公司副总经理徐天碧

1940 年，"保联"话剧组部分演员合影

之间起了沟通桥梁的作用，加强了会员之间的联系，吸引他们更多地参加保联活动。

《保联会报》始终由地下党或积极分子负责编辑，基本上是按照地下党的要求及保联工作的方针，根据形势确定每期的选题和编辑思想。

在抗日战争时期，《保联会报》登载了歌咏班演唱的抗日歌曲，话剧班演出的进步话剧，俄文班、漫画班的活动情况，副刊登载了一些政治性很强的文艺作品，有的作品内容大胆尖锐，但有的也要含蓄、隐晦一些。

根据地下党工作的方针，并符合开展地下斗争的环境要求，《保联会报》并没有变成正面的政治宣传报纸。它同时要反映职工生活，培养职工兴趣爱好，做到文体通俗，吸引读者。据徐天碧介绍，1946年9月25日（第9年第3期）就办得很生动：

刊头是威信很高的老保险人过福云的手迹。第一版是保联各部门活动的报道，比如"保联诊疗所开幕两月，就诊会友日渐增多""消费合作社即将召开社员大会""娱乐部招待会友""保险讲座班将在秋凉后开班""图书馆下月开放""保联理发室赠送名贵奖品"。另外，还登载了一条"中华民国保险商业同业公会正式成立"的消息。第二版登载了"保联诊所诊例""特约医师一览表"，还有"保联旅行组参观海宁洋行（冰淇淋厂）"娱乐部组织集体游泳等特写。第三版是保险学术文章，请的都是业内有名的专家。第四版为"原野"副刊，登载了一组灯谜。还有几篇散文，一篇为《衬托》：揭露讽刺"要使别人遭殃，才显得出自己的庆幸，要诽谤了别人，才显得出自己的崇高"；"以无理的压迫，推人下水，却洋洋自得，这是衬托出自己的权威"种种世俗小人的行径。该文短小泼辣，言辞锋利。另一篇是《晚凉》：描写一个街头卖唱的人，每晚演出抗日滑稽独角戏，

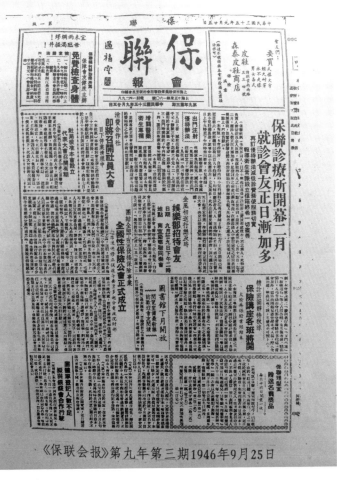

《保联会报》第九年第三期1946年9月25日

《保联会报》

给大家带来欢乐，但被警察赶走的故事。还有一篇《天堂的悲哀》：讽刺苏州国民党当局的腐败黑暗，针对时弊，很有教育意义。

《保联会报》创办初期，由林震峰、吴振年、张统桢、徐兰普负责编辑；在上海沦陷时期，由赵锦仁负责编辑；抗日战争胜利后，由徐天碧、洪汶负责编辑。

四、从徐志摩出发，落脚在马雅可夫斯基

徐天碧 16 岁那年，停学后，在浦东的一位表兄家住了一年。由于他家经济条件较好，徐天碧享受着舒适的生活。

在表兄家的一个偶然的机会，徐天碧读到新月派诗人徐志摩的诗集《猛虎集》。该诗集是 1931 年 8 月由新月书店出版的，收录了徐志摩的诗作 34 首，另有译诗 7 首。作者在序文中说那时的创作状态"简直到了枯窘的深处"，然而，"久蛰的性灵"无意中又"摇活了"。这说明，徐志摩到此时已经基本上放弃了对现实的关注，他的诗已经成为"性灵"的挣扎，成为"一刹那间灵感的触发""感情的跳跃"，成为单纯的、虚幻的歌，"唱着星月的光辉与人类的希望"。

徐天碧被《猛虎集》中传达出的那种飘忽空灵的美所深深打动，同时，被迷惘与无奈的意味所感染，这使他一下迷上了新诗。

他经常躲在自己的小天地，为赋新诗强说愁。他写的第一首诗是《云与愁与爱与恨》，在诗中将个人家庭的遭遇、生活的不安定，归结于"变幻的风云，十分荒唐"，脱离现实的作品内容必然是贫瘠的，就像他的偶像徐志摩也一再声称："我知道，我全知道。"但是，他已经完全沉浸在心灵世界中无力自拔，因此，他只有继续痛苦、消耗、枯窘下去。写一些"我要在枯秃的笔尖上袅出 / 一种残破的音调，/ 为要抒写我的残破思潮。"这类诗句，表达诗人那种无奈却又自赏的心情。

在保联里，程振魁给徐天碧介绍了《西行漫记》，他被书所吸引，原来世界上还有这样好的人，这样理想的地方。他开始了解共产党，并将上海和延安的状况进行对比，使他逐步进入到现实中来，这本书影响了徐天碧今后所走的道路。

程振魁还给徐天碧介绍了马雅可夫斯基、普希金的诗，还有高尔基《母亲》《海燕》，徐天碧找到了来自苏联的精神食粮。

徐天碧通读了毛泽东的《新民主主义论》，对新文化有了新的认识。

徐天碧在《保联会刊》上读到吴振年（吴镇）的诗歌，他也想去苏北解放区，做有理想有抱负的青年诗人。

在保联里，徐天碧还充满浪漫地写了一个话剧剧本，急于让话剧组演出。还有徐天碧那时还接触了上海一些木刻画家，但程振魁告诉他要小心他们是托派，这些，在后来的回忆录中，都被徐天碧检讨为"小资产阶级思想"。

五、组建上海人民保险

1948 年 11 月 21 日，国民党特务在太平保险公司门外，秘密逮捕了下班的太平保险公司地下党书记廖国英及"保联"骨干洪汶、体育部的赵伟民 3 人。情况复杂危急，党支部书记林震峰先是按兵不动，稳住战局；紧接着以到香港做买卖为名，转移已暴露的程振魁到香港学习，将近期比较活跃而引起敌人注意的徐天碧、蔡同华等地下党员撤退到江苏、浙江等地。

在党校里，徐天碧、唐凤喧与后来到达的刘凤珠及稍晚报到的徐慧英等人一同编入十四队所属的保险小组。大家在一起交流思想，接受党的基础理论教育，在革命的熔炉中，经受新的锻炼和考验。

他们一边学习，一边随着党校逐步南迁，似乎永远是朝着胜利

1948年11月,中共华中党校十四队合影,保险小组徐天碧在其中

徐天碧

1949 年 2 月，中共华中党校十四队保险小组合影，前排左起：徐天碧、沈润璋、朱元仁、王培荣，后排左起汤铭志、徐达、唐凤喧、刘凤珠、王玮

的目标。1949 年 4 月，徐天碧等人编入"青州纵队"，随着南下渡江的部队和支前民工的队伍，快步前行，浩浩荡荡。一路上他们高唱着新编的解放歌曲，兴奋异常。

在丹阳学习期间，上海军管会金融处副处长谢寿天与先行抵达的孙文敏、施哲明共同商讨，决定成立军管会保险组。林震峰任保险组组长，孙文敏任副组长，郭雨东协助保险组全面工作。

徐天碧与刘凤珠、朱元仁、唐凤喧、汤铭志一同分配在保险组，筹划接管官僚资本在上海设立的保险企业。

他们反复学习军管会有关的方针政策和城市工作条例，拟定保险业接管方案，明确接管范围和对象。刘凤珠负责起草入城规定："一、遵守军管会及人民政府一切法令和各种规定；二、遵守城市政策，站稳阶级立场，发言谨慎；三、克服工作上的粗枝大叶，随时总结经验；四、无事不上街，外出必请假；五、不徇私舞弊。"

似乎一切都是新的。军管会保险组的同志们热火朝天地开展工作，废寝忘食地伏案清算。

1949年7月，为加强复业的保险公司承保能力，军管会金融处成立了"民联分保交换处"。

在中国人民保险公司华东区公司成立后，谢寿天任总经理，徐天碧担任副总经理。

1950年4月，在中国人民保险公司华东区公司的引导和帮助下，民联改组，太平保险公司开始走上公私合营的道路。徐天碧为加快对保险公司的接管和改造，对华东区保险公司的顺利开张，作出了许多基础性工作。

徐天碧开始了新的生活，在华东区公司他的爱情也从天而降。

赵雪娣出生在上海一个工人家庭，曾在印刷厂学徒。1949年后，参加培训学校，被分配到人保华东区做人身险工作，那一年，她18岁，豆蔻年华。

徐天碧比赵雪娣大13岁，他与她一见钟情，但一开始赵雪娣还是有点害怕别人说自己有所图他的地位。几天前，我见到如今已85岁的赵雪娣，问他："徐天碧当年给您写情诗了吗？"老人羞涩地说："那时，他不写诗了。"

1955年，外交部在上海招聘干部，徐天碧被选中派往北京，任干部司处长。1956年，赵雪娣随之来到北京，参加外交部的文化补习，为响应支援北京教育事业需求，分配到北京市第14中学，任人事干部。

徐天碧在20世纪70年代曾任驻老挝大使二秘。由于健康原因回国，任外交部干部司副司长。

1980年，徐天碧退休。

2006年10月4日，徐天碧在北京逝世，享年86岁。

一位人保系统最早的诗人，就这样悄无声息地离开了世界。

附：

他们共同呵护着羸弱的火种——记中国人民保险公司1969年『保险业务9人小组』

为了对保留的部分涉外保险业务进行『收摊』『守摊』，人民银行总行决定在人保总公司中挑选9名从事具体业务的人员，组成一个『保险业务小组』临时机构，该机构与中国银行成立的『银行业务小组』共同隶属人民银行总行管理。

2018年是改革开放40周年。为此，国家博物馆举办了"伟大的变革"大型展览。同时，在中国人民保险集团公司总部大楼里，也举办了"见证"——改革开放40年纪念展览。

"一滴水可以反映出太阳的光辉，一个地方可以体现一个国家的风貌。"如果总结中国人保改革开放40年的历史，几乎完全可以套用这些话。因此证明：中国人保与共和国同生共长，与改革开放同步同向，中国人保发展变革的关键节点与国家社会经济的轨迹历程，一脉相承的重合。

1979年，中国人保沐浴着改革开放的春风，复苏成长，新中国保险业的历史翻开了新的篇章。因此，在"见证"展览的第一部分，命名为"复苏"，说明之前是人保历史上举步维艰的时期。

一、风雨飘摇的背景

早在1958年的"大跃进"时期，在"极左思潮"的影响下，中国人保被迫停办了大部分的国内业务。公司总部有38人调往人民银行，有20人留在财政部，其余人员被分配到北京、广西、贵州、青海、宁夏、新疆、陕西、福建、浙江、甘肃等地。

因为当时国际贸易和国际信贷中的保险业务无法缺失的客观原因，以及作为所谓"保守派"的王永明等保险人的坚持努力，才使得涉外保险业务得以保留。

最终，仅承担涉外业务的中国人民保险公司缩身成为中国人民银行总行的局级单位建制，与中国银行并行所属海外业务局。

停办国内保险业务的重创，萎靡了大江南北的人保公司机构。尽管这样，从1961年到1966年，在中国人保坚持办理的涉外保险业务中，仅远洋船舶保险一项业务共付出外汇分保费35万英镑，摊回外汇分保赔款 125 万英镑，两相抵消，尚创收外汇 90 万英镑。这对我国维持经济建设，发展远洋航运事业起了稳定作用。同时，对我国在那个特殊时期加强对外联系，保持国际形象方面，产生了极大的政治影响力。

1963 年，中国人保通过对"跃进"轮沉没的赔付，一下子摊回外汇分保赔款 104 万英镑，为我国挽回了巨大的经济损失，成为不幸中的大幸。中国人保为此受到了周恩来总理的表扬，一时间，中国人保在国务院系统很是风光。甚至此事直接导致 1965 年时，财政部和中国人民银行一同着手进行恢复国内保险业务的可行性调查。

1966 年，"文化大革命"席卷而来，中国人保同样与共和国风雨同舟，历尽艰难，成为中国人保发展历史上最困难的时期。

在"左"的思潮影响下，保险系统内也出现了批判保险，甚至要"砸烂保险"的大字报，把保险斥为"私有经济的产物"；"再保险是帝修反之间的利润再分配"；"远洋船舶保险是依赖洋奴哲学，不相信广大革命船员的行为"等一系列幼稚可笑的怪论。

尽管如此，人保总公司在"文革"期间，相对来说，所受的冲击并不大。没有发生造反派夺权武斗的事件，大家相处还算安稳。

但是中国人保仅存的涉外保险业务毕竟受到了毁灭性的打击。对外有再保险业务关系的国家从原有的 32 个减少到 17 个，有业务往来的保险公司从 67 家减少到 20 家，业务合同从 219 份减少到 49 份。一时间，各地保险机构解散，人员分流，曾盛及全国的保险业凄然隐身。

二、"保险业务 9 人小组"的成立

"文革"时期，人民银行行长胡立教被打倒在地，人保的一些

老保险人也遭到批斗。人民银行总行临时负责人为乔培新，副行长李绍禹负责人保的工作，崔平、林震峰是人保的副总经理，其间成立的人保文化革命领导小组，苑骅为组长，徐振彬为副组长。那时，人保在东交民巷办公，不久，才又回到西交民巷人保老办公地点。大家在迷茫中，坚守着。

1967年，为了整顿"文革"中出现的夺权的混乱局面，国务院各部委开始实行军管，人民银行总行随之进驻军代表，人保也同样被接管。当时人民银行的军代表负责人是来自空军总后勤的副部长樊九思和张桂馥，人保的军代表联系人是一位姓诸葛的人。

1969年6月10日，在国务院直属各部门负责人（包括军队干部和群众组织代表）会议上，周恩来总理传达经中央讨论过的政府各部门精简方案。根据该方案，将国务院原61个部、委、局裁并为19个工作部门。在对方案的说明中指出：中央党政机关的斗、批、改到了解决其组织形式的时候了。政府各部、委成立革命委员会要慎重（如外交、财政、国防），将来不可能所有问题都在革命委员会里讨论，要有核心领导小组，其成员更要慎重，将来就是党组、党委。各部门有很多领导"靠边站"，他们都不是走资派，但几乎没有一个部、委能免除这种情况。减部门的同时也减层次，以利提高工作效率；精简工作要因地制宜，因事制宜，具体方案要组织群众讨论落实。讲话中还强调；抓革命就要促生产，现业务方面最急需抓的是工交系统。

1969年4月，在"在职干部也要到农村去，接受贫下中农再教育"的要求下，中国人保总公司86名在职干部中的绝大多数人员被下放到河南淮滨五七干校劳动。从此，西交民巷22号院落中那栋原金城银行的老洋楼，一下失去了往日繁忙喧嚣的景象，人去楼空，一派萧条凄凉。

同时，为了对保留的部分涉外保险业务进行"收摊""守摊"，人民银行总行决定在人保总公司中挑选9名从事具体业务的人员，组成一个保险业务小组临时机构，该机构与中国银行成立的银行业务小组共同隶属人民银行总行管理。

保险业务小组的9名成员分别是：组长姜云亭，她原是海外业务管理及会计处（以下简称海会处）处长；副组长于葆忠，原是业务处副处长；徐文智，原是海会处会计；组员王仲石，原是再保处科长；刘恩正，原是再保处办事员；王淑梅，原是业务处科员；徐振彬，原是业务处办事员；丛泽兹，原是业务处办事员；刘薇，原是业务处办事员。

保险小组的9名成员，在当时可以说是又红又专，既是"高举红旗"的模范，又是保险业务的骨干。他们既没有受到重大的冲击，也没有成为各种派别的先锋，非常具有代表性。其中，姜云亭、于葆忠原是来自江西、山东的地方干部；徐文智、刘恩正、徐振彬、丛泽兹、刘薇是新中国年轻的大学生；王仲石是来自旧上海的老保险专家；王淑梅有北京分公司负责大使馆保险业务的从业经验。他们当时主要负责公司的财务、再保险及进出口货物运输等相关的保险业务工作，是属于老实干事的人。

1969年7月，财政部军管会和中国人民银行军代表经请示国务院批准，决定财政部、中国人民银行于7月底合署办公。

9人小组一开始是在西交民巷22号院人保办公楼的工会大厅内集体办公。到了8月，随着人民银行归属财政部，保险业务小组又搬到三里河财政部大楼的5楼办公，人保办公地点也是处于"运动"之中。

由于涉外保险业务的繁杂，保险小组人手明显不够。一些留在北京及从农场提前回来的人保员工先后加入进来，协助保险小组开展工作，他们是翻译罗烈仙、吴成钰，再保险业务专家周庆瑞，会计专家童一翱、沈才伯等。另外，在中国国际贸易促进会协助处理有关海损理算规则暨海商法事宜的人保专家李桂清、王恩韶也留在了北京，曾协助开展工作。因此，后来9人小组也有了13人小组之说。

这些患难与共的同志，名副其实地成为了中国人保在"文革"时期的留守看摊人员，被后人笑称为"治丧委员会人员"。他们当时每天履行着"早请示，晚汇报"的政治生活形式，还要在读报纸，或上街游行的空隙时间，甚至是一边批判着西方保险理论，一边按着西方保险费率结算着一笔笔涉外分保业务。他们当时大多数是三四十岁的中年人，有的家属在外下放劳动，或在外地参与"四清"运动，孩子都很小，生活举步维艰。

于葆忠在2011年《中国保险报》发表的一篇《保险业曾险象环生》的文章中讲到9人小组：后来保险公司的同志自己叫它"治丧委员会"，其实在当时机构精简、干部下放劳动以及"备战"形势下，谁也不能例外，各大机关90%以上的人下放干校，只留下不到10%的人，保险公司留的人还算多的。我的爱人欧阳天娜带着孩子去了五七干校，我成了单身汉。根据"备战"的需要，我们留守的同志每人都做了轻装的准备，每个人的家都搬到财政部附近，主要集中在三里河。

1969年，在首都体育馆召开了8000人参加的大会，周恩来总理就国务院部委的军代表和精简机构情况作了讲话，人保公司的保险业务小组参加了大会。

保险业务小组的成员以对中国人保企业的忠诚，对保险事业的责任感和使命感为己任，兢兢业业地做好每一笔保险业务，尽职尽责地延续着中国人保的微弱命脉，呵护着中国人保残留的最后一点火种。

三、在逆境中的坚守

1969 年，中国人民银行军事代表和交通部军事管制委员会生产指挥部联合向国务院呈交了《关于停保自营远洋船舶保险的请示报告》，其理由是远洋船舶和设备、货物皆是社会主义国家固定资产，发生损失，国家照样可以弥补解决。而保险是用国家外汇向帝国主义国家保险公司投保，依赖垄断资本集团的补偿，违背自力更生的方针，是外汇挂帅的思想。

报告还提出，每年向国外支付的 9 万英镑分保费，积攒 4 年，就可购置一艘普通货轮。至于承保货物运输中的罢工险，更是对无产阶级工人运动和革命行动的污蔑和抵消。

报告指出，现有的部分海运公司承保的 20 余艘货轮，来自阿尔巴尼亚、越南、古巴等社会主义国家，如果一律停办，他们将会转向"美帝""苏修"国家的保险公司投保，对外影响不好，因此此种业务继续由我承保，但不再向外办理分保。或许正是由于这个政治原因，以及部分再保险业务的业务连续性不能立刻终止合同的业务原因，才使得涉外保险业务没能一下子全部停下来，一小部分涉及社会主义国家的再保险业务得以保存。

9 人小组成员王仲石在为中国再保险公司撰写的回忆文章中讲道：在"文革"期间，有人认为保险是资本主义的产物，提出"砸保险"的口号，并扣上"洋奴哲学"的帽子。人保以往通过分保将一部分责任转嫁到国际保险市场的运洋船舶险，于 1969 年 1 月 1 日停办；进出口货物运输保险中附加的"罢工险"，本来是国际市场普遍承保的险种，被认为是违背国际主义原则立场，也被要求停办；香港的中国保险、太平保险和民安保险等公司也被要求停办，造成大量业务流失。

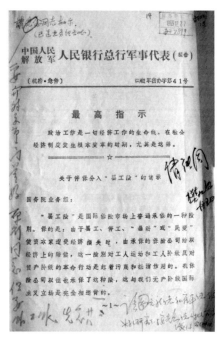

停办罢工保险的指示

　　王仲石还讲道：1969 年 6 月，中国外贸部门由巴基斯坦进口手表和铂金，在空运途中发生丢失，造成重大损失。外贸部向周恩来总理汇报时，周恩来总理批评为什么不保险？原来当时外贸部未向总理说明已按"声明价值"办理保险，而只回答说海外保险停办了。至此，周总理立即指出："保险还是要办，保险是对外渠道，敌人想要孤立我们，我们不要自己孤立自己。"李先念副总理连夜向当时人民银行领导乔培新传达了周恩来总理的指示。乔培新当夜凌晨 2 时召集总行海外保险业务局及保险业务组人员开会，及时传达。周恩来总理的指示是使我国保险业得以发展的一个转折点。根据周恩来总理的指示，已停办的"罢工险""运洋船舶保险"分别于 1971 年和 1972 年恢复办理，国际分保业务也被保留下来。

在小组中同是再保险专家的刘恩正向我介绍：当时他和王仲石一起到外贸部商谈进口铂金保险事宜，人保要求留下 30 万自留额，但外贸部想全部进行分保。最终他们提出了"声明价值"保险，但是并没有办理手续。

刘恩正还讲道：他当时参与处理过收回一笔人保自留额项下超额赔款事宜。自留额是体现保险公司实力、能力的标志，也是减少保费支出，一般设立危险单位，造成全损，才可赔付。人保当时以船为单位，超过 38 万英镑，再进行分保。英国分保机构超赔保障条款以连续 3 个全损，才赔付。1967 年，埃及关闭苏伊世运河，封港的船只中有人保承保的 3 艘货轮。人保要求按全损赔付 3 艘货轮，

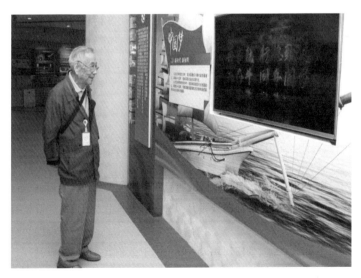

晚年的王仲石在看保险历史展

晚年的刘恩正在三里河财政部老办公楼回忆当年的情景

但英方提出没有按时间通知出险、船货情况不详、存在开航的可能性等拒绝。刘恩正等人仔细研究条款，提出以战争险为由赔付。英方以不是战争为由，强词夺理。人保承保的另一艘陈旧货轮，在公海上被船长放弃，保险赔款大于船货。刘恩正以合同中"已经发生，没有了结的情况下，也可以作赔"为由，一共 60 多万英镑的损失，争取赔付了 38 万英镑。1970 年，赔款被全部收回。体现了人保业务知识与技术的水平，对后来积累了极大的经验！同时，为国家创造了宝贵的外汇，促进了中国进出口贸易渠道的畅通。

在我采访 9 人小组之一的徐振彬时，他谈笑风生地回忆道：在 9 人小组期间，有一次军代表找到他们，提出要在保险单上印上毛主席语录，他们据理力争：保险单主要是涉外业务，是法律条款，印上语录，容易引起歧义。在人保员工的坚持下，保险单上并没有出现所谓的语录。

徐振彬还讲道：有一年，印度驻华大使馆的车辆在长安街发生了车祸，原因是有飞虫飞进驾驶员的眼睛，导致车子撞在路边的树上，造成车辆破损，大使馆要求理赔。但有人以印度是反动派，阻挠赔付，并提出飞虫飞进眼睛也只能是一只眼睛，用这种苛刻的缘由拒赔，成为一时的笑谈。

如今已经 90 岁的小组成员王淑梅对我讲：当时她负责北京地区的涉外保险业务。印度使馆汽车赔案是她负责处理的，那是一辆菲

1969 年，参加广交会的人保员工合影

亚特汽车，赔案当时还惊动了外交部。

王淑梅说：有一年冬天，英国驻华大使馆官员的运输货物发生破损，她和秦克赶去查勘。他们穿着大衣，骑着自行车，从北京西边三里河的财政部赶到北京东边的三里屯使馆区，路途遥远，还要顶着寒风，因此会面迟到了。外交官很生气，向财政部告状。财政部领导了解情况后，指示人保公司以后到使馆区查勘，单位要派车。

现已退休在吉林的丛泽兹在电话中向我介绍：当时他是28岁的小伙子，他曾与人保的其他人员一同参加了第十九届广州中国出口商品交易会，主要工作任务是向参会的各出口商品交易团宣传保险的意义和重要性，努力争取我国出口商品都能由中国人民保险公司承保，以确保国家和各出口贸易公司的权益；负责解释保险条款的相关内容，并协助和配合各交易团业务部，做好《出口商品交易合同》条款中有关保险协议内容的审查把关工作。同时，利用交易会外商云集的机会，寻找相关的客户洽谈保险业务，开展对外的保险展业工作，扩大中国人民保险公司的对外影响。

四、"保险业务9人小组"的结束

1971年，经济建设开始逐步走上正轨。在周恩来总理的关心下，中国人保和中国银行分设，人保回到人民银行系统，人民银行副行长耿道明兼任人保总经理，许多下放的保险员工纷纷返回了人保工作，在财政部大楼外挂起了中国人民保险公司的牌子。

1971年9月，保险小组在成立了两年多后，完成了它的历史使命，最终解散。

1972年，财政部和人民银行再次分置。李先念是财政部部长，胡立教是人民银行行长，耿道明是人保总经理。

保险小组使中国人保得以有效的传承，为在改革开放初期，人保国内保险业务得以顺利恢复，打下了坚实的基础，进行了前期的铺垫。而保险小组的每一名成员，在艰难世事中，也得到了历练，成为人生中一段不平凡的经历。

丛泽兹回忆：1966 年 10 月 1 日，他作为保险业的唯一代表，登上天安门观礼台，接受了毛主席的接见。他振臂高呼的照片，还曾被发表在当时的《北京日报》上。

在保险小组时期，周庆瑞、罗烈仙、李桂清、王仲石、刘恩正都是人保的再保险业务专家。刘恩正自称是周庆瑞的生徒和挚友。他在给我的微信中说：周庆瑞是一位优秀的老党员，他工作兢兢业业，任劳任怨，甚至是忍辱负重。从我认识他时，他就是一个科长级干部，直到 20 世纪 80 年代初期，才提成副处长，从未向组织要官，直到退休。秦道夫、周庆瑞是我的入党介绍人。1975 年，我被任命为中国人民保险公司再保险处副处长后，他热情地积极地支持我的工作。1989 年 4 月 27 日，刘恩正在周庆瑞赠予他的《再保险概论》一书的扉页上题诗一首："满纸血汗泪铸成，浩茫神州得一名，都云宏楼石做底，功过只得问众生。" 刘恩正作为再保险的专家，1993 年荣获了"国家科学技术进步奖"；1998 年享受国务院特殊津贴；1998 年入选"中国人才大字典"。

徐振彬作为中国人保有史以来的第一名新中国毕业的大学生，也是经过风雨，见过世面的。后来在 1981 年、1993 年，两次担任新加坡太平保险公司总经理。并成为中国人民保险公司出口信用险部第一任总经理。

刘薇介绍：小组的同事很团结，专家对他们的帮助很大。当年她和王淑梅坐对桌，那时秦道夫在国外，休息的时候，她和丛泽兹等人经常到王淑梅家吃饭。

刘薇回忆说：她是在"文革"时期和老伴谈的对象，那时老胡在吉林老家盖好了房子，准备接她回家结婚，但刘薇才从财贸学院对外贸易专业毕业，又学习了俄语、英语，她主要负责北京驻外使馆车辆保险业务。单位急需用她，不放人。为此，将老胡从吉林调到北京银行工作。1972年，他们终于在北京成婚。

协助9人小组的翻译罗烈仙，1926年出生在上海的一户大户人家。毕业于上海沪江大学英国文学及语言系。罗烈仙曾于1956年在一次"思想检讨"中写道："由于自己出生在没落阶级的家庭，受的是风花雪月的奴化教育，因此，小资产阶级思想感情浓厚。具体表现在，不能掌握批评的武器，不能和同志巩固在政治正确的战线上。"这时代的烙印，今日读来十分可笑。1951年6月，罗烈仙从外交部调到中国人民保险公司海外保险业务处任科员。她曾为许多保险专家翻译保险条款，与保险专家探讨相关的问题，王永明、王恩韶、周泰祚、薛志章等都和她有过密切合作。

1969年，当时罗烈仙属于下放人员，行装已打好，随时准备出发。但军代表要求罗烈仙"暂留三个月"，到期后又"续转三个月"……最后就一直没有下去。罗烈仙不在"9人小组"内，只是帮助"9人小组"搞翻译，主要负责处理海外函电。

罗烈仙的名字在"文革"中也曾遭到非议，说是"封资修"的东西，于是改为罗烈先。"文革"后，她将名字又改回"仙"字，但因为身份证和银行存折上都是"先"，弄得还挺麻烦。

保险小组成员如今都已退休，姜云亭、徐文智、周庆瑞、沈才伯都已去世。在小组成员中有5人属于人保家属，他们是：姜云亭和苑骓；于葆忠和欧阳天娜；王淑梅和秦道夫；刘薇和胡维成；罗烈仙和李锵。

"文革"时期刘薇在三里河办公室

五、"保险业务 9 人小组"人员简历

姜云亭：1927 年 11 月 29 日，生于山东省牟平县。1939 年，在本村绣花厂工作。1941 年，在本村小学学习。1945 年 3 月，在村妇救会工作，任主任。1946 年 1 月，在安东省职工总会工作。1946 年 6 月，在吉林省榆树县公安局工作。1948 年 3 月，在吉林省榆树县第六区工委工作。1949 年 1 月，在吉林市妇联工作，任副主任。1949 年 9 月，在江

西省宁都县城关区工作，任区书记兼区长。1952 年 11 月，在宁都县专区妇联工作，任书记、主任。1953 年 9 月，在宁都县县委工作，任组织部长。1959 年 10 月，在宁都县县委工作，任书记。1965 年，在中国人民保险公司财务处工作，任处长。1969 年 4 月，参加人保公司 9 人小组工作。1979 年，在香港太平保险公司工作，任总经理。1980 年，任人保农险部处长。1985 年，离休。1993 年 10 月，因病去世。

于葆忠：1930 年 4 月 4 日，生于黑龙江省密山县。1938 年 1 月，在密山县黑台村小学学习。1945 年 1 月，在密山县东安师道学校学习。1946 年 11 月，在黑龙江省虎林县土改工作团工作。1948 年 3 月，在哈尔滨市东北青年干部学校学习。1948 年 9 月，在佳木斯市团委任常委。1949 年 5 月，在虎林县青委任副书记。1950 年 5 月，在北京中央团

校学习。1951 年 6 月，在东北青年团委组织部任副科长。1954 年 8 月，在中国人民大学工业经济专业学习。1958 年 9 月，在山东省计委工作，任工业处科长、工业处副处长。1964 年底，在中国人民保险公司业务处工作，任副处长。1969 年 4 月，参加人保公司 9 人小组工作，任副组长。1972 年 2 月，在中国银行伦敦分行工作，任襄理。1974 年 5 月，在人保公司任副处长。1974 年 11 月，在人民银行南口农场劳动。1976 年 11 月，在财政部防震办公室工作。1977 年 6 月，在人民银行计划局计划处任副处长。1980 年 9 月，在人民银行计划局基建处任处长。后任计划局副局长、基建办副主任、金融管理司副司长。1984 年 8 月，任人保公司董事。1984 年 8 月，在中国保险港澳管理处（由人民银行、外交部港澳办、中组部发文成立）工作，任副主任。兼任香港中国保险集团民安保险董事长、香港中国再保险公司总经理。1985 年，任中国保险港澳管理处主任（正局级）。1988 年，兼任香港中国再保险公司董事长。1994 年 2 月，在人保专家咨询组工作。1995 年 3 月，离休。

徐文智：1941 年 7 月 22 日，生于山东省潍县。1949 年 9 月，在徐家楼小学学习。1954 年 6 月，在潍县二中学习。1960 年 7 月，在山东工学院理化系学习。1962 年 2 月，在山东财经学院财政金融系学习。1964 年，在中国人民银行总行海会处工作。1964 年 8 月，在贵州省贵阳市参加四清工作。1965 年 7 月，在人民银行总行工作。1969 年 4 月，参加人保公司 9 人小组工作。1972 年 2 月，在人民银行南口农场劳动。1973 年 3 月，在中国人民保险公司再保险

处工作，任科员。1981年6月，在人保计财处工作，任副科长。1983年，在人保农险处工作，任副处长。1985年9月，在人保海外管理处工作，任处长。1989年1月，在中国人寿保险公司澳门分公司工作，任副总经理。1991年，因病去世。

王仲石：1925年9月9日，生于江苏省常州市。1941年9月，在上海南洋工程专科夜校学习。1942年6月，在上海中央市场十六铺分场工作，任职员。1945年9月，在上海国际大剧院工作，任会计。1946年6月，在中国保险公司工作，任职员。1948年6月，在上海保险同仁进修会学习。1951年1月，在中国人民保险公司工作。1969年4月，参加人保公司9人小组工作。1985年，任人保公司再保险部副总经理。1989年12月，退休。

刘恩正：1941年10月14日，生于山东省安丘市。1958年9月，在山东省潍坊市第一中学学习。1960年9月，在山东工学院金属腐蚀与防腐专业学习。1961年9月，在山东财经学院财政金融专业学习。1964年8月，在中国人民银行总行工作。1969年4月，参加人保公司9人小组工作。1973年2月，在财政部固安五七干校劳动。1974年5月，在人民银行工作。1978年5月，在中国银行伦敦分行工作，任助理总

经理。1981 年 1 月，在中国人民保险总公司驻伦敦联络处工作，任联络处主任。1982 年 5 月，在中国人民保险总公司工作，任副处长。1986 年 2 月，任中国人民保险总公司农险部总经理。1992 年，任人保再保险部总经理。1996 年 1 月，在中保再保险公司工作，任副总经理。1999 年 3 月，任中国再保险（集团）股份有限公司总稽核。2003 年 10 月，退休。

　　王淑梅：1929 年 5 月 19 日，生于山东省掖县。1937 年，在朱乔小学学习。1946 年 1 月，在莱阳宏利兵工厂工作。1946 年 11 月，在山东北海银行印钞厂工作。1949 年 1 月，在天津印钞厂职业学校学习。1951 年 1 月，在中国人民保险公司北京分公司工作。1958 年 8 月，在北京工艺美术公司懋隆门市部任公方代表。1961 年 1 月，任工艺美术进出口公司物价科科长。1964 年 1 月，在中国人民保险公司学习。1964 年 4 月，在中国驻印度尼西亚大使馆工作。1966 年 1 月，在中国人民保险公司工作。1969 年 4 月，参加人保公司 9 人小组工作。1973 年 3 月，在五七干校劳动。1975 年 11 月，在香港中国银行稽核室、中国保险公司、太平保险公司工作，任副经理。1984 年 12 月，在中国人民保险公司工作，任副处长。1986 年离休。

徐振彬：1942年3月5日，生于黑龙江省哈尔滨市。1950年7月，在哈尔滨铁岭小学学习。1952年7月，在哈尔滨烈士子弟学校学习。1955年7月，在哈尔滨第二中学学习。1960年7月，在北京中央财政金融学院外汇专业学习。1963年7月，在中国人民银行总行海外管理处工作。1965年9月，在湖南省武岗县社教工作队工作。1966年4月，在中国人民保险公司工作。1969年4月，

参加人保公司9人小组工作。1972年3月，在河北省固安县人民银行五七干校劳动。1974年3月，任中国人民保险公司副处长。1978年10月，在香港中国保险公司工作，任副总经理。1981年3月，在新加坡太平保险公司工作，任总经理。1989年3月，任中国人民保险公司出口信用险部总经理，1990年，任人保国际业务部总经理。1993年，任新加坡太平保险公司总经理（正局级）。2002年，退休。

丛泽兹：1942年1月7日，生于吉林省长春市。1954年，在长春市第三中学学习。1957年，在长春市第十一高级中学高中部学习。1960年8月，在吉林财贸学院学习。1964年9月，在中国人民保险公司总公司业务处营业部工作。1969年4月，参加人保公司9人小组工作。1972年2月，因母亲病重，无人照料，申请调回长春市，在吉林省对外经济贸易局工作。1993年3月，调入中国人民

保险公司吉林省分公司，任副总经理。1996年9月，任人保吉林分公司总经理。2003年2月，退休。

刘薇： 1939年3月26日，生于吉林省吉林市。1950年2月，在吉林市江南完小学习。1955年8月，在吉林市第八中学学习。1958年8月，在吉林市第二高中学习。1960年8月，在吉林省财贸学院外贸专业学习。1964年8月，在中国人民保险公司工作。1964年10月，在吉林省柳河参加四清工作。1965年7月，在湖南省武岗县参加四清工作。1966年5月，在中国人民保险公司海外保险业务处工作。1969年4月，参加人保公司9人小组工作。1972年3月，在人民银行南口园林队劳动。1973年5月，在中国人民保险公司营业科工作，任副科长。1979年2月，在北京广播电视大学英语专业学习。1986年3月，在中央财金学院国家机关分部政经专业学习。1986年7月，任中国人民保险公司营业部副处长。1996年，任人保营业部副总经理。1998年，退休。

抚今追昔，感慨万千。回顾近70年的中国人民保险公司的光辉历程，我们不会忘记为中国人保的改革发展作出贡献的老一辈人保人，不会忘记辛苦耕耘过的人保人。是他们的理想与信念，铺就了人民保险事业的坚固基石；是他们的永远不失进取之心，传承了人保红色的血脉和基因。他们的功绩将永载史册，并被人保后人传颂。

正如公司董事长缪建民所言："长期以来，集团广大基层党员本着对党忠诚、对人民忠诚、对事业忠诚的赤诚之心，在自己的岗位上辛勤工作、无私奉献，他们是集团改革发展的顶梁柱、定海针。"

新时代要有新气象新作为。意气风发的人保人，必将把中国人民保险的蓝图点染得更加绚丽。

感谢：罗烈仙、于葆忠、刘恩正、王淑梅、徐振彬、丛泽兹、刘薇、秦道夫、欧阳天娜、姜云亭的儿子、王仲石的夫人、王淑梅的女儿、周庆瑞的儿子、罗烈仙的女儿等接受我的采访。

感谢：中国人保集团公司老干部服务部王承艳、刘晋、李逢源；中国人寿集团公司老干办张曼、李郁青；中国再保险集团公司老干办熊怡、工会李丽、办公室贾广华及宋梓铭等在本文写作中给予的帮助。

参考资料

［1］ 中国保险学会编 . 中国保险史［M］. 北京：中国金融出版社，
　　 1998.

［2］ 秦道夫 . 我和中国保险［M］. 北京：中国金融出版社，2009.

［3］ 中国革命根据地印钞造币简史编委会 . 中国革命根据地印钞造
　　 币简史［M］. 北京：中国金融出版社，1996.

［4］ 武博山，王立章、阎达寅、杨哲省、闵一民 . 回忆冀南银行九
　　 年［M］. 北京：中国金融出版社，1993.

［5］ 杨子久 . 我的自传［Z］.

［6］ 张之强 . 我的一生［M］.2006.

［7］ 中共中央党史研究室编 . 中共党史资料［Z］.

［8］ 姚庆海，童伟明 . 保险史话［M］. 北京：社会科学文献出版社，
　　 2017.

［9］ 中国保险学会，中国保险报 . 中国保险业二百年［M］. 北京：
　　 当代世界出版社，2005.

［10］ 吴申元，郑韫瑜 . 中国保险史话［M］. 北京：经济管理出版社，
　　 1993.

［11］ 林振荣 . 堪称中国保险三朝元老的过福云［N］. 中国保险报 .
　　 2012.

［12］ 过世杰 . 中国保险业创始人过福云［N］. 江南晚报，2016.

［13］ 唐金成 . 中国现代保险业"三朝元老"［J］. 金融博览，2011.

［14］ 赵守兵 . 仰望百年——中国保险先驱四十人［M］. 北京：中
　　 国金融出版社，2014.

［15］ 孙冰峰 . 晋冀鲁豫的瑞华银行［J］. 中国金融家 .

[16] 陈国庆.拓荒者——记中国人保总经理胡景沄［N］.中国保险报.

[17] 童伟明.中国人民保险公司初创期人员、机构与薪酬状况［Z］.中国保险学会保险史志公众号.

[18] 中国太平保险集团有限责任公司,上海社会科学院.中国太平发展简史［M］.北京:中国金融出版社,2015.

[19] 中共上海市党史资料征集委员会.上海市保险业职工运动史料［Z］.1987.

[20] 刘燕如.众志成城——上海店职员运动战友谱［M］.上海:上海画报出版社,2007.

[21] 民国文林.细说民国大文人［M］.北京:现代出版社,2010.

[22] 王安,徐晓.我经历了中国保险50年［M］.北京:现代出版社,2005.

[23] 陈杰.抗战时期重庆保险史［M］.重庆:重庆出版集团,2015.

[24] 叶伟膺.海天搏击四十年［M］.北京:中国商务出版社,2012.

[25] 北京市保险公司.简明中国保险知识辞典［M］.石家庄:河北人民出版社,1989.

[26] 王珏麟.孙衡甫和四明保险公司［N］.中国保险报,2014(5).

[27] 林振荣.闪耀"契约精神"的光芒,透射"合规文化"的力量——中外保险公司老保险单欣赏［N］.中国保险报,2013(10).

[28] 秦道夫.深深地怀念沈日昌先生［Z］.凤凰网财经,2009(9).

[29] 俞樾.右台仙馆笔记.

[30] 关浣非.外派——亲历香港金融22年［M］.北京:金融出版社,2018.

［31］ 中国人民保险公司辽宁省分公司.辽宁省保险志［M］.1989.

［32］ 中国人民保险公司集团.不忘初心——人保人口述历史笔录［N］.
2017（7）.

［33］ 王珏麟.中央信托局保险部沉浮［N］.中国保险报，2018（6）.

［34］ 中共中央文献研究室.周恩来年谱［M］.北京：中央文献出
版社，1998.

感谢

老保险人家属：

曲荷的嫂子程西筠、儿子曲晓林、女儿曲燕芩

李晴斋的儿子李晨声

程仁杰的孙子程齐平

阎文康的儿子阎如璋

胡良英的儿子胡会成、孙子胡虓锟

高功福的儿子高学仁、高学俊、高学林

朱元仁、刘凤珠的女儿朱建平、儿子朱延平

姚洁忱的儿子姚家礼、女儿姚家玲

李锴的夫人罗烈仙、女儿李枫

周泰祚的儿子周以匀

楼茂庆的儿子楼高阳

谢树屏的女儿谢绿筠

罗高元的儿子罗建彬、女儿罗颖、女儿罗小梅

杨子久的女儿杨文

李继明的儿子李详

乌通元的女儿乌熙芸、儿媳卫竟芸

周庆瑞的儿子周公存

薛志章的女儿薛茂桦

张思善的女儿张金辉

老保险人寻访帮助人：张曼　傅芸蓓　王承艳　李良温　陈璟菁　孙冰川、刘润和等。